Unterrichtungsfehler beim Betriebsübergang

SCHRIFTEN ZUM DEUTSCHEN UND EUROPÄISCHEN ARBEITS- UND SOZIALRECHT

Herausgegeben von Ulrich Preis

Band 37

Zur Qualitätssicherung und Peer Review der vorliegenden Publikation

Die Qualität der in dieser Reihe erscheinenden Arbeiten wird vor der Publikation durch den Herausgeber der Reihe geprüft.

Notes on the quality assurance and peer review of this publication

Prior to publication, the quality of the work published in this series is reviewed by the editors of the series.

Adrian J. Schürgers

Unterrichtungsfehler beim Betriebsübergang

PETER LANG

Bibliografische Information der Deutschen Nationalbibliothek
Die Deutsche Nationalbibliothek verzeichnet diese Publikation in der Deutschen Nationalbibliografie; detaillierte bibliografische Daten sind im Internet über http://dnb.d-nb.de abrufbar.

Zugl.: Köln, Univ., Diss., 2020

Umschlagabbildung:
Siegel der rechtswissenschaftlichen Fakultät der Universität zu Köln.
Abdruck mit freundlicher Genehmigung der Universität zu Köln.

Umschlaggestaltung:
© Olaf Gloeckler, Atelier Platen, Friedberg.

D 38
ISSN 1861-4582
ISBN 978-3-631-83613-2 (Print)
E-ISBN 978-3-631-84275-1 (E-PDF)
E-ISBN 978-3-631-84276-8 (EPUB)
E-ISBN 978-3-631-84277-5 (MOBI)
DOI 10.3726/b17882

Peter Lang – Berlin · Bern · Bruxelles · New York ·
Oxford · Warszawa · Wien

Diese Publikation wurde begutachtet.

www.peterlang.com

Meinem Großvater,
dessen Begeisterung für die Wissenschaft
mich von klein auf inspiriert hat.

Inhaltsübersicht

Inhaltsverzeichnis

Erster Abschnitt: Einleitung

§ 1 Problemaufriss

„Ich habe nie geglaubt, dass der Mensch frei ist, wenn er tun darf, was er will; er ist es, wenn er nicht tun muss, was er nicht will."[1]

So beschrieb *Jean-Jacques Rousseau*, Genfer Philosoph und Vordenker der Französischen Revolution, seine Sicht auf den weiten Begriff der Freiheit. Selbst im deutschen Verfassungsrecht findet sich dieser Ansatz wieder. So wird beispielsweise der in Art. 2 I GG verankerten Vertragsfreiheit auch eine negative Seite zugesprochen.[2] Im Unterschied zur positiven Vertragsfreiheit wird die negative Vertragsfreiheit als natürliche Freiheit beschrieben und bezeichnet die der Rechtsordnung vorausliegende Freiheit, also sozusagen den „Urzustand" ohne staatlich sanktionierte vertragliche Bindung.[3] Gleiches gilt für die Berufsfreiheit nach Art. 12 I GG als Konkretisierung der allgemeinen Vertragsfreiheit. Aus Sicht eines Arbeitnehmers umfasst diese daher nicht nur die positive Freiheit, sich für einen Arbeitgeber zu entscheiden, sondern umgekehrt auch, keinen Arbeitgeber als Vertragspartner aufgezwungen zu bekommen.[4]

Relevant wird der negative Aspekt der Vertragsfreiheit im Arbeitsrecht insbesondere dann, wenn Unternehmen einzelne Betriebe kaufen und verkaufen (sogenannte Betriebsübergänge).[5] Wird der Betrieb, in dem ein Arbeitnehmer seiner Tätigkeit nachgeht, verkauft, kollidiert der Schutz der negativen Vertragsfreiheit mit der Schutzpflicht des Gesetzgebers, die Arbeitsplätze durch einen gesetzlichen Übergang auf den Erwerber gem. § 613 a BGB[6] zu erhalten.[7] Für Arbeitnehmer bedeutet dieser Übergang, dass

---

1 *Rousseau*, Träumereien eines einsamen Spaziergängers, S. 114.

2 Zum Vertragsprinzip MüKo BGB/*Emmerich*, § 311 BGB Rn. 1; vgl. auch die *„Gießen-Marburg-Entscheidung"* des BVerfG, Beschl. v. 25.1.2011 – 1 BvR 1741/09 = NZA 2011, 400 (Rz. 88).

3 *Hanau*, Der Grundsatz der Verhältnismäßigkeit, S. 29.

4 BAG, Urt. v. 2.3.2006 – 8 AZR 124/05 = NZA 2006, 848 (Rz. 30).

5 Zu den Berührungspunkten zwischen Betriebsübergängen und Grundrechten des Arbeitnehmers vgl. EK/*Preis*, § 613a BGB Rn. 96; *Sagan*, ZIP 2011, 1641 (1641); BAG, Urt. v. 2.10.1974 – 5 AZR 504/73 = NJW 1975, 1378 (1379).

6 Alle verwendeten Abkürzungen richten sich nach *Kirchner*, Abkürzungsverzeichnis.

7 Zum Zweck des Übergangs vgl. EK/*Preis*, § 613a BGB Rn. 2; APS/*Steffan*, § 613a BGB Rn. 4; zur Schutzpflicht des Gesetzgebers insb. BVerfG, Beschl. v. 25.1.2011 – 1 BvR 1741/09 = NJW 2011, 1427 (Rz. 72 f.); detailliert *Hoffmann*, Unterrichtungspflicht und Widerspruchsrecht, S. 272 ff.

ihnen ein neuer Arbeitgeber („**Erwerber**") aufgezwungen wird, ohne dass sie darauf einen Einfluss hätten.[8] Zusätzlich dazu sind auch die Interessen des bisherigen Arbeitgebers („**Veräußerer**") zu berücksichtigen, der seinen Betrieb bei Bedarf möglichst unkompliziert verkaufen will, sich dabei auch auf sein Eigentumsgrundrecht berufen kann und deswegen auf die Herstellung von Rechtssicherheit angewiesen ist.[9]

Der Gesetzgeber begegnet der beschriebenen Problematik dadurch, dass er Arbeitnehmern auf der einen Seite ein Widerspruchsrecht einräumt und dessen Ausübung auf der anderen Seite an eine einmonatige Frist knüpft (§ 613a V und VI BGB). Durch Ausübung des Widerspruchs wird der Übergang des Arbeitsverhältnisses rückwirkend beseitigt.[10] Praktisch relevant für Arbeitnehmer ist deshalb stets die Frage, wann und wie lange sie dem Übergang ihres Arbeitsverhältnisses widersprechen können. Der Beginn der Widerspruchsfrist ist im Gesetz an eine ordnungsgemäße Unterrichtung durch den Arbeitgeber gekoppelt (§ 613a VI 1 BGB). Die in § 613a V BGB gesetzlich normierte Unterrichtungspflicht wurde eingeführt, um die Vorgaben der EU-Richtlinie RL 2001/23/EG des Rates vom 12. März 2001 zur Angleichung der Rechtsvorschriften der Mitgliedstaaten über die Wahrung von Ansprüchen der Arbeitnehmer beim Übergang von Unternehmen, Betrieben oder Unternehmens- oder Betriebsteilen („**Betriebsübergangsrichtlinie**") umzusetzen, weswegen sich auch der geforderte Unterrichtungsinhalt an dieser Richtlinie orientiert.[11]

Um rechtssicher planen zu können, welche Arbeitnehmer übergehen und welche nicht, ist es für Arbeitgeber daher von großer Bedeutung, ihrer Pflicht zur Unterrichtung ordnungsgemäß nachzukommen. Blickt man aber auf die Entscheidungen des BAG, so ist nicht die ordnungsgemäße Unterrichtung die Regel, sondern die fehlerhafte.[12] Diese Rechtsunsicherheit hat nur schwer abschätzbare ökonomische Folgen: Sind die mit einem Betriebsübergang verbundenen Rechtsrisiken aus Sicht der Beteiligten zu hoch, kommt die Unternehmensveräußerung im schlimmsten Fall nicht zu Stande und der

---

8 So auch *Grau*, Unterrichtung und Widerspruchsrecht, S. 10.

9 Insb. W/H/S/S/*Willemsen*, Umstrukturierung und Übertragung von Unternehmen, S. 859 ff.; zum legitimen Interesse der beteiligten Unternehmen an einer baldigen Klärung der Rechtslage *Sagan*, ZIP 2011, 1641 (1647).

10 EK/*Preis*, § 613a BGB Rn. 105; vgl. auch § 6 C. I. 1.

11 BT-Dr. 14/7760, S. 19.

12 *Steffan*, NZA 2016, 608 (609); *Greiner/Pionteck*, RdA 2020, 169 (169); vgl. auch § 9 B. II. 3. b.

Fortbestand des Betriebs gerät in Gefahr.[13] Vor diesem Hintergrund hat es für die Praxis und damit auch für den Rechtsanwender höchste Relevanz, wann ein Unterrichtungsschreiben fehlerhaft ist und welche Folgen sich aus den Unterrichtungsfehlern ergeben.[14]

13 *Reinhard*, NZA 2009, 63 (66).

14 Von einer überragenden Bedeutung sprechen auch *Haas/Salamon/Hoppe*, NZA 2011, 128 (128).

§ 2 Relevanz der Arbeit

A. Aktuelle Bedeutung von Betriebsübergängen durch den drohenden Brexit

Nachdem die Tories rund um Boris Johnson bei den vorgezogenen Unterhauswahlen am 12. Dezember 2019 die absolute Mehrheit errungen haben, ist ein geordneter Austritt Großbritanniens aus der Europäischen Union zum 31. Januar 2020 sehr wahrscheinlich geworden. In einer Übergangsphase bis zum 31. Dezember 2020 würde Großbritannien nach dem vereinbarten Austrittsabkommen dann weiterhin wie ein EU-Mitgliedstaat behandelt werden. Dies soll die nötige Zeit verschaffen, ein weiteres, umfassendes Abkommen mit rechtssicheren Vereinbarungen zu den künftigen Beziehungen (**„Folgeabkommen“**) zu schließen.[15] Kommt ein Folgeabkommen allerdings nicht zustande, droht mit Ablauf der Übergangsphase weiterhin der ungeregelte Austritt Großbritanniens, der sogenannte „Harte Brexit“, durch welchen sich Unternehmen in der ganzen EU mit vielfältigen Unwägbarkeiten konfrontiert sehen würden.[16] Beispielsweise erfreute sich die Rechtsform der britischen *Limited* (**„Ltd.“**) lange Zeit auch für Gesellschaften mit faktischem Verwaltungssitz in Deutschland großer Beliebtheit. Grund dafür war der verhältnismäßig geringe Gründungsaufwand i.V.m. einer umfassenden Haftungsbeschränkung. Möglich war dies durch die europarechtliche Niederlassungsfreiheit nach Art. 49, 54 AEUV, welche es auch solchen Unternehmen, die ausschließlich in Deutschland wirtschaftlich tätig waren, erlaubte, als Ltd. im Rechtsverkehr aufzutreten. Das im Verhältnis zu Staaten außerhalb der EU anwendbare Gesellschaftskollisionsrecht war „europarechtlich überformt“.[17]

Mit Ablauf der im Austrittsabkommen vereinbarten Übergangsfrist ohne Folgeabkommen würde das Vereinigte Königreich allerdings zum Drittstaat werden, mit der Folge, dass Unternehmen mangels besonderer Gründungsakte als *GbR* oder *OHG* angesehen würden und eine Haftungsbeschränkung nach englischem Recht aus deutscher Perspektive nicht mehr zum Tragen käme.[18] Somit wären

---

15 *https://www.bundesregierung.de/breg-de/themen/brexit/nach-britischen-wahlen-geordneter-brexit-wahrscheinlich-1570622* (Abrufdatum: 11.1.2020).

16 *https://www.dw.com/de/schafft-boris-johnson-2020-den-brexit/a-51780205* (Abrufdatum: 11.1.2020).

17 Zum ganzen Absatz *Zwirlein/Großerichter/Gätsch*, NZG 2017, 1041 (1042).

18 So auch schon *Weller/Thomale/Benz*, NJW 2016, 2378 (2381).

die Gesellschafter im schlimmsten Fall plötzlich selbst persönlich haftbar.[19] Um von einem solchen Szenario nicht unvorbereitet getroffen zu werden, wird zum Teil empfohlen, bereits jetzt das englische Gesellschaftsrecht zu verlassen und dem „Harten Brexit“ mit einem geordneten Übergang in eine Gesellschaftsform deutschen Rechts zuvorzukommen.[20]

Als eine der wichtigsten Möglichkeiten für einen geordneten Übergang könnte sich dabei die Übertragung des Vermögens als Ganzes von der aufzulösenden Ltd. auf eine bereits bestehende oder neu zu gründende Gesellschaft mit deutscher Rechtsform im Wege einer Verschmelzung erweisen.[21] Dass eine solche Übertragung auch grenzüberschreitend möglich sein muss, hat der EuGH in seiner *SEVIC-Entscheidung* festgestellt.[22] Stellt eine übertragende Umwandlung, wie beispielsweise die Verschmelzung, gleichzeitig einen Betriebsübergang dar, so bleibt die Vorschrift des § 613a BGB gem. § 324 UmwG unberührt und ist daher anzuwenden.[23] Es ist vor diesem Hintergrund absehbar, dass die Problematiken rund um die Regelung des § 613a BGB in näherer Zukunft zusätzlich an Bedeutung gewinnen, wenn nämlich eine Vielzahl von Arbeitgebern Betriebsübergänge durch eine Übertragung der im Moment noch von einer Ltd. ausgeführten Geschäfte auf eine Gesellschaft mit deutscher Rechtsform herbeiführen.

B. Neue Perspektiven durch das Konzept grundlegender Informationen

Betrachtet man die bisher erschienene wissenschaftliche Literatur rund um den Betriebsübergang, so fällt auf, dass es bereits umfassende Untersuchungen zu verschiedenen Problembereichen gibt. Insbesondere die Schwierigkeiten im Zusammenhang mit der Unterrichtungspflicht des Arbeitgebers nach § 613a V BGB sowie mit dem damit verknüpften Widerspruchsrecht des Arbeitnehmers nach § 613a VI BGB wurden nicht nur in Aufsätzen und Kommentaren, sondern auch in wissenschaftlichen Dissertationen bereits ausführlich erörtert. So beschäftigen sich beispielsweise *Grau*[24] und *Hoffmann*[25] eingehend mit der Unterrichtungspflicht und mit Fragen im Zusammenhang mit deren Verknüpfung zum

19 *Zwirlein/Großerichter/Gätsch*, NZG 2017, 1041 (1042).
20 *Zwirlein/Großerichter/Gätsch*, NZG 2017, 1041 (1043).
21 *Zwirlein/Großerichter/Gätsch*, NZG 2017, 1041 (1044).
22 EuGH, Urt. v. 13.12.2005 – C-446/03 = NZG 2006, 112 (Rz. 19).
23 Semler/Stengel/*Simon*, § 324 UmwG Rn. 1.
24 *Grau*, Unterrichtung und Widerspruchsrecht.
25 *Hoffmann*, Unterrichtungspflicht und Widerspruchsrecht.

Widerspruchsrecht. Demgegenüber legen *Eichler*[26] und *Hung*[27] ihren Schwerpunkt vor allem auf das Widerspruchsrecht des Arbeitnehmers als solches. Mit dem Problemkreis des Verwirkungstatbestandes nach § 242 BGB im Rahmen des § 613a BGB befasst sich beispielsweise die Arbeit von *Hofmann*.[28]

Trotz dieser bereits gründlichen wissenschaftlichen Auseinandersetzung mit dem Betriebsübergang in der Vergangenheit erfährt die Rechtslage durch die sich stetig wandelnde Rechtsprechung der Arbeitsgerichte immer wieder bedeutsame Neuerungen, die wissenschaftliche Untersuchung erlangt deshalb gleichzeitig wieder und wieder aktuelle Relevanz. Dieses Phänomen lässt sich schon länger beobachten, wie beispielsweise im Zusammenhang mit dem ursprünglich richterrechtlich geschaffenen Widerspruchsrecht[29], mit der Frage nach dem Einbezug in die Sozialauswahl[30] und vor allem mit den immer wieder angepassten Unterrichtungspflichten des Arbeitgebers[31] deutlich wird.

Erst kürzlich hat das BAG sein bereits einige Jahre zuvor entwickeltes Konzept der *grundlegenden Informationen* auf die Prüfung des Verwirkungstatbestands übertragen und der Diskussion über die Abhängigkeit der Widerspruchsfrist von einer ordnungsgemäßen Unterrichtung damit neuen Schwung verliehen.[32] Es liegt deshalb nahe, die Bedeutung der Rechtsprechungsänderung (und im Zusammenhang damit die möglichweise verschobene Perspektive auf den Zusammenhang von Widerspruch und Unterrichtungspflicht im Ganzen) wissenschaftlich zu untersuchen. *Ziel der Arbeit* soll es sein, die Rechtsfigur grundlegender Informationen genau zu analysieren und in das Regelungskonzept des § 613a BGB einzubetten. Außerdem soll geprüft werden, ob dieses Konzept des

26 *Eichler*, Widerspruchsrecht.

27 *Hung*, Widerspruchsrecht.

28 *Hofmann*, Rechtsmissbrauch und Verwirkung.

29 Eingeführt durch BAG, Urt. v. 2.10.1974 – 5 AZR 504/73 = NJW 1975, 1378 (1378); vgl. dazu § 5 A.

30 Berücksichtigung der Motive des Widerspruchs nach BAG, Urt. v. 7.4.1993 – 2 AZR 449/91 = NZA 1993, 795 (798); Rechtsprechungsänderung durch BAG, Urt. V. 31.5.2007 – 2 AZR 276/06 = NZA 2008, 33 (Rz. 51); vgl. Dazu § 16 B. III. 2. B. bb.

31 Beispielsweise zur nachträglichen „Heilung" eines hinsichtlich der Sozialplanprivilegierung nach § 112a II BetrVG fehlerhaften Unterrichtungsschreibens BAG, Urt. v. 23.3.2017 – 6 AZR 264/16 = NZA 2017, 783 (Rz. 39); weitere Bsp. bei *Grau/Schaut*, NZA 2018, 216.

32 Ursprünglich entwickelt in BAG, Urt. v. 19.11.2015 – 8 AZR 773/14 = NZA 2016, 647; übertragen auf den Verwirkungstatbestand durch BAG, Urt. v. 24.8.2017 – 8 AZR 265/16 = NZA 2018, 168.

BAG vor dem Hintergrund verfassungsrechtlicher Grenzen richterlicher Auslegung und Rechtsfortbildung Bestand haben kann. Dabei soll die *Forschungsfrage* beantwortet werden, inwieweit die Unterscheidung verschiedener Unterrichtungsfehler mit dem Zweck von Unterrichtung und Widerspruch sowie deren Verknüpfung über den Beginn der Widerspruchsfrist vereinbar ist und innerhalb welcher Problemkreise sich eine solche Unterscheidung auswirken muss. Spezifisch soll dabei stets auf die Rechtsfigur grundlegender Informationen eingegangen werden, da diese eine starre Kategorisierung von Unterrichtungsfehlern darstellt.

C. Gang der Untersuchung

Der folgende *zweite Abschnitt* widmet sich zunächst dem Spannungsverhältnis zwischen dem Schutz bestehender Arbeitsplätze beim Verkauf eines Betriebs durch einen gesetzlich angeordneten Übergang auf der einen und dem aus der negativen Vertragsfreiheit hergeleiteten Widerspruchsrecht auf der anderen Seite.

Im *dritten Abschnitt* wird sodann der Zusammenhang zwischen dem Beginn der Widerspruchsfrist und der fehlerfreien Unterrichtung nach § 613a VI 1, V BGB herausgearbeitet. Dazu soll vor allem auch darauf eingegangen astn, wie sich die überschießende Umsetzung des deutschen Gesetzgebers bei der Implementierung der Betriebsübergangsrichtlinie ins nationale Recht auf den Zweck der Unterrichtung auswirkt und in welchem Verhältnis der europarechtliche und ein möglicherweise ebenfalls zu beachtender nationalrechtlicher Telos zueinander stehen.

Auf Basis dieser Grundlagen behandelt der *vierte Abschnitt* die vom BAG entwickelte Rechtsfigur grundlegender Informationen und analysiert deren Einführung für den Sonderfall sogenannter Kettenübergängen genauso wie die Weiterentwicklung im Rahmen des Verwirkungstatbestands.

Der *fünfte Abschnitt* stellt die grundlegenden Informationen in einen größeren Zusammenhang und vergleicht die Herangehensweise mit bereits bestehenden Ansätzen aus der Literatur, welche die zeitliche Begrenzung des Widerspruchsrechts ebenfalls von der Art des Unterrichtungsfehlers abhängig zu astn versuchten.

Im *sechsten Abschnitt* wird sodann analysiert, ob die Einführung der grundlegenden Informationen durch das BAG die Grenzen zulässiger Gesetzesauslegung und richterlicher Rechtsfortbildung sprengt. Insbesondere vor dem Hintergrund der Entscheidung des BVerfG vom 06. Juni 2018 im Zusammenhang mit der

BAG-Rechtsprechung zum Anschlussverbot nach § 14 II 2 TzBfG wird der historische Wille des Gesetzgebers eingehend untersucht.

Der *siebente Abschnitt* fasst die gewonnenen Erkenntnisse zusammen und zieht daraus ein Fazit für den Rechtsanwender. Außerdem wird ein Ausblick gegeben, wie der Gesetzgeber die Einführung der Rechtsfigur grundlegender Informationen zum Anlass nehmen könnte, um im Wege einer Verordnungsermächtigung selbst für mehr Rechtssicherheit zu sorgen.

Zweiter Abschnitt: Arbeitsplatzschutz und Vertragsfreiheit – Zwei Seiten einer Medaille

§ 3 Schutz der Arbeitsplätze beim Betriebsübergang

Ein Betriebsübergang liegt vor, wenn ein Betrieb oder Betriebsteil durch Rechtsgeschäft auf einen anderen Inhaber übergeht, wobei der Begriff des Betriebs klassischerweise eine arbeitstechnische Organisationseinheit meint.[33] Ob im Einzelfall ein Betriebsübergang anzunehmen ist, wird letztlich nach einem vom EuGH entwickelten Katalog von sieben Kriterien bestimmt, wobei diese allerdings nicht abschließend sind, sondern Teilaspekte einer vorzunehmenden Gesamtwürdigung darstellen.[34]

Lange war auch umstritten, welche Auswirkungen der Betriebsübergang auf die Arbeitsverhältnisse der im betroffenen Betrieb beschäftigten Mitarbeiter hat.[35] Zu unterscheiden ist dabei zwischen dem Anspruch des Arbeitgebers auf Arbeitsleistung und dem Arbeitsverhältnis insgesamt.[36] Das BGB kennt die Übertragung ganzer Schuldverhältnisse, wie dem Arbeitsverhältnis, grundsätzlich nicht, sondern, mit Ausnahme des § 566 BGB, nur die Abtretung einzelner Forderungen und die Übernahme einzelner Pflichten.[37]

---

33 BAG, Urt. v. 26.6.1997 – 8 AZR 426/95 = NZA 1997, 1228 (1229); vgl. auch Staudinger/*Annuß*, § 613a BGB Rn. 43 f.; dass der klassische Betriebsbegriff für die Feststellung von Betriebsübergängen aber nicht weit genug geht, wird dargestellt in EK/*Preis*, § 613a BGB Rn. 5 ff.

34 EK/*Preis*, § 613a BGB Rn. 10; den „Sieben-Punkte-Katalog" als Konstante in den Entscheidungen des EuGH sieht etwa *Junker*, EuZA 2019, 45 (48) seit EuGH, Urt. v. 19.51992 – C 29/91 = BeckRS 2004, 76033 (Rz. 24), in jüngster Zeit etwa bestätigt durch EuGH, Urt. v. 7.8.2018 – C-472/16 = NZA 2018, 1123 (Rz. 30); übernommen in der deutschen Rspr. durch BAG, Beschl. v. 17.7.1997 – 8 AZR 156/95 = NZA 1997, 1050.

35 Vgl. nur den Übergang durch dreiseitiges Rechtsgeschäft nach BAG, Urt. v. 2.10.1974 – 5 AZR 504/73 = NJW 1975,1378 (1378); zum Ansatz eines gesetzlichen Übergangs Staudinger/*Annuß*, § 613a BGB Rn. 3 m.w.N.

36 W/H/S/S/*Willemsen*, Umstrukturierung und Übertragung von Unternehmen, S. 840.

37 Dazu EK/*Preis*, § 613a BGB Rn. 3; APS/*Steffan*, § 613a BGB Rn. 4; weiterführend vgl. unten, § 6 C. I. 2.

A. Vertragsübernahme bei Zustimmung aller Parteien

Dennoch hatte sich in der Rechtsprechung bereits früh die Auffassung durchgesetzt, dass auch dann eine rechtsgeschäftliche Vertragsübernahme möglich sein solle, wenn alle Beteiligten zustimmen würden.[38] Hintergrund war der Gedanke, dass der Arbeitnehmer seine Arbeitskraft im Zweifel dem Unternehmen und nicht dem Unternehmer widmen würde.[39] Das Arbeitsverhältnis wurde so ein Stück weit „entpersönlicht" bzw. „objektiviert" und dem Arbeitnehmer gleichzeitig unterstellt, es käme ihm primär eben nicht auf den Arbeitgeber, sondern vielmehr auf den Arbeitsplatz als solchen an.[40] Diese Sichtweise ließ es nunmehr zu, bei einem Wechsel des aus Perspektive des Arbeitnehmers oft ohnehin anonymen Betriebsinhabers das Arbeitsverhältnis im Zweifel insgesamt auf den Erwerber übergehen zu lassen, sofern die Identität des Betriebs erhalten blieb.[41]

Der Übergang sollte im Wege eines dreiseitigen Rechtsgeschäfts stattfinden, welches nach den allgemeinen zivilrechtlichen Regeln die Zustimmung aller Parteien erforderte.[42] Das Zustimmungserfordernis wurde darüber hinaus mit der unternehmerischen Freiheit begründet, die durch eine Zwangsübertragung verletzt werden würde. Dies besonders deshalb, weil ansonsten für den Veräußerer eine erschwerte Verwertbarkeit seines Unternehmens und zusätzlich für den Erwerber die Erschwerung in der Gestaltung seiner unternehmerischen Entscheidungen die Folge wäre.[43] Die Menschenwürde sowie der Rechtsgrundsatz, dass der Anspruch auf Dienste gem. § 613a S. 2 BGB im Zweifel nicht übertragbar sei, würden daneben die Zustimmung des Arbeitnehmers gebieten.[44] Als „Schönheitsfehler" dieser rechtsgeschäftlichen Konstruktion wurde teilweise bezeichnet, dass der Erwerber durch das Erfordernis seiner Zustimmung so im

38 Zunächst BAG, Urt. v. 18.2.1960 – 5 AZR 472/57 = NJW 1960, 1490; Urt. v. 2.10.1974 – 5 AZR 504/73 = NJW 1975,1378 (1378 f.) m.w.N.; Staudinger/*Annuß*, § 613a BGB Rn. 3.

39 W/H/S/S/*Willemsen*, Umstrukturierung und Übertragung von Unternehmen, S. 840; als „radikale Vorstellung" bezeichnet diese Auffassung *Hartmann*, EuZA 2012, 35 (44) m.w.N.

40 W/H/S/S/*Willemsen*, Umstrukturierung und Übertragung von Unternehmen, S. 858.

41 W/H/S/S/*Willemsen*, Umstrukturierung und Übertragung von Unternehmen, S. 840.

42 BAG, Urt. v. 2.10.1974 – 5 AZR 504/73 = NJW 1975,1378 (1378) m.w.N.

43 BAG, Urt. v. 18.2.1960 – 5 AZR 472/57 = NJW 1960, 1490 (1490).

44 BAG, Urt. v. 2.10.1974 – 5 AZR 504/73 = NJW 1975,1378 (1378); Staudinger/*Annuß*, § 613a BGB Rn. 3.

Ergebnis entscheiden konnte, ob er die bisherige Belegschaft insgesamt, nur zu einem Teil, oder auch gar nicht übernehmen wollte.[45]

Dieser Umstand führte zu einer Lücke im Kündigungsschutz, da der Arbeitnehmer im Widerspruch zu § 1 KSchG bereits deshalb seine Arbeit verlieren konnte, weil sich die Dispositionsbefugnis über seinen Arbeitsplatz änderte.[46] Nach einer zur Zeit dieses rechtsgeschäftlichen Ansatzes bereits zum Teil vertretenen Ansicht sollte deshalb ein Vertragsübergang kraft Gesetzes auch ohne Zustimmung aller Beteiligten stattfinden.[47] Der gesetzliche Übergang des Arbeitsverhältnisses auf den Erwerber sollte dabei nach dem Vorbild des Grundsatzes „Kauf bricht nicht Miete" in § 571 BGB erfolgen.[48] Systemisch wurde dies unter anderem damit gerechtfertigt, dass bei der Begründung eines Arbeitsverhältnisses die Erbringung der Arbeitsleistung innerhalb einer bestimmten Arbeitsorganisation im Mittelpunkt stehe, sodass es nicht entscheidend auf die Person des Betriebsinhabers ankomme.[49] Die Argumentationslinie führte also die bereits erwähnte Objektivierung des Arbeitsverhältnisses fort.

B. Gesetzliche Vertragsübernahme

Auch der Gesetzgeber wollte die Lücke im Kündigungsschutz schließen und verhindern, dass die Arbeitnehmer mit dem Verlust des bisherigen Arbeitgebers auch ihren Arbeitsplatz einbüßen.[50] Infolgedessen wurde der Betriebsübergang im Jahr 1972 durch § 613a BGB gesetzlich geregelt. Das Gesetz schreibt seitdem einen Vertragsübergang vom Veräußerer auf den Erwerber vor. § 613a BGB stellt demnach eine Schutzvorschrift zugunsten der Arbeitnehmer dar, indem er den arbeitsrechtlichen Bestandsschutz erweitert und dem Erwerber die Möglichkeit nimmt, „negativ auszuwählen", welche Arbeitsverhältnisse er nicht übernehmen will.[51] Entscheidende Neuerung war demnach, dass der Übergang

---

45 So formuliert in W/H/S/S/*Willemsen*, Umstrukturierung und Übertragung von Unternehmen, S. 841; dazu auch EK/*Preis*, § 613a BGB Rn. 3.

46 APS/*Steffan*, § 613a BGB Rn. 4; zur Schutzpflicht des Gesetzgebers auch *Bayreuther*, NZA 2018, 905 (906).

47 Vgl. APS/*Steffan*, § 613a BGB Rn. 4; Staudinger/*Annuß*, § 613a BGB Rn. 3 m.w.N.

48 BAG, Urt. v. 6.2.1980 – 5 AZR 275/78, NJW 1980, 2149 (2150).

49 Dazu Staudinger/*Annuß*, § 613a BGB Rn. 4; dagegen BAG, Urt. v. 26.5.1955 – 2 AZR 38/54 = NJW 1955, 1413 (1413).

50 BT-Dr. VI/1786, S. 59; EK/*Preis*, § 613a BGB Rn. 2; Jauernig/*Mansel*, § 613a BGB Rn. 1; BAG, Urt. V. 17.1.1980 – 3 AZR 160/79 = NJW 1980, 1124 (1125).

51 BAG, Urt. V. 2.10.1974 – 5 AZR 504/73 = NJW 1975, 1378 (1379); APS/*Steffan*, § 613a BGB Rn. 1.

der Arbeitsverhältnisse im Falle des Betriebsübergangs nicht mehr von der Zustimmung des Erwerbers abhing.[52] Diese Änderung zum besseren Schutz der Arbeitnehmer wurde allerdings auch kritisiert, da die Übertragung des Arbeitsverhältnisses als Ganzes systemwidrig sei.[53]

Nach der Gesetzesbegründung sollte eine Norm geschaffen werden, mit dem die Rechtsfolgen eines Betriebsübergangs für die Arbeitsverhältnisse allgemein geregelt werden.[54] Daher wurden beispielsweise auch Bestimmungen zur Haftung des Erwerbers sowie zum Fortbestand des Betriebsratsamtes getroffen. Ungeachtet dieses gesetzgeberischen Anspruchs, eine allgemeine Regelung zu schaffen, kann dennoch konstatiert werden, dass als eigentliches Kern-Regelungsziel die Sicherung der Kontinuität der Arbeitsverhältnisse beim Betriebsübergang galt. Die weiteren Regelungsgegenstände sind demnach bloßer Reflex des Hauptzwecks und haben damit lediglich Komplementärfunktion.[55] Dafür spricht insbesondere auch, dass sich § 613a BGB nach der Gesetzesbegründung an die „einschlägige Rechtsprechung" anlehnt, wobei sich aus dem Satz- und Sinnzusammenhang zweifelsfrei schließen lässt, dass damit die Rechtsprechung zum arbeitsrechtlichen Bestandsschutz bei Betriebsübergängen gemeint war.[56]

---

52 W/H/S/S/*Willemsen*, Umstrukturierung und Übertragung von Unternehmen, S. 841.

53 Für alle Staudinger/*Annuß*, § 613a BGB Rn. 3; als „systemgerecht" bezeichnet daher EK/*Preis*, § 613a BGB Rn. 3 nur die Übertragung mit Zustimmungserfordernis.

54 BT-Dr. VI/1786, S. 59.

55 W/H/S/S/*Willemsen*, Umstrukturierung und Übertragung von Unternehmen, S. 857.

56 BT-Dr. VI/1786, S. 59.; so auch BAG, Urt. V. 26.5.1983 – 2 AZR 477/81 = NJW 1984, 627 (628).

§ 4 Übergang und negative Vertragsfreiheit

Wie im vorangegangenen Kapitel festgestellt, soll der Übergang des Arbeitsverhältnisses auf den Erwerber zunächst einmal dem Schutz des Arbeitsplatzes und damit dem Interesse des Arbeitnehmers dienen. Beim Übergang eines Schuldverhältnisses kraft Gesetzes, ohne dass es der Einwilligungen der betroffenen Parteien bedarf, ist aber grundsätzlich auch deren Vertragsfreiheit zu beachten.[57] Das folgende Kapitel beschäftigt sich deshalb mit der Frage, inwieweit der Übergang des Arbeitsverhältnisses die Vertragsfreiheit sowohl der betroffenen Arbeitnehmer als auch des Veräußerers sowie des Erwerbers beeinflusst.

A. Grundlagen der Vertragsfreiheit

Teil der von Art. 2 I GG geschützten allgemeinen Handlungsfreiheit ist die wirtschaftliche Betätigungsfreiheit, welche nach ständiger Rechtsprechung des BVerfG wiederum die Vertragsfreiheit beinhaltet.[58] Die Vertragsfreiheit wird allgemein beschrieben als die Freiheit, seine Interessen mittels rechtsverbindlicher Abreden mit Vertragspartnern selbst zu gestalten.[59] Sie gilt als einer der Grundpfeiler der sozialen Marktwirtschaft und umfasst die Freiheit des Abschlusses oder Nichtabschlusses sowie der Gestaltungsfreiheit von Verträgen, die sich im Rahmen der Zivilrechtsordnung bewegen.[60] Damit wird dem grundlegenden Menschenbild des *homo oeconomicus* entsprochen, welcher seine Rechtsbeziehungen zu freien und gleichen Bürgern selbstständig regeln können soll.[61] Nur die Freiheit, Verträge zu begründen, oder aber davon Abstand zu nehmen, stellt eine autonome Interessenverfolgung sicher.[62]

---

57 Dazu EK/*Schmidt*, Art. 12 GG Rn. 32.

58 So schon BverfG, Beschl. V. 12.11.1958 - 2 BvL 4, 26, 40/56, 1, 7/57 = BeckRS 1958, 00236 (Rz. 214); Urt. V. 8.4.1997 - 1 BvR 48/94 = NJW 1997, 1975 (1976); Urt. v. 3.4.2001 - 1 BvR 2014/95 = NJW 2001, 1709 (1709).

59 *Hanau*, Der Grundsatz der Verhältnismäßigkeit, S. 23; EK/*Schmidt*, Art. 2 GG Rn. 2.

60 Maunz/Dürig/*Di Fabio*, Art. 2 GG Rn. 101.

61 Dazu Maunz/Dürig/*Di Fabio*, Art. 2 GG Rn. 101; vgl. auch EK/*Schmidt*, Art. 2 GG Rn. 2.

62 MüKo BGB/*Busche*, Vorbemerkung (Vor § 145 BGB) Rn. 11; vom „Selbstbestimmungsrecht des Einzelnen im Rechtsleben" spricht v.Westphalen/Thüsing/*Thüsing*, VertrR/AGB-Klauselwerke, Arbeitsverträge Rn. 1.

Die Vertragsfreiheit ist zunächst ein klassisches Abwehrrecht, das den Bürger unter anderem davor schützt, vom Gesetzgeber hoheitlich zum Abschluss von Verträgen verpflichtet zu werden.[63] Gibt jemand im Rahmen eines durch Ausübung der positiven Freiheit eingegangenen Schuldverhältnisses ein Leistungsversprechen ab, so geht er damit eine Leistungsverpflichtung ein. Im Umfang dieser Verpflichtung schränkt er dabei seine Handlungsfreiheit selbst ein, da er dem anderen Vertragspartner die Möglichkeit einräumt, ein bestimmtes Verhalten von ihm zu verlangen. Insoweit disponiert der Verpflichtete über seine Freiheit im negativen Sinne, nämlich über die Freiheit, keinem Zugriff auf das eigene Leistungsvermögen ausgesetzt zu sein. Damit geht ein Verzicht auf die negative Vertragsfreiheit einher.[64] Wird dieser Verzicht allerdings erzwungen, ohne dass er mit einer Ausübung der positiven Freiheit, ein Schuldverhältnis einzugehen, korrespondiert, so stellt dies einen Eingriff in die Privatautonomie dar. Insbesondere gesetzliche Kontrahierungszwänge sind daher stets gut zu begründen.[65]

B. Die Berufsfreiheit als Garant für die freie Wahl des Arbeitgebers

I. Vorrang des spezielleren Art. 12 GG

Dass die Vertragsfreiheit grundsätzlich auch für das „Ob" und „Wie" von Arbeitsverträgen gilt, zeigt sich unter anderem am Grundsatz der freien Gestaltung des Arbeitsvertrags nach § 105 GewO.[66] Im Grundgesetz ist die Vertragsfreiheit im Bereich der beruflichen Betätigung nicht vorrangig in Art. 2 I GG geregelt. Sie hat ihre spezielle Gewährleistung in Art. 12 I GG gefunden, weshalb ein Rückgriff auf die subsidiäre allgemeine Handlungsfreiheit ausscheidet.[67] Als Konkretisierung des allgemeinen Grundrechts auf persönliche Freiheit verdrängt die Berufsfreiheit für den Geltungsbereich des Art. 12 I GG den Art. 2 I GG.[68] Wenn durch Gesetz ein Vertragspartnerwechsel ohne Zustimmung erfolgt, so ist zwar auch das Recht der allgemeinen Handlungsfreiheit betroffen, wegen

63 Maunz/Dürig/*Di Fabio*, Art. 2 GG Rn. 102.

64 Dazu *Hanau*, Der Grundsatz der Verhältnismäßigkeit, S. 25.

65 Maunz/Dürig/*Di Fabio*, Art. 2 GG Rn. 102.

66 BeckOK GewO/*Hoffmann*, § 105 GewO Rn. 21.

67 Zur Subsidiarität Maunz/Dürig/*Di Fabio*, Art. 2 GG Rn. 103; ausdrücklich BVerfG, Beschl. V. 7.1.1959 – 1 BvR 100/57 = NJW 1959, 667 (667).

68 V. Mangold/Klein/Starck/*Starck*, Art. 2 GG Rn. 75.

des Subsidiaritätsprinzips ist für die freie Wahl des Arbeitgebers aber allein die Berufsfreiheit nach Art. 12 I GG maßgeblich.[69]

II. Arbeitsplatzfreiheit

Art. 12 I 1 GG garantiert neben der freien Wahl des Berufs als weiteres Schutzgut auch die freie Wahl des Arbeitsplatzes als besondere Teilgewährleistung im Rahmen der freien Berufswahl.[70] Dazu zählt auch der Entschluss des Einzelnen, eine konkrete Beschäftigungsmöglichkeit in dem gewählten Beruf zu ergreifen. Dies beinhaltet bei abhängig Beschäftigten auch die freie Wahl des Arbeitgebers als konkretem Vertragspartner.[71] Während es bei der Berufswahl um die Entscheidung des Einzelnen geht, auf welchem Feld er sich beruflich betätigen will, betrifft die Arbeitsplatzwahl die Entscheidung, an welcher Stelle er dem gewählten Beruf nachgehen möchte.[72] Ebenso wie sich die freie Berufswahl nicht in der Entscheidung zur Aufnahme eines Berufs erschöpft, sondern auch die Fortsetzung und Beendigung desselben umfasst, bezieht sich die freie Arbeitsplatzwahl neben der Entscheidung für eine konkrete Beschäftigung dabei auch auf den Willen des Einzelnen, diese beizubehalten oder aufzugeben.[73]

Die Freiheit der Arbeitsplatzwahl ist somit u.a. dann betroffen, wenn der Staat den Einzelnen zur Annahme eines bestimmten Arbeitsplatzes zwingt oder die Aufgabe bzw. den Wechsel eines Arbeitsplatzes verlangt.[74] Regelungen zum Übergang eines Arbeitsverhältnisses auf einen anderen Arbeitgeber betreffen damit den Schutzbereich der durch Art. 12 I GG geschützten Arbeitsplatzfreiheit.[75]

---

69 So explizit BverfG, Beschl. v. 25.1.2011 – 1 BvR 1741/09 = NZA 2011, 400 (Rz. 70) m.w.N.

70 Maunz/Dürig/*Scholz*, Art. 12 GG Rn. 433.

71 BVerfG, Urt. v. 24.4.1991 – 1 BvR 1341/90 = NJW 1991, 1667 (1667); EK/*Schmidt*, Art. 12 GG Rn. 7; vgl. auch *Grau*, Unterrichtung und Widerspruchsrecht, S. 345 m.w.N.

72 *Hung*, Widerspruchsrecht, S. 43.

73 BAG, Urt. v. 2.3.2006 – 8 AZR 124/05 = NZA 2006, 848 (Rz. 30).

74 EK/*Schmidt*, Art. 12 GG Rn. 11.

75 BAG, Urt. v. 2.3.2006 – 8 AZR 124/05 = NZA 2006, 848 (Rz. 30); *Hung*, Widerspruchsrecht, S. 44.

C. Eingriff in die Vertragsfreiheit durch den Betriebsübergang

I. Auf Arbeitnehmerseite

Zunächst einmal stellt der gesetzliche Übergang des Arbeitsverhältnisses aus Sicht des Arbeitnehmers etwas durchaus Positives dar, da es die Ausübung seines Berufs auf dem bisherigen Arbeitsplatz sichert und deshalb sogar als Teilaspekt eines „Rechts am Arbeitsplatz" bezeichnet werden kann.[76] Demgegenüber weist § 613a BGB aus verfassungsrechtlicher Sicht aber auch eine gegen den Arbeitnehmer gerichtete Komponente auf, da zunächst ein gesetzlicher Zwang zu einer einstweiligen Fortführung des Arbeitsverhältnisses mit dem Erwerber begründet wird.[77]

Ein Eingriff in den oben umrissenen Schutzbereich der Arbeitsplatzfreiheit nach Art. 12 I GG ist dann gegeben, wenn der Arbeitsvertragspartner per Gesetz ausgetauscht wird.[78] Für den rechtsgeschäftlichen Betriebsübergang bedeutet dies, dass ein Eingriff dann anzunehmen ist, wenn gegenüber dem gesetzlich angeordneten Arbeitgeberwechsel in § 613a I 1 BGB der Wille des betroffenen Arbeitnehmers keine Berücksichtigung findet. Zwar kann der Arbeitnehmer grundsätzlich durch Ausspruch einer Kündigung verhindern, dass ein neuer, von ihm nicht gewählter Arbeitgeber sein Vertragspartner wird. Allerdings würde dies gleichzeitig zum Verlust seines Arbeitsplatzes führen, weshalb ein Eingriff in die Arbeitsplatzfreiheit trotz Kündigungsmöglichkeit von der Rechtsprechung bejaht wird.[79] Das BVerfG vertritt darüber hinaus die Ansicht, dass der Arbeitnehmer aufgrund der sozialrechtlichen Folgen einer Eigenkündigung und der fehlenden Rückkehrperspektive ohne ein Widerspruchsrecht unter erheblichem Druck stünde, trotz des Arbeitgeberwechsels auf seinem Arbeitsplatz zu verbleiben.[80] Demnach erfolgt der Eingriff beim gesetzlichen Übergang des Arbeitsverhältnisses auf zwei Ebenen[81]:

---

76 So jedenfalls W/H/S/S/*Willemsen*, Umstrukturierung und Übertragung von Unternehmen, S. 862.

77 W/H/S/S/*Willemsen*, Umstrukturierung und Übertragung von Unternehmen, S. 863; vgl. § 3 B.

78 EK/*Schmidt*, Art. 12 GG Rn. 11.

79 U.a. BAG, Urt. v. 2.3.2006 – 8 AZR 124/05 = NZA 2006, 848 (Rz. 31); vgl. auch BVerfG, Beschl. v. 25. 1. 2011 – 1 BvR 1741/09 = NZA 2011, 400 (Rz. 90).

80 BVerfG, Beschl. v. 25. 1. 2011 – 1 BvR 1741/09 = NZA 2011, 400 (Rz. 83).

81 So auch *Hung*, Widerspruchsrecht, S. 50.

(1) Zum einen wird dem Arbeitnehmer gegen seinen Willen der Erwerber als neuer Arbeitgeber aufgezwungen.
(2) Zum anderen wird ihm das Arbeitsverhältnis mit dem Veräußerer entzogen.

II. Auf Arbeitgeberseite

Auch auf Arbeitgeberseite wirkt sich der gesetzlich angeordnete Übergang der Arbeitsverhältnisse aber auf die Vertragsfreiheit aus.

1. Perspektive des Veräußerers

Beim Betriebsübergang ist der Erwerber gezwungen, grundsätzlich alle vom Betriebsübergang betroffenen Arbeitsverhältnisse zu übernehmen.[82] Dieser gesetzliche Übernahmezwang lastet somit wie eine „arbeitsrechtliche Hypothek" auf dem Betrieb, die den wirtschaftlichen Wert des Übertragungsgegenstandes je nach der tatsächlichen Verfassung der Belegschaft (Qualifikation, Zusammensetzung etc.) zumindest erheblich mindern kann.[83] Die unternehmerische Verfügungsfreiheit wird durch den gesetzlichen Übergang der Arbeitsverhältnisse also auch auf Seiten des Veräußerers eingeschränkt. Art. 14 GG schützt nämlich nicht nur das Eigentumsrecht an den einzelnen Betriebsmitteln im Sinne eines „Habens", sondern ebenfalls das Recht am Gewerbebetrieb im Sinne eines „Ausnutzendürfens".[84] Daneben werden auf der Seite des Veräußerers durch den zwangsweisen Übergang der Arbeitsverhältnisse auch die Vertragsfreiheit nach Art. 2 I GG, die Berufsfreiheit nach Art. 12 GG sowie die Unternehmerfreiheit eingeschränkt.[85]

Grundrechtseinschränkungen können aber gerechtfertigt sein.[86] Im Bereich des Eigentumsrechts nach Art. 14 GG werden Inhalt und Schranken durch die Gesetze bestimmt, wegen der grundrechtlichen Wertentscheidung zugunsten

82 Vgl. § 3 B.
83 W/H/S/S/*Willemsen*, Umstrukturierung und Übertragung von Unternehmen, S. 859.
84 Auch der BGH fasst neben dem eigentlichen Bestand des Gewerbebetriebes den gesamten gewerblichen Tätigkeitskreis zum vor Störungen geschützten Bereich, vgl. BGH, Urt. v. 28.1.1957 – III ZR 141/55 = NJW 1957, 630 (631); vom Recht des Grundrechtsträgers, die mit den vermögenswerten Rechten verbundenen Befugnisse nach eigenverantwortlicher Entscheidung zu seinem eigenen Vorteil auszunutzen spricht auch das BVerfG, Beschl. v. 9.1.1991 – 1 BvR 929/89 = NJW 1991, 1807 (1807); vgl. W/H/S/S/*Willemsen*, Umstrukturierung und Übertragung von Unternehmen, S. 860.
85 W/H/S/S/*Willemsen*, Umstrukturierung und Übertragung von Unternehmen, S. 860.
86 Vgl. detailliert unten § 6 A.

eines sozial gebundenen Privateigentums ist der Gesetzgeber sogar verpflichtet, die Belange der Gemeinschaft und die eigentumsgrundrechtlich geschützten Individualinteressen in ein ausgewogenes Verhältnis zu bringen.[87] Arbeitnehmer sind in der Regel in existenzieller Weise auf ihren Arbeitsplatz angewiesen, weshalb man einem Betrieb einen stark ausgeprägten Allgemeinbezug unterstellen kann.[88] Darüber hinaus kann die Belastung mit der Fortführung aller Arbeitsverhältnisse als wertmäßiges Korrelat zum Vorteil gesehen werden, der durch die Übertragung eines auch durch die Belegschaft funktionstüchtigen Betriebs entsteht. Solange der Betrieb also nicht stillgelegt, sondern in seiner erwerbswirtschaftlichen Zweckbestimmung aufrechterhalten wird, ist die Grundrechtseinschränkung auf Veräußererseite durch die „arbeitsrechtliche Hypothek" daher verhältnismäßig.[89]

2. *Perspektive des Erwerbers*

Auf Erwerberseite bedeutet der gesetzlich angeordnete Eintritt in zeitlich oft unbefristete Vertragsverhältnisse einen deutlich schwerwiegenderen Eingriff in die negative Vertrags- sowie die Berufsfreiheit als auf Veräußererseite.[90]

Eine Verfassungsmäßigkeit wird hier im Allgemeinen aber trotzdem nicht ernsthaft angezweifelt, da der Gesetzgeber im Rahmen seines Gestaltungsfreiraums entscheiden durfte, das ebenfalls von Art. 12 I GG geschützte Interesse des Arbeitnehmers am Erhalt seines Arbeitsplatzes höher zu gewichten.[91] Daneben ist selbstverständlich auch hier die Allgemeinbezogenheit von Betrieben zu berücksichtigen. Auch das in Art. 20 I, 28 I GG festgeschriebene Sozialstaatsprinzip rechtfertigt die Einschränkung der Privatautonomie des Erwerbers.[92] Außerdem hat der Erwerber als Arbeitgeber grundsätzlich die Möglichkeit, im Rahmen der vom Kündigungsschutz vorgegebenen Grenzen die übergegangenen Arbeitsverhältnisse aufzulösen.[93] Nicht zuletzt ist die Verhältnismäßigkeit

87 W/H/S/S/*Willemsen*, Umstrukturierung und Übertragung von Unternehmen, S. 859.

88 W/H/S/S/*Willemsen*, Umstrukturierung und Übertragung von Unternehmen, S. 860.

89 W/H/S/S/*Willemsen*, Umstrukturierung und Übertragung von Unternehmen, S. 861; i. E. auch Staudinger/*Annuß*, § 613a BGB Rn. 17.

90 W/H/S/S/*Willemsen*, Umstrukturierung und Übertragung von Unternehmen, S. 861.

91 EK/*Schmidt*, Art. 12 GG Rn. 30, 32; näher zum Arbeitsplatzschutz EK/*Schmidt*, Art. 12 GG Rn. 36.

92 LAG Hamm, Urt. v. 8.11.1996 – 10 Sa 873/96 = NZA-RR 1997, 245 (247); APS/*Steffan*, § 613a BGB Rn. 5.

93 Staudinger/*Annuß*, § 613a BGB Rn. 16.

der Einschränkung auch aus der Perspektive des Erwerbers deshalb anzunehmen, weil die Übernahme der Belegschaft der „Preis" für die wirtschaftlich vorteilhafte Position des Betriebsinhabers ist, die neben der Eigentumsübertragung Ziel der wirtschaftlichen Transaktion ist und damit auch nicht „aufgedrängt" wird.[94]

3. Rückschlüsse für den Eingriff auf Arbeitnehmerseite

Rückbezieht man das oben Gesagte auf den Eingriff in die Arbeitsplatzfreiheit auf Arbeitnehmerseite, so wird dessen Intensität noch deutlicher. Der durch § 613a BGB gesetzlich erzwungene Vertragspartnerwechsel würde die Vertragsfreiheit des Arbeitnehmers letztendlich beseitigen, da dieser komplett unabhängig von seinem Willen einen von ihm nicht gewählten Vertragspartner erhalten würde.[95] Im Unterschied zum Erwerber, der seine Vertragsfreiheit zumindest insoweit ausüben konnte, als er sich dazu entschieden hat, den Betrieb trotz des damit einhergehenden Übergangs der Arbeitsverhältnisse zu kaufen und dabei zusätzlich von der gezielten Übernahme eines organisatorischen und funktionellen Zusammenhangs profitiert, sieht sich der Arbeitnehmer gänzlich ohne eigenes Zutun mit dem Vertragspartnerwechsel konfrontiert.[96]

Im Ergebnis zeigt dieser Vergleich, dass der gesetzliche Übergang des Arbeitsverhältnisses auf den Erwerber für die Vertragsfreiheit des Arbeitnehmers eine hohe Eingriffsintensität aufweist, die insbesondere auch deutlich schwerer wiegt als der Grundrechtseingriff auf Arbeitgeberseite.

---

94 W/H/S/S/*Willemsen*, Umstrukturierung und Übertragung von Unternehmen, S. 863.

95 Staudinger/*Annuß*, § 613a BGB Rn. 18; BeckOK ArbR/*Gussen*, § 613a BGB Rn. 140; in diese Richtung auch BAG, Urt. v. 30.10.1986 – 2 AZR 101/85 = NZA 1987, 524.

96 W/H/S/S/*Willemsen*, Umstrukturierung und Übertragung von Unternehmen, S. 864.

§ 5 Schutzpflicht des Gesetzgebers – Das Widerspruchsrecht vor der Kodifizierung

Der beim Übergang des Arbeitsverhältnisses betroffene Schutz der Berufsfreiheit nach Art. 12 I GG richtet sich gegen alle staatlichen Maßnahmen, welche die freie Wahl des Arbeitsplatzes beschränken, also die Erlangung eines zur Verfügung stehenden Arbeitsplatzes behindern oder zur Annahme, Beibehaltung oder Aufgabe eines bestimmten Arbeitsplatzes zwingen.[97] Soweit es der Gesetzgeber zulässt, dass der Arbeitgeber durch Rechtsgeschäft ohne Zustimmung des Arbeitnehmers ausgewechselt wird, trifft ihn wegen der abwehrrechtlichen Komponente der Vertragsfreiheit[98] daher die Pflicht, nicht nur das Interesse des Arbeitnehmers am Erhalt seines Arbeitsplatzes trotz des Arbeitgeberwechsels, sondern auch seine privatautonome Entscheidung über die Person des Vertragspartners zu beachten.[99] Zur Sicherstellung eines angemessenen Schutzes der negativen Vertragsfreiheit der vom Betriebsübergang betroffenen Arbeitnehmer muss vor diesem Hintergrund ein rechtliches Instrument gefunden werden, das es dem einzelnen Beschäftigten erlaubt, sich vom gesetzlich angeordneten Übergang des Arbeitsverhältnisses auf den Erwerber zu lösen oder diesen sogar zu verhindern.[100]

Bereits vor der Einführung des § 613a VI BGB wurde den von einem Betriebsübergang betroffenen Arbeitnehmern durch die Rechtsprechung des BAG vor diesem Hintergrund ein Widerspruchsrecht zuerkannt, durch das die Vertragsfreiheit in ausreichendem Maße geschützt werden sollte.[101]

---

97 BVerfG, Beschl. v. 6.6.2018 – 1 BvL 7/14 und BvR 1375/14 = NZA 2018, 774 (Rz. 38).

98 Vgl. § 4 A. B.

99 BVerfG, Beschl. v. 25.1.2011 – 1 BvR 1741/09 = NZA 2011, 400 (Rz. 73).

100 Zur Frage, ob vor diesem Hintergrund die Einräumung eines Widerspruchsrechts sogar verfassungsrechtlich determiniert ist, vgl. § 6.

101 Vgl. BAG, Urt. v. 2.10.1974 – 5 AZR 504/73 = NJW 1975, 1378; zuvor bereits BAG, Urt. v. 18.2.1960 – 5 AZR 472/57 = NJW 1960, 1490; später BAG, Urt. v. 22.4.1993 – 2 AZR 50/92 = NZA 1994, 360 sowie jüngst auch BVerfG, Beschl. v. 25.1.2011 – 1 BvR 1741/09 = NZA 2011, 400 (Rz. 73).

A. Herleitung des Widerspruchsrechts

Die Begründung erfolgte auf systematischer, teleologischer und verfassungsrechtlicher Ebene.[102]

I. Systematische Argumente

Mit den allgemeinen Grundsätzen des Arbeitsvertragsrechts war es aus Sicht des BAG nicht vereinbar, dem Arbeitnehmer gegen seinen Willen einen anderen Arbeitgeber aufzuzwingen.[103] Zum einen wäre der Anspruch auf die Dienste des Arbeitnehmers nach der Auslegungsregel in § 613 S. 2 BGB im Zweifel nicht übertragbar.[104] Zum anderen verwies das BAG auf § 415 BGB, nach dem ein Schuldnerwechsel die Zustimmung des Gläubigers voraussetze.[105] Dies gelte auch für das Recht des Arbeitsvertrages.[106] Auch der Arbeitnehmer erhalte mit dem Eintritt des Erwerbers in das Arbeitsverhältnis einen neuen Schuldner, seine Zustimmung sei deshalb erforderlich.

II. Teleologische Argumente

§ 613a BGB dient insbesondere dazu, den Bestandsschutz der Arbeitsverhältnisse zu erweitern, indem deren Übernahme durch den Erwerber gesetzlich angeordnet wird.[107] Daraus könnte abgeleitet werden, dass der Übergang kraft Gesetzes auch nicht der Zustimmung der betroffenen Arbeitnehmer bedürfe. Nach Auffassung des BAG ist diese Schlussfolgerung aber nicht mit dem Sinn und Zweck der Norm vereinbar.[108] Aus dem Bestandsschutz könne nicht geschlossen werden, dass das Arbeitsverhältnis auch gegen den Willen des Arbeitnehmers auf einen neuen Arbeitgeber überzugehen habe.[109] Der gesetzgeberische Zweck verlange nur nach einer Einschränkung der Vertragsfreiheit auf Seiten des Arbeitgebers. Ausreichend sei es nämlich, den Bestandsschutz dadurch zu sichern, dass dem Erwerber die Möglichkeit genommen werde, nach freiem Ermessen die Übernahme einzelner Arbeitnehmer abzulehnen.[110]

---

102 So auch *Hung*, Widerspruchsrecht, S. 19 f.
103 BAG, Urt. v. 2.10.1974 – 5 AZR 504/73 = NJW 1975, 1378 (1378).
104 *Hung*, Widerspruchsrecht, S. 19.
105 BAG, Urt. v. 21.7.1977 – 3 AZR 703/75, AP BGB § 613a Nr. 8.
106 BAG, Urt. v. 24.10.1972 – 3 AZR 102/72, NJW 1973, 822 (823).
107 Vgl. § 3 B.
108 BAG, Urt. v. 2.10.1974 – 5 AZR 504/73 = NJW 1975, 1378.
109 *Hung*, Widerspruchsrecht, S. 20.
110 BAG, Urt. v. 6.2.1980 – 5 AZR 275/78 = NJW 1980, 2149.

III. Verfassungsrechtliche Argumente

Auch verfassungsrechtliche Gesichtspunkte sprachen nach Ansicht der Rechtsprechung für die Annahme eines Widerspruchsrechts.[111] Zum einen würde es schon gegen die Menschenwürde nach Art. 1 GG verstoßen, einen Arbeitnehmer gegen seinen Willen zu „verkaufen".[112] Auch dürfe das Recht des Arbeitnehmers, seinen Arbeitsplatz frei zu wählen und sich frei zu entscheiden, mit wem er einen Arbeitsvertrag abschließen wolle, nicht unberücksichtigt bleiben.[113] Demnach wäre die Versagung eines Widerspruchsrechts in Hinblick auf Art. 12 I GG, der die freie Wahl des Arbeitsplatzes garantiert, bedenklich, da dieses Recht auch die Entscheidung darüber umfasse, mit welchem Arbeitgeber ein Arbeitsverhältnis begründet werden solle. Das BAG betont dabei das personale Element des Arbeitsverhältnisses und konstatiert, die persönlichen Beziehungen prägten den Arbeitsplatz „ebenso wie die räumlich gegenständlichen Merkmale".[114]

IV. Kritik: eindeutiger Wortlaut

Kritisiert wurde die Herleitung des Widerspruchs insbesondere unter Hinweis auf den als eindeutig zu verstehenden Wortlaut des § 613a BGB, der keine im Wege der Auslegung zu füllende Lücke lasse.[115] Im Gesetzestext seien subjektive Willensmomente als Voraussetzung für den gesetzlichen Übergang mit keinem Wort erwähnt worden.[116] Gegen das Widerspruchsrecht wurde außerdem angeführt, dass der gewichtige Vorteil eines automatischen Übergangs des Arbeitsverhältnisses für den Arbeitnehmer auf der anderen Seite die Sicherheit für den Arbeitgeber nötig mache, dass zumindest auch die gesamte Belegschaft mit übergeht („Prinzip des guten und schlechten Tropfens").[117]

---

111 BAG, Urt. v. 2.10.1974 – 5 AZR 504/73 = NJW 1975, 1378; zweifelnd BVerfG, Beschl. v. 25.1.2011 – 1 BvR 1741/09 = NZA 2011, 400 (Rz. 94); dazu EK/*Preis*, § 613a BGB Rn. 96.

112 BAG, Urt. v. 2.10.1974 – 5 AZR 504/73 = NJW 1975, 1378; krit. *Hung*, Widerspruchsrecht, S. 55 ff.

113 Zusammenfassend auch *Kühn*, NZM 2009, 4 (5).

114 BAG, Urt. v. 2.10.1974 – 5 AZR 504/73 = NJW 1975, 1378.

115 Zusammenfassend BAG, Urt. v. 6.2.1980 – 5 AZR 275/78 = NJW 1980, 2149.

116 Sich im Ergebnis zwar auch für die Annahme eines Widerspruchsrechts aussprechend, die Begründung des BAG aber kritisierend *Seiter*, AP BGB § 613a Nr. 1; grundsätzlich ablehnend beispielsweise *Birk*, AP BGB § 613a Nr. 10.

117 Dargestellt von *Seiter*, AP BGB § 613a Nr. 1.

Der § 613a BGB aF enthielt zum Zeitpunkt seiner Einführung tatsächlich keine Ausführungen über ein Widerspruchsrecht. Nach Auffassung der Rechtsprechung war der Wortlaut aber nicht eindeutig, sodass das Widerspruchsrecht bereits durch Auslegung begründet werden konnte. Dem ist zu widersprechen. Ein überhaupt nicht erwähntes Widerspruchsrecht aus dem Wortlaut herauslesen zu wollen, ist nicht überzeugend.[118] Das Widerspruchsrecht konnte nach zutreffender Ansicht daher nur durch eine vom Wortlaut abweichende Interpretation hergeleitet werden.[119] Dies war eine klassische Rechtsfortbildung zu verstehen.[120] Methodisch handelte es sich um eine teleologische Reduktion des § 613a I BGB aF, welche im Ergebnis eine verfassungskonforme Restriktion darstellte.[121]

B. Ausübung

Das Widerspruchsrecht konnte grundsätzlich nur bis zum Zeitpunkt des Betriebsübergangs ausgeübt werden, sofern der Arbeitnehmer von diesem zuvor in Kenntnis gesetzt worden war.[122] Im Falle einer ausreichenden Unterrichtung konnten Arbeitnehmer dem Übergang ihres Arbeitsverhältnisses nur unverzüglich und in der Regel spätestens nach drei Wochen widersprechen.[123] Eine Erklärung nach dem Betriebsübergang war somit nur dann möglich, wenn der Arbeitnehmer keine hinreichende Kenntnis von selbigem hatte.[124] Teilweise wurde aber auch gefordert, die Geltendmachung des Widerspruchsrechts restriktiver zu handhaben und dem Arbeitnehmer beispielsweise nur eine Frist von zwei Wochen ab der ausreichenden Unterrichtung Zeit zu geben.[125] Im Gegensatz zur Kündigungsschutzklage, für die ein Arbeitnehmer nach § 4 KSchG drei Wochen Zeit hat, gehe es beim Widerspruch nämlich nicht darum, den Arbeitnehmer vor einem rechtswidrigen Verhalten zu schützen. Vielmehr stelle das Widerspruchsrecht eine „wenn nicht fragwürdige, so doch außergewöhnliche" Vergünstigung dar.[126]

---

118 Zur Bedeutung und den Grenzen der Wortlautauslegung vgl. unten § 18 A. II.

119 Staudinger/*Annuß*, § 613a BGB Rn. 291.

120 LAG Hamm, Urt. v. 21.6.1994 – 6 Sa 30/94 = NZA 1995, 471.

121 *Sagan*, ZIP 2011, 1641 (1641); BeckOK ArbR/*Gussen*, § 613a BGB Rn. 141a.; zu den Grenzen der Rechtsfortbildung vgl. § 18 B.

122 BAG, Urt. v. 17.11.1977 – 5 AZR 618/76 = NJW 1978, 1653.

123 BAG, Urt. v. 22.4.1993 – 2 AZR 313/92 = NZA 1994, 357.

124 Zu diesem Abschnitt *Sagan*, ZIP 2011, 1641 (1641).

125 Für alle *Henssler*, NZA 1994, 913 (921).

126 So formuliert es *Henssler*, NZA 1994, 913 (921).

C. Europäische Perspektive

Der EuGH hat sich erstmals 1992 mit der Problematik des zu diesem Zeitpunkt noch nicht kodifizierten, aber vom BAG aus § 613a BGB entwickelten Widerspruchsrechts beim Betriebsübergang beschäftigt.[127] Zuvor hatte er bereits im Rahmen einer vom *Hoge Raad der Niederlanden* vorgelegten Vorabentscheidung klargestellt, dass ein Widerspruchsrecht europarechtlich zumindest nicht geboten sei.[128] Zu überprüfen war deshalb daraufhin die Vereinbarkeit des vom BAG angenommenen Widerspruchsrechts mit der EG-Richtlinie 77/187/EWG, die schlicht einen automatischen Übergang der Arbeitsverhältnisse beim Betriebsübergang vorsah.[129]

Mit der Begründung, bei der Richtlinie handele es sich um eine Arbeitnehmerschutzvorschrift, deren Schutzzweck dann gegenstandslos werden würde, wenn der Arbeitnehmer auf Grund seiner eigenen freien Entscheidung das Arbeitsverhältnis mit dem Erwerber nicht fortsetzen wolle, erkannte der EuGH das Widerspruchsrecht an. Außerdem verstieße eine Verpflichtung des Arbeitnehmers, für den Erwerber zu arbeiten, gegen seine Grundrechte, die ihm die freie Wahl seines Arbeitsgebers garantieren.[130] Diese Sichtweise wurde in nachfolgenden Urteilen mehrmals bestätigt.[131]

D. Gesetzliche Normierung

Den Streit über die Zulässigkeit des richterrechtlichen Widerspruchsrechts hat letztlich der deutsche Gesetzgeber entschieden, indem er durch Art. 4 des Gesetzes zur Änderung des Seemannsgesetzes und anderer Gesetze vom 23. März 2002 mit Wirkung zum 1. April 2002 das Widerspruchsrecht in § 613a VI BGB normierte.[132] Die Begründung übernahm der Gesetzgeber dabei teilweise von der Rechtsprechung. Demnach sei es *„mit der Würde des Menschen, dem Recht auf freie Entfaltung der Persönlichkeit und dem Recht auf freie Arbeitsplatzwahl*

---

127 EuGH, Urt. v. 16.12.1992 – verb. Rs C-132/91, 138/91, 139/91 = NZA 1993, 169; vgl. *Kühn*, NZM 2009, 4 (5).

128 EuGH, Urt. v. 5.5.1988 – Rs 144, 145/87 = NZA 1990, 885 (Rz. 13); weiterführend APS/*Steffan*, § 613a BGB Rn. 218.

129 *Kühn*, NZM 2009, 4 (5).

130 Beide Argumente aus EuGH, Urt. v. 16.12.1992 – verb. Rs C-132/91, 138/91, 139/91 = NZA 1993, 169 (Rz. 30, 32).

131 Vgl. nur EuGH, Urt. v. 24.1.2002 – Rs C-51/00 = NZA 2002, 265.

132 BGBl I, S. 1163.

(Art. 1, 2 und 12 des Grundgesetzes) unvereinbar (…), wenn der Arbeitnehmer verpflichtet würde, für einen Arbeitgeber zu arbeiten, den er nicht frei gewählt hat“.[133]

---

133 BT-Dr 14/7760, S. 20; inwieweit diese Feststellung maßgeblich für den Telos des § 613a VI ist, wird weiter unten behandelt, vgl. § 10 D. III.

§ 6 Verfassungsrechtliche Determination

Wie bereits beschrieben, hat das BAG das Widerspruchsrecht der von einem Betriebsübergang betroffenen Arbeitnehmer insbesondere auch aus der im Zusammenhang mit der Berufsfreiheit nach Art. 12 I GG geschützten freien Wahl des Arbeitgebers hergeleitet.[134] Daraus lässt sich aber auch schließen, dass die Regelung des § 613a VI 1 BGB das Vorliegen eines Eingriffs in Art. 12 I GG aus grundrechtsdogmatischer Perspektive beseitigt, da der Arbeitnehmer das Wahlrecht für oder gegen einen neuen Arbeitsvertragspartner zugesprochen bekommt.[135] Indem sich die Gesetzesbegründung aber insbesondere auch auf Art. 12 I GG beruft, drängt sich die Frage auf, ob die Arbeitsplatzfreiheit tatsächlich ein Widerspruchsrecht vorschreibt.

Die Prüfung des Art. 12 I GG ist am sachnähesten und damit vorrangig.[136] Es ist zu untersuchen, ob der Eingriff in die negative Vertragsfreiheit des Arbeitnehmers durch den gesetzlich angeordneten Übergang nach § 613a BGB ohne die Einräumung eines Widerspruchsrechts verfassungsgemäß wäre. Bereits festgestellt wurde, dass der gesetzliche Übergang des Arbeitsverhältnisses aus Perspektive des Arbeitnehmers einen Eingriff in seine freie Arbeitsplatzwahl als Ausprägung der in der Berufsfreiheit angelegten negativen Vertragsfreiheit darstellt.[137] Es stellt sich vor diesem Hintergrund aber noch das Problem, ob dieser Eingriff gerechtfertigt wäre, oder ob allein die Einräumung des Widerspruchsrecht für die Verfassungsmäßigkeit eines gesetzlich angeordneten Vertragsübergangs sorgen kann.

A. Einschränkungen der Arbeitsplatzfreiheit – Anforderungen an die Rechtfertigung

Grundrechtseinschränkungen können durchaus gerechtfertigt sein.[138] Art. 12 I 2 GG selbst sieht zwar ausdrücklich nur einschränkende Regelungen der Berufsausübung und nicht der Berufs- und Arbeitsplatzwahl vor.[139] Jedoch ist

134 Vgl. § 5 A. III.

135 *Grau*, Unterrichtung und Widerspruchsrecht, S. 346.

136 So schon *Hung*, Widerspruchsrecht, S. 42.

137 Vgl. § 4 C. I.

138 Allg. Maunz/Dürig/*Herdegen*, Art. 1 GG Rn. 29 ff.

139 Zu den Grundrechtsschranken in Form von Gesetzesvorbehalten Maunz/Dürig/*Herdegen*, Art. 1 GG Rn. 42.

allgemein anerkannt, dass dieser Schrankenvorbehalt für die gesamte Berufsfreiheit gilt und daher auch die Berufswahl gesetzlichen Beschränkungen unterliegen kann.[140] Nach Auffassung des BVerfG kann für die Arbeitsplatzwahl nichts anderes gelten.[141]

Allerdings hat das BAG zutreffend festgestellt, dass die Prüfungsmaßstäbe zu Eingriffen in die Berufswahl bzw. in die Berufsausübungsfreiheit bei Eingriffen in die Arbeitsplatzfreiheit nicht schematisch angewandt werden können.[142] Greife eine Regelung in die freie Wahl des Arbeitsplatzes mit ähnlicher Wirkung ein wie eine objektive Zulassungsschranke in die Freiheit der Berufswahl, sei sie nur zur Sicherung eines entsprechend wichtigen Gemeinschaftsguts und unter Wahrung des Grundsatzes der Verhältnismäßigkeit zulässig. Käme der Eingriff dagegen einer Regelung zur Berufsausübungsfreiheit unter Aufrechterhaltung des Arbeitsverhältnisses gleich, so sei dieser schon dann verfassungsgemäß, wenn er durch vernünftige Gründe des Gemeinwohls gerechtfertigt und verhältnismäßig sei. Letztlich stehe die unveränderte Übertragung eines Arbeitsverhältnisses auf den Erwerber eines Betriebs nach Auffassung des BAG vor diesem Hintergrund nur einer Einschränkung der Berufsausübung gleich.[143]

Das die Arbeitsplatzwahl einschränkende Gesetz muss danach lediglich dadurch gerechtfertigt sein, dass vernünftige Erwägungen des Gemeinwohls die Beschränkung zweckmäßig erscheinen lassen. Da die Zweckmäßigkeit eine gesetzgeberische Ermessenentscheidung ist, verkürzt sich die grundrechtliche Kontrolle von Berufsausübungsbeschränkungen praktisch auf die Abwehr von in sich verfassungswidrigen (z.B. unzumutbaren) Auflagen.[144] Wie *Scholz* richtig analysiert, stellt das BVerfG aber zunehmend darauf ab, ob eine die Berufsausübung einschränkende gesetzliche Regelung angemessen und zumutbar ist.[145]

---

140 Maunz/Dürig/*Scholz*, Art .12 GG Rn. 312; zu unterscheiden ist zwischen objektiven und subjektiven Beschränkungen der Berufswahl. Entwickelt wurde diese Unterscheidung im sogenanntes „Apotheker-Urteil" des BVerfG, Urt. v. 11.6.1958 – 1 BvR 596/56 = NJW 1958, 1035.

141 BVerfG, Urt. v. 24.4.1991 – 1 BvR 1341/90 = NJW 1991, 1667 (1668).

142 BAG, Urt. v. 2.3.2006 – 8 AZR 124/05 = NZA 2006, 848 (Rz. 33).

143 BAG, Urt. v. 2.3.2006 – 8 AZR 124/05 = NZA 2006, 848 (Rz. 34); vgl. auch *Hung*, Widerspruchsrecht, S. 46.

144 Maunz/Dürig/*Scholz*, Art. 12 GG Rn. 335.

145 Maunz/Dürig/*Scholz*, Art. 12 GG Rn. 341; vgl. u.a. BVerfG, Beschl. v. 9.7.2000 – 1 BvR 539/96 = BeckRS 2000, 22589 (Rz. 83).

B. Legitimer Zweck: Vernünftige Gründe des Gemeinwohls

Zunächst ist voranzustellen, dass der in seiner konkreten Interpretation sehr offene Begriff des „Gemeinwohls" dem Gesetzgeber naturgemäß ein außerordentlich hohes Maß an Steuerungsmöglichkeit eröffnet.[146]

I. Bestandsschutz

Der gesetzlich angeordnete Übergang des Arbeitsverhältnisses durch § 613a BGB dient dem arbeitsrechtlichen Bestandsschutz.[147] Um dieses Ziel zu erreichen, ist es jedoch nicht nötig, den Übergang auch gegen den Willen des betroffenen Arbeitnehmers durchzusetzen. Ausreichend ist vielmehr, dem Erwerber die Möglichkeit zu nehmen, frei darüber zu disponieren, welche Arbeitnehmer er übernimmt und welche nicht.[148] Die Nichteinräumung eines Widerspruchsrechts kann demnach nicht mit der Zielsetzung des Bestandsschutzes begründet werden, da diese Maßnahme jedenfalls ganz offensichtlich nicht geeignet wäre, das Ziel zu erreichen.[149]

II. Rechtssicherheit

Unzutreffend ist allerdings der voreilige Schluss, es würde somit gänzlich an einem Gemeinschaftsgut fehlen, welches den Eingriff rechtfertigen könne.[150] In Betracht kommt insbesondere der Schutz baldiger Rechtssicherheit auf Arbeitgeberseite. Die Rechtssicherheit ist ein verfassungsmäßig geschütztes, grundlegendes Prinzip des deutschen Rechts und daneben auch im Recht der EMRK sowie im Recht der EU fest etabliert.[151] Sie kann als „wesentliches Element" des Rechtsstaats bezeichnet werden.[152] Nach Auffassung des BVerfG besteht das Verfassungsrecht nicht nur aus einzelnen Sätzen der kodifizierten Verfassung, sondern auch aus „sie verbindenden, innerlich zusammenhaltenden allgemeinen

---

146 Mit Schwerpunkt auf der Kritik der Stufentheorie s. dazu Maunz/Dürig/*Scholz*, Art. 12 GG Rn. 336.

147 Vgl. § 3 B.

148 So wurde bereits vor der Kodifizierung im Rahmen der Herleitung des Widerspruchsrechts argumentiert, vgl. § 5 A. II.

149 Zur Geeignetheit sogleich, vgl. § 6 C.

150 So beispielsweise *Hung*, Widerspruchsrecht, S. 52.

151 Grundsatzentscheidung durch BVerfG, Beschl. v. 24.7.1957 – 1 BvL 23/52 = BeckRS 1957, 30700627; vgl. auch *Calmes-Brunet*, JuS 2014, 602 (602).

152 *Calmes-Brunet*, JuS 2014, 602 (602).

Grundsätzen und Leitideen".[153] Der Verfassungsgesetzgeber habe diese allgemeinen Prinzipien demnach nicht in einem eigenständigen Rechtssatz konkretisiert, da sie bereits das vorverfassungsmäßige Gesamtbild geprägt hätten. Eine solche verbindende Leitidee stelle das Rechtsstaatsprinzip dar, welches wiederum als wesentlichen Bestandteil die Rechtssicherheit beinhalte.[154] Aus einer abstrakten Perspektive heraus betrachtet, strebt die Rechtssicherheit vor allem die Bekämpfung der Unvorhersehbarkeit und Unbeständigkeit der Rechtsordnung an.[155] Inhaltlich bedeutet das Prinzip der Rechtssicherheit insbesondere „Vertrauensschutz", der Bürger soll die ihm gegenüber möglichen staatlichen Eingriffe voraussehen und sich dementsprechend einrichten können.[156]

Das Interesse der beteiligten Unternehmen an einer möglichst umgehenden Klärung der Rechtslage wurde vor Einführung der § 613a V und VI BGB vom BAG ausdrücklich anerkannt und ist nach wie vor legitim.[157] Der Schutz der Rechtssicherheit dient dem Gemeinwohl letztlich dadurch, dass der Bestand von Betrieben gesichert wird. Steht ein Unternehmen beispielsweise vor der Wahl, einen unrentablen Betrieb zu schließen oder ihn zu veräußern, kommt es maßgeblich darauf an, wie hoch die zu erwartenden Rechtsrisiken einer rechtsgeschäftlichen Veräußerung sind.[158] Diese wiederum hängen davon ab, wie gut die an einer Transaktion beteiligten Unternehmen die rechtlichen Folgen des Betriebsübergangs abschätzen können, was nur bei einem ausreichenden Maß an Rechtssicherheit möglich ist. Kommt die Transaktion zustande, so besteht zumindest die Chance, dass der vormals von Schließung bedrohte Betrieb beim Erwerber durch Skalen- oder Synergieeffekte, welche sich beispielsweise in einer stärkeren Auslastung von Produktions- oder Vertriebsinfrastrukturen äußern können[159], wieder rentabel wird.[160] Letztlich zielt die Rechtssicherheit beim

153 BVerfG, Urt. v. 1.7.1953 – 1 BvL 23/51 = NJW 1953, 1137.

154 Im Grundgesetz nach Art. 20 III GG wird dies implizit für den Bund bestätigt, vgl. *Calmes-Brunet*, JuS 2014, 602 (603).

155 *Calmes-Brunet*, JuS 2014, 602 (602).

156 BVerfG, Urt. v. 19.12.1961 – 2 BvL 6/59 = NJW 1962, 291.

157 *Sagan*, ZIP 2011, 1641 (1647); BAG, Urt. v. 22.4.1993 – 2 AZR 313/92 = NZA 1994, 357 (359).

158 Dazu *Reinhard*, NZA 2009, 63 (66).

159 Für den Bereich des Wettbewerbsrechts detaillierter Immenga/Mestmäcker/*Thomas*, Wettbewerbsrecht, § 36 GWB Rn. 263.

160 Allein der Umstand, dass der Erwerber bereit ist, für den Betrieb oder Betriebsteil Geld zu bezahlen, dürfte in der Regel dafür sprechen, dass er von positiven Effekten ausgeht, auch wenn diese natürlich nicht immer mit einer Erhaltung des Betriebs einhergehen müssen. Zu den wirtschaftlichen Überlegungen auch *Reinhard*, NZA

Betriebsübergang also darauf ab, die Chance einer Betriebs- und damit Arbeitsplatzerhaltung zu erhöhen und dient deshalb dem Gemeinwohl.

C. Verhältnismäßigkeit

Wie soeben dargestellt, stellt die Schaffung von Rechtssicherheit einen legitimen Zweck dar. Dass die Versagung des Widerspruchsrechts geeignet wäre, diesen Zweck zu erreichen, ist unzweifelhaft.[161] Gäbe es keine Möglichkeit für den Arbeitnehmer, den gesetzlich angeordneten Übergang seines Arbeitsverhältnisses zu verhindern, wäre die Rechtssicherheit auf Arbeitgeberseite maximal. Eine mögliche Auflösung des Arbeitsverhältnisses durch die normalen Regeln der Kündigung ändert daran nichts, da diese Unsicherheit immer besteht. Dafür spricht auch, dass die Auflösung des Arbeitsverhältnisses durch Kündigung nach Ansicht des BVerfG wegen der fehlenden Weiterbeschäftigungsmöglichkeit deutlich weniger attraktiv ist und daher zumindest eine Vielzahl von gleichzeitigen Kündigungen der übergehenden Arbeitnehmer unwahrscheinlich wäre.[162] Auch ist kein milderes Mittel ersichtlich, das ebenso wirkungsvoll für eine baldige Klärung der Rechtslage sorgen würde.[163] Insbesondere wäre die Einräumung eines Widerspruchsrechts auch mit sehr kurzer Frist weniger geeignet zur Zielerreichung.

Fraglich ist deshalb nur noch, ob die Versagung eines Widerspruchsrechts angemessen bzw. zumutbar wäre und das Ziel von Rechtssicherheit insbesondere vor dem Hintergrund der verfassungsrechtlich gewährleisteten Arbeitsplatzfreiheit genügend Gewicht aufbringt, um eine Einschränkung der Arbeitnehmerrechte zu rechtfertigen. Dies ist im Rahmen einer umfassenden Güterabwägung zu ermitteln.[164] Dabei ist zunächst genauer zu differenzieren, wie der gesetzlich angeordnete Übergang des Arbeitsverhältnisses genau in die Arbeitsplatzfreiheit der betroffenen Arbeitnehmer eingreift.

2009, 63 (66) sowie W/H/S/S/*Willemsen*, Umstrukturierung und Übertragung von Unternehmen, S. 859 ff.

161 Zum Gebot der Geeignetheit vgl. EK/*Schmidt*, Einleitung GG Rn. 27, Art. 12 GG Rn. 26.

162 BVerfG, Beschl. v. 25. 1. 2011 – 1 BvR 1741/09 = NZA 2011, 400 (Rz. 83).

163 Zum Gebot der Erforderlichkeit vgl. EK/*Schmidt*, Einleitung GG Rn. 27, Art. 12 GG Rn. 26.

164 Wie Maunz/Dürig/*Scholz*, Art. 12 GG Rn. 341 richtig anmerkt, ersetzt das Güterabwägungsverfahren nicht die detaillierte Übermaßkontrolle einer strikt angewandten Stufentheorie, ist aber dennoch wesentlicher Aspekt der Frage nach der Angemessenheit.

I. Loslösung vom Vertragsverhältnis zum Erwerber

Die Einräumung eines Widerspruchsrechts befähigt die Arbeitnehmer, sich vom Erwerber als ungewollten Vertragspartner zu lösen. Allerdings können die betroffenen Arbeitnehmer ohnehin jederzeit kündigen, auch wenn es kein Recht zum Widerspruchsrecht gäbe. Auch ein Recht zur außerordentlichen Kündigung wäre ihnen wohl zuzusprechen, daher müssten sie nicht einmal eine Frist abwarten.[165]

1. Ex tunc-Wirkung des Widerspruchsrechts

Zunächst einmal könnte die Rückwirkung des Widerspruchs gegen einen ausreichenden Schutz durch die Möglichkeit der außerordentlichen Kündigung sprechen.

a) Rückwirkende Beseitigung

Das Widerspruchsrecht wurde bereits vor seiner gesetzlichen Kodifizierung als Gestaltungsrecht in Form eines Rechtsfolgenverweigerungsrechts gewertet.[166] Seine Ausübung bewirkt damit, dass das Arbeitsverhältnis nicht auf den Erwerber übergeht, sondern zum bisherigen Arbeitgeber fortbesteht, der Übergang des Arbeitsverhältnisses kann daher verhindert oder „rückgängig" gemacht werden.[167] Im Regelfall konnte der Arbeitnehmer sein Widerspruchsrecht nur bis zum Zeitpunkt des Betriebsübergangs ausüben.[168] Da die Rechtsprechung aber davon ausging, der Übergang des Arbeitsverhältnisses könne auch „rückgängig" gemacht werden, war klargestellt, dass Arbeitnehmer das Widerspruchsrecht im Einzelfall auch nach dem Zeitpunkt des Betriebsübergangs ausüben können.

Konsequenterweise hat das BAG daher bereits früh entschieden, dass der Widerspruch zwar im Regelfall bis zum Zeitpunkt des Betriebsübergangs ausgeübt werden müsse, dies aber nur gelte, wenn der Arbeitgeber den Arbeitnehmer

---

165 BAG, Urt. v. 2.10.1974 – 5 AZR 504/73 = NJW 1975, 1378 (1380).

166 Insbesondere BAG, Urt. v. 30.10.1986 – 2 AZR 101/85 = NZA 1987, 524 (526); *Rieble*, NZA 2004, 1 (3); dazu auch *Hung*, Widerspruchsrecht, S. 61 mit dem Hinweis, das BAG habe im „Frühstadium" der Rspr. zum verfassungsrechtlich hergeleiteten Widerspruchsrecht noch von „Zustimmung" gesprochen. Im eingangs zitierten Urteil ist aber klargestellt worden, dass der Begriff der fehlenden Zustimmung letztlich eine Umschreibung des Widerspruchsrechts als Gestaltungsrecht sei.

167 BAG, Urt. v. 30.10.1986 – 2 AZR 101/85 = NZA 1987, 524 (526); nach der gesetzlichen Normierung vgl. EK/*Preis*, § 613a BGB Rn. 97.

168 BAG, Urt. v. 17.11.1977 – 5 AZR 618/76 = NJW 1978, 1653.

rechtzeitig unterrichtet habe.[169] Im Falle der nachträglichen Ausübung würde der Widerspruch demnach auf den Zeitpunkt des Betriebsübergangs zurückwirken. Diese Auffassung wurde im Schrifttum überwiegend geteilt, da es mit Sinn und Zweck des Widerspruchs nicht vereinbar sei, dem Arbeitnehmer einen neuen Arbeitgeber auch nur zeitweilig aufzuzwingen.[170] Demnach springt das Arbeitsverhältnis im Augenblick des Betriebsübergangs zunächst auf den Erwerber über. Die Ausübung des Widerspruchs vernichtet dann diesen Übergang nachträglich mit der Folge, dass das Arbeitsverhältnis die ganze Zeit über dem Veräußerer zugeordnet wird.[171]

b) Stellungnahme: Faktisches Arbeitsverhältnis

Der Annahme, die Möglichkeit zur (außerordentlichen) Kündigung könne den Arbeitnehmer hinreichend vor einem aufgedrängten Vertragspartner schützen, wird vor diesem Hintergrund entgegengehalten, die Kündigung würde im Gegensatz zum Widerspruchsrecht *ex nunc* wirken und könne daher nicht sicherstellen, dass der Erwerber nicht doch zunächst in die Arbeitsverhältnisse eintrete. Dem werde mit dem Widerspruchsrecht von vornherein begegnet, weil dessen Ausübung Rückwirkung auf den Übernahmezeitpunkt entfalte.[172]

Die Argumentation, das Widerspruchsrecht könne den Arbeitnehmer besser als die Kündigung vor einem aufgedrängten Vertragspartner schützen, da nur sie auf den Zeitpunkt des Betriebsübergangs zurückwirke, überzeugt nur auf den ersten Blick. Tatsächlich ist die Rückwirkung des Widerspruchs auf den Zeitpunkt des Vertragspartnerwechsels nicht als faktisch, sondern als lediglich fiktiv zu bezeichnen. Am faktischen Leistungsaustausch zwischen dem Arbeitnehmer und dem Erwerber des Betriebs ändert sich nämlich nichts.[173] Das „gelebte" Arbeitsverhältnis kann nicht mehr rückgängig gemacht werden.[174]

Dieses Faktum führt dazu, dass die Zeitspanne, in welcher der Arbeitnehmer beim Erwerber tätig war, auch bei rückwirkender Ausübung des Widerspruchsrecht nicht ignoriert werden kann, sondern rechtlich zu qualifizieren ist. Ansonsten würde das Auseinanderfallen zwischen der rechtstheoretischen

169 So bereits BAG, Urt. v. 15.2.1984 – 5 AZR 123/82 = BeckRS 9998, 151117; vgl. auch BAG, Urt. v. 30.10.1986 – 2 AZR 101/85 = NZA 1987, 524 (526).

170 Vgl. *Rieble*, NZA 2004, 1 (2 f.) m.w.N., der selbst jedoch kritisch zur Rückwirkung steht.

171 *Rieble*, NZA 2004, 1 (2).

172 *Grau*, Unterrichtung und Widerspruchsrecht, S. 348 f.

173 Dieses Argument macht auch *Rieble*, NZA 2004, 1 (5).

174 *Willemsen*, NJW 2007, 2065 (2072).

(rückwirkende Beseitigung des Übergangs und daher kein auf die Besonderheiten des Arbeitsverhältnisses zugeschnittenes Rechtsverhältnis) und der tatsächlichen Lage (Leistungsaustausch zwischen Arbeitnehmer und Erwerber im Rahmen einer Beschäftigung über einen gewissen Zeitraum) zu großen Problemen führen. So müsste der Arbeitnehmer grundsätzlich das Arbeitsentgelt gegebenenfalls über Jahre hinweg zurückerstatten, die Rückabwicklung wäre demnach ausschließlich zu Lasten des Arbeitnehmers.[175] Anerkannt ist zur Vermeidung derartiger Probleme, dass Arbeitsverhältnisse, die bereits in Funktion gesetzt wurden, gerade nicht rückwirkend beseitigt werden sollen.[176]

Überwiegend wird daher davon ausgegangen, dass der Widerspruch zu einem *fehlerhaften Arbeitsverhältnis* zwischen Erwerber und Arbeitnehmer führt.[177] Dieses schützt den Arbeitnehmer zwar vor einer für ihn nachteiligen Rückabwicklung, ist aber letztlich ebenfalls ein Arbeitsverhältnis.[178] Daraus ergibt sich, dass es kein stichhaltiges Argument sein kann, die Schutzwirkung des Widerspruchsrechts gegenüber der Kündigungsmöglichkeit deswegen für gewichtiger zu halten, weil ersteres dafür sorgen würde, dass der Arbeitnehmer sich zu keinem Zeitpunkt einem aufgedrängten Vertragspartner gegenübersehen würde. Vielmehr ist es so, dass die Rückwirkung des Widerspruchsrechts rein theoretischer Natur ist, die faktische Entscheidungsfreiheit des Arbeitnehmers, seine Leistung nur für den bisherigen Arbeitgeber zu erbringen, kann für die Vergangenheit tatsächlich nicht wiederhergestellt werden. Im Ergebnis spricht die Rückwirkung des Widerspruchsrechts daher nicht für die Unverhältnismäßigkeit eines gesetzlichen Übergangs des Arbeitsverhältnisses ohne gleichzeitige Einräumung eines Widerspruchsrechts.

2. *Kündigungsrecht als ausreichender Schutz beim Verkauf vermieteter Wohnungen*

Allerdings stellt sich die Frage, wie die negative Vertragsfreiheit in nach der Interessenlage mit dem Übergang von Arbeitsverhältnissen durch Betriebsübergänge

---

175 MHdB ArbR/*Benecke*, § 38 Rn. 48.

176 Auf die Lehre von den faktischen Vertragsverhältnissen bezieht sich MHdB ArbR/*Benecke*, § 38 Rn. 49 m.w.N.

177 *Rieble*, NZA 2004, 1 (5) m.w.N.; auch nach der gesetzlichen Normierung des Widerspruchsrechts in § 613a VI BGB soll sich die Rückabwicklung weiterhin nach den Grundsätzen des faktischen Arbeitsverhältnisses richten, vgl. EK/*Preis*, § 613a BGB Rn. 105; MüKo BGB/*Müller-Glöge*, § 613a BGB Rn. 122.

178 *Willemsen*, NJW 2007, 2065 (2072).

vergleichbaren Fällen geschützt wird. In Literatur und Rechtsprechung wird dazu insbesondere ein Vergleich zum Mietrecht angestellt.[179]

a) Vertragsübergang nach Objektübergang

Gem. § 613a I BGB führt die Übertragung eines Betriebs oder Betriebsteils zum Übergang bestimmter damit verbundener Rechtsverhältnisse, konkret der Arbeitsverhältnisse. Diese Situation kann als *„Vertragsübergang nach Objektübergang“* bezeichnet werden.[180] Der gesetzlich angeordnete Übergang des Arbeitsverhältnisses bewirkt, dass aus der Trennung des betrieblichen Arbeitsplatzes vom Arbeitgeber als Vertragspartner nicht dessen Auflösung und Sinnentleerung folgt.[181] Vergleichbar erscheint dies mit der Vorschrift des § 566 BGB, die auch als Grundsatz „Kauf bricht nicht Miete“ bekannt ist.[182] Auch hier soll der Mieter nicht deshalb sein Obdach verlieren, weil das Eigentum am angemieteten Objekt auf einen neuen Eigentümer übertragen wird.[183]

§ 566 BGB ordnet an, dass zwischen dem Erwerber und dem Mieter ein neues Mietverhältnis entsteht, dass mit dem alten inhaltsgleich ist.[184] Die Vertragspartei wird also, anders als beim Betriebsübergang, nicht einfach ausgetauscht, vielmehr entsteht kraft Gesetzes ein neues Mietverhältnis.[185] Dennoch tangiert die gesetzlich angeordnete Entstehung eines neuen Mietvertrages mit einem anderen Vermieter die negative Vertragsfreiheit des Mieters, weshalb sich in diesen Fällen ebenfalls die Frage nach dessen Schutz stellt. Für den Schutzzweck der Vertragsfreiheit (autonome Interessenverfolgung des mündigen Bürgers[186]) ist es gleichermaßen relevant, ob ein Vertragspartner innerhalb eines fortbestehenden

---

179 So u.a. *Hofmann*, Rechtsmissbrauch und Verwirkung, S. 38; *Rieble*, NZA 2004, 1 (1); den gesetzlichen Übergang i.R.d. § 571 BGB aF als „Vorbild“ für § 613a BGB bezeichnend BAG, Urt. v. 2.10.1974 – 5 AZR 504/73 = AP BGB § 613a Nr. 1; aber auch BAG, Urt. v. 17.11.1977 – 5 AZR 618/76 = NJW 1978, 1653; vgl. *Hartmann*, EuZA 2012, 35 (46).

180 So bezeichnet es etwa *Rieble*, NZA 2004, 1 (1).

181 *Rieble*, NZA 2004, 1 (1).

182 *Hofmann*, Rechtsmissbrauch und Verwirkung, S. 38.

183 MüKo BGB/*Häublein*, § 566 BGB Rn. 1.

184 Der Erwerber wird also nicht Rechtsnachfolger des ursprünglichen Eigentümers und Vermieters, vgl. BGH, Urt. v. 15.10.2014 – XII ZR 163/12 = NJW 2014, 3775 (Rz. 21); BeckOK MietR/*Lehr*, § 566 BGB Rn. 5; krit. MüKo BGB/*Häublein*, § 566 BGB Rn. 26.

185 Detaillierter Palandt/*Weidenkaff*, § 566 BGB Rn. 1, 15 f.

186 Vgl. § 4 A.

Vertrags per Gesetz ausgetauscht wird, oder ob ein gesetzlicher Kontrahierungszwang für ein neues Vertragsverhältnis besteht.[187]

Sowohl beim Betriebsübergang als auch beim nach § 566 BGB entstehenden Mietverhältnis zum Erwerber wird der Vertragspartner kraft gesetzlichen Befehls ausgetauscht, ohne dass es auf den Willen der Beteiligten ankäme.[188] Die negative Vertragsfreiheit fordert auch beim Verkauf eines Mietobjekts, dass demjenigen, der nicht am Objektübergang mitgewirkt hat, kein Vertragspartner aufgezwungen werden darf. Das Erfordernis privatautonomer Legitimation gebietet deshalb ein Abwehrrecht.[189] Sowohl Wohnung als auch Arbeitsplatz zählen zu den „elementaren Lebens- und Existenzgrundlagen", weshalb der § 613a BGB sowie der § 566 BGB parallele Zwecksetzungen aufweisen müssen.[190]

b) Schutz der Vertragsfreiheit des Mieters

Der Wortlaut des § 566 BGB enthält keine mit § 613a VI BGB vergleichbare Anordnung eines Widerspruchsrechts. Deshalb bleibt dem Mieter eigentlich nur die ordentliche, notfalls die außerordentliche Kündigung, um sich von dem ungewollten Vertragspartner zu lösen.[191] Es stellt sich vor diesem Hintergrund die Frage, aus welchem Grund im Falle des Betriebsübergangs ein Widerspruchsrecht zur Wahrung der negativen Vertragsfreiheit nötig sein sollte, während bei der gesetzlich angeordneten Entstehung eines Mietverhältnisses die Kündigung ausreicht. Dahingehend ist zu prüfen, ob ein Mieterwiderspruchsrecht nicht auch ohne gesetzliche Anordnung auf sonstigem Wege herzuleiten ist. Dabei kommt insbesondere eine Analogie in Betracht.

c) Analoge Anwendung des Widerspruchsrechts

Die Analogie bezeichnet die Anwendung einer an sich nicht einschlägigen Rechtsnorm mit anderen Tatbestandsvoraussetzungen auf einen ähnlichen, gesetzlich nicht geregelten Sachverhalt (Gesetzesanalogie).[192] Als Unterfall der Rechtsfortbildung durch den Rechtsanwender[193] bedarf die analoge Anwendung

---

187 *Kühn*, NZM 2009, 4 (6).

188 *Eichler*, Widerspruchsrecht, S. 21 ff.

189 Im Ergebnis auch *Rieble*, NZA 2004, 1 (1), der allerdings von vornherein von einem Übergang des Mietverhältnisses ausgeht.

190 *Eichler*, Widerspruchsrecht, S. 21 ff.

191 Staudinger/*Emmerich*, § 566 BGB Rn. 44 f.

192 *Danwerth*, ZfPW 2017, 230 (232) m.w.N.

193 Für eine detaillierte Auseinandersetzung mit der Rechtsfortbildung vgl. § 18 B. I.

einer Norm bestimmter zwingender Voraussetzungen.[194] Dabei müssen sowohl eine planwidrige Regelungslücke als auch eine vergleichbare Interessenlage bestehen.[195] In der Literatur finden sich vereinzelte Stimmen, die ein analoges Widerspruchsrecht auch für den Mieter, dessen Wohnung nach § 566 BGB auf einen neuen Eigentümer übergangen ist, fordern.[196]

Die planwidrige Regelungslücke ist vom Rechtsanwender zu ermitteln, indem der dem Gesetz zu Grunde liegende Regelungsplan im Wege der Auslegung erschlossen und dann danach gefragt wird, ob das Gesetz gemessen an dieser Regelungsabsicht planwidrig unvollständig ist.[197] Dies sei im Rahmen des § 566 BGB zu bejahen, weil die Nichtkodifikation eines Mieterwiderspruchsrechts beim Mietvertragsübergang keine gesetzgeberische Absicht gewesen wäre.[198] Zum einen ließen die Gesetzesmaterialien zu § 566 BGB keine Auseinandersetzung mit der Problematik eines Widerspruchsrechts erkennen, was zumindest gegen eine bewusste Entscheidung des Gesetzgebers spreche. Zum anderen sei § 566 BGB eine explizite Mieterschutzvorschrift, die nicht einmal „auch" die Interessen des Vermieters schützen solle.[199] Der Sinn und Zweck des Gesetzes spreche daher ebenfalls für die Annahme einer planwidrigen Regelungslücke.

Die ebenfalls erforderliche vergleichbare Interessenlage wird mit dem Argument bejaht, dass dieselben wesentlichen Argumente für ein Mieterwiderspruchsrecht sprechen würden, wie für ein Arbeitnehmerwiderspruchsrecht.[200] Insbesondere sei die Anordnung des Vertragspartnerwechsels bei Übertragung einer vermieteten Wohnung ohne entsprechendes Widerspruchsrecht für den betroffenen Mieter ein verfassungsrechtlich unzulässiger Eingriff in die Vertragsfreiheit. Der Eingriff erfolge durch die gesetzliche Regelung einer Vertragsschlussautomatik zwischen dem Erwerber und dem Mieter nach § 566 BGB, welcher die Willensfreiheit der den Mietvertrag ursprünglich schließenden Parteien, insbesondere die des Mieters, beschränke.[201]

---

194 *Danwerth*, ZfPW 2017, 230 (248).

195 BGH, Urt. v. 13.7.1988 – IVa ZR 55/87 = NJW 1988, 2734; Urt. v. 13.11.2001 – X ZR 134/00 = BeckRS 2001, 9628; *Danwerth*, ZfPW 2017, 230 (233).

196 Für alle *Kühn*, NZM 2009, 4.

197 BGH, Urt. v. 14.12.2006 – IX ZR 92/05 = NJW 2007, 992 (Rz. 15); *Danwerth*, ZfPW 2017, 230 (233).

198 Zur Begründung ebenso *Kühn*, NZM 2009, 4 (8).

199 So auch zum § 571 BGB aF: BGH, Urt. v. 24.3.1999 – XII ZR 124-97 = NJW 1999, 1857.

200 Argumentation aus *Kühn*, NZM 2009, 4 (8).

201 *Kühn*, NZM 2009, 4 (6); grundlegend Maunz/Dürig/*Di Fabio*, Art. 2 GG Rn. 102.

Als Rechtfertigung für diesen Eingriff reiche weiterhin § 566 BGB nicht aus, insbesondere, weil eine Regelung zugunsten einer Vertragspartei nicht gleichsam zur Rechtfertigung gesetzgeberischer Eingriffe herangezogen werden könne.[202] Zusätzlich gelte im Mietrecht ebenfalls der allgemeine Grundsatz des Schuldrechts, dass Verträge nur zwischen denjenigen begründet würden, die sich durch den Vertragsschluss auch willentlich dazu verpflichten wollten, und ein Vertragspartnerwechsel daher der Zustimmung des jeweiligen Gläubigers bedürfe.[203] Vor diesem Hintergrund wird die Interessenlage des Mieters in Fällen des Vermieterwechsels vereinzelt gleich eingeschätzt wie die des Arbeitnehmers, dessen Betrieb an einen Erwerber übergeht.[204]

Im Ergebnis läge nach den oben dargestellten Argumenten daher eine planwidrige Regelungslücke bei vergleichbarer Interessenlage vor, was zur Zulässigkeit einer analogen Anwendung des Widerspruchsrechts aus § 613a VI BGB auf Mietsachverhalte führen würde.

d) *Stellungnahme*

aa) *Personen- und objektbezogener Charakter*

Zum Teil wird die Nichteinräumung eines Widerspruchsrechts für den von einem Übergang betroffenen Mieter damit begründet, dass das Mietverhältnis objekt- statt personenbezogenen Charakter hätte. Während der Arbeitsvertrag überwiegend als tendenziell personenbezogen angesehen werde, habe der Mietvertrag einen stark ausgeprägten Objektbezug.[205] Im Mietvertrag spiele die Beziehung zwischen Mieter und Vermieter nur eine untergeordnete Rolle, im Arbeitsverhältnis werde das Verhältnis zwischen Arbeitnehmer und Arbeitgeber hingegen meist als prägend angesehen.[206] Dieser personenbezogene Vertragscharakter konkretisiere sich im Arbeitsverhältnis durch das arbeitgeberseitige Weisungsrecht. Daraus folge die herausragende Bedeutung der Person des Arbeitgebers für die Vertragspartnerwahlfreiheit des Arbeitnehmers sowie für dessen personale Verwirklichung im Rahmen seiner beruflichen Tätigkeit.[207]

Dem entgegen steht aber die ganz grundsätzliche Konzeption einer Übernahme der Arbeitsverhältnisse durch den Erwerber eines Betriebs. Dieser

---

202 *Kühn*, NZM 2009, 4 (6).

203 Zur Dogmatik des Sukzessionsschutzes *Paschke/Oetker*, NJW 1986, 3174.

204 *Kühn*, NZM 2009, 4 (7).

205 *Rieble*, NZA 2004, 1 (2); *Eichler*, Widerspruchsrecht, S. 23.

206 BAG, Urt. v. 2.10.1974 – 5 AZR 504/73 = NJW 1975, 1378.

207 *Annuß*, FS Arbeitsgemeinschaft Arbeitsrecht, S. 563 (579).

Rechtsfolge vorausgegangen war nämlich gerade die Idee einer starken Objektivierung des Arbeitsverhältnisses.[208] In modernen Industrie- und Dienstleistungsgesellschaften treten dem Arbeitnehmer zunehmend abstrakte Vertragspartner als Arbeitgeber gegenüber, bis hin zu gänzlich „anonymen" Kapitalgesellschaften. Dem Arbeitnehmer kommt es in der Regel also nicht auf den Arbeitgeber, sondern primär auf den Arbeitsplatz an.[209] Indem § 613a BGB in Fortführung der bereits zuvor entwickelten Rechtsprechung bestimmte, dass die Veräußerung eines Betriebs und damit der Wechsel des Betriebsinhabers keine „Entkernung" des Arbeitsverhältnisses zur Folge habe, wurde die „Quasi-Verdinglichung" des Arbeitsverhältnisses vorangetrieben und konkretisiert.[210]

Insoweit kann die Gewährung des Widerspruchsrechts nur im Rahmen des Betriebsübergangs nicht überzeugend mit dem stärkeren Personenbezug des Arbeitsverhältnisses im Vergleich zum Mietverhältnis begründet werden.

bb) Zahlungsverpflichtung des Arbeitgebers

Die Rechtsprechung hat außerdem angemerkt, dass der Vermieter dem Mieter lediglich den Gebrauch der Mietsache zu gewähren habe (§ 535 S. 1 BGB), während der Arbeitgeber Zahlungsansprüche des Arbeitnehmers erfüllen müsse.[211] Damit sei der aufgezwungene Schuldnerwechsel im besonderen Fall eines Mietverhältnisses weit weniger problematisch als im Arbeitsverhältnis.

Zwar ist die Feststellung des BAG inhaltlich richtig, überzeugt in ihrer Schlussfolgerung aber nicht. Die Vertragsfreiheit zielt nicht maßgeblich auf den Vermögensschutz ab.[212] Gesichert werden soll die Entscheidungsfreiheit des Arbeitnehmers sowie des Mieters, sich für oder gegen einen zunächst aufgezwungenen Vertragspartner zu entscheiden. Dazu kommt, dass das Zurverfügungstehen einer Wohnung auch ohne Zahlungsverpflichtung des Vermieters ebenso zu den elementaren Lebensgrundlagen gehört wie der Arbeitsplatz. Die Schutzwürdigkeit erfährt durch die wirtschaftlichen Aspekte daher keine wesentliche Veränderung.

208 Vgl. § 3 A.

209 W/H/S/S/*Willemsen*, Umstrukturierung und Übertragung von Unternehmen, S. 858.

210 W/H/S/S/*Willemsen*, Umstrukturierung und Übertragung von Unternehmen, S. 858.

211 BAG, Urt. v. 17.11.1977 – 5 AZR 618/76 = NJW 1978, 1653 (1654).

212 Vgl. unten § 8 B. II. 1.

cc) Maßgeblicher Unterschied: Weiterbeschäftigungsmöglichkeit

Der Sinn des Widerspruchsrechts erschöpft sich aber nicht allein in dem Schutz des Arbeitnehmers, gegen seinen Willen einen neuen Arbeitgeber aufgedrängt zu bekommen. Vielmehr führt die Ausübung des Widerspruchs auch zum Fortbestand des Arbeitsverhältnisses mit dem bisherigen Arbeitgeber. Der Widerspruch ist also darauf gerichtet, den Übergang des Arbeitsverhältnisses auf den Erwerber nicht eintreten, sondern stattdessen das Arbeitsverhältnis mit dem Veräußerer fortbestehen zu lassen.[213]

Entscheidender Unterschied zwischen Widerspruchsrecht und Kündigung ist demnach, dass die Erklärung des Widerspruchs nach § 613a VI BGB nicht nur die Auflösung des Arbeitsverhältnisses zum Erwerber zur Folge hat, sondern bewirkt, dass das Arbeitsverhältnis zum Veräußerer rückwirkend wiederauflebt. Da beim Veräußerer Arbeitsplätze frei sein können, sichert der Gesetzgeber dem widersprechenden Arbeitnehmer eine Beschäftigungschance als Ausfluss des arbeitsrechtlichen Bestandsschutzes zu.[214] Im Falle des Widerspruchs hat der Arbeitnehmer gute Chancen, beim Veräußerer weiterbeschäftigt zu werden. Eine betriebsbedingte Kündigung infolge des Widerspruchs setzt zum einen eine fehlende Weiterbeschäftigungsmöglichkeit und zum anderen die Durchführung einer Sozialauswahl voraus, die nach neuerer Rechtsprechung des BAG durchaus auch zugunsten des widersprechenden Arbeitnehmers ausfallen kann.[215]

Demgegenüber hat der Mieter im Falle des Verkaufs seiner Wohnung selbst dann keinen Rechtsanspruch auf die Zurverfügungstellung einer anderen Wohnung vom Alt-Vermieter, wenn dieser noch eine solche frei stehen hat.[216] Dies stellt einen entscheidenden Unterschied zum Betriebsübergang dar. Nicht überzeugend ist es, in dem Zusammenhang auf die Möglichkeit des ursprünglichen Vermieters hinzuweisen, seiner Leistungspflicht aus dem fortbestehenden Mietverhältnis dadurch nachzukommen, dass er die verkaufte Wohnung vom Erwerber wieder „zurückmietet".[217]

---

213 BAG, Urt. v. 21.2.2008 - 8 AZR 157/07 = NZA 2008, 815 (Rz. 24).

214 So *Rieble*, NZA 2004, 1 (1 f.).

215 Näher EK/*Oetker*, § 1 KSchG Rn. 315.; unter Hinweis auf die damals von objektiv verständlichen Motiven abhängige Sozialauswahl kommt *Commandeur*, NJW 1996, 2537 (2546) zum Ergebnis, der Widerspruch sei trotzdem in hohem Maße mit der Gefahr des Verlusts des Arbeitsplatzes verbunden; vgl. § 16 B.

216 Dazu *Rieble*, NZA 2004, 1 (2).

217 So argumentiert aber *Kühn*, NZM 2009, 4 (7).

Zwar hat ein Vermieter, der einem Mieter wegen Eigenbedarf kündigt, die Obliegenheit, diesem Mieter freistehende Alternativwohnungen in derselben Wohnanlage anzubieten, da seine Kündigung sonst rechtsmissbräuchlich und damit unwirksam sein kann.[218] Der Vermieter könnte ja grundsätzlich auch selbst die freie Alternativwohnung nehmen, sofern diese seinen Bedürfnissen ebenso gut entspricht, anstatt dem Mieter wegen Eigenbedarf zu kündigen. Hierbei ist allerdings zu beachten, dass es sich um eine spezielle Form des Rechtsmissbrauchs für den konkreten Fall der Eigenbedarfskündigung handelt, weswegen dem Vermieter auch ein großzügiger Ermessensspielraum dahingehend eingeräumt wird, ob die freie Alternativwohnung seinen Bedürfnissen entspricht.[219] Es kann daher kein Anspruch des Mieters auf Fortsetzung seines Mietverhältnisses für solche Fälle abgeleitet werden, in denen die ursprünglich vermietete Wohnung verkauft wurde und er deswegen kündigt. Dabei würde es sich nämlich nicht um eine Eigenbedarfskündigung handeln, die Gefahr eines Rechtsmissbrauchs ist daher nicht in vergleichbarem Maße gegeben. Die Fortsetzungschance des Mieters ist deshalb selbst dann rechtlich nicht geschützt, wenn der ursprüngliche Vermieter noch eine andere Wohnung frei hat.[220]

Demgegenüber kann die Weiterbeschäftigungschance für den Arbeitnehmer beim Veräußerer als „Seitenarm" des arbeitsrechtlichen Bestandsschutzes gewertet werden.[221] Dreh- und Angelpunkt ist die gesetzlich geregelte soziale Rechtfertigung der betriebsbedingten Kündigung i.S.d. § 1 KSchG.[222] Unerheblich ist im Unterschied zum Mietrecht, ob die Kündigung trotz eines freien, alternativen Arbeitsplatzes rechtsmissbräuchlich wäre. Der Arbeitnehmer erhält daher durch die Einräumung eines Widerspruchsrechts die Chance, sein Arbeitsverhältnis beim Veräußerer fortbestehen zu lassen.

dd) Zwischenergebnis

Im Ergebnis ist daher festzustellen, dass die unterschiedlichen gesetzlichen Schutzmaßnahmen für Mieter und Arbeitnehmer nicht überzeugend mit dem

---

218 BGH, Urt. v. 9.7.2003 – VIII ZR 276/02 = NJW 2003, 2604.

219 *Fleindl*, NZM 2016, 289 (299).

220 I.E. auch *Rieble*, NZA 2004, 1 (2), der allerdings mit dem im Unterschied zum Arbeitsverhältnis starken Objektbezug des Mietverhältnisses argumentiert, der nach hier vertretener Auffassung zu relativieren ist.

221 So formuliert es *Rieble*, NZA 2004, 1 (2).

222 Vgl. zur Weiterbeschäftigungsmöglichkeit im Kontext der sozial ungerechtfertigten Kündigung EK/*Oetker*, § 1 KSchG Rn. 283.

personenbezogenen Charakter von Arbeitsverhältnissen begründet werden können. Indem die Rechtspraxis angenommen hat, dass sämtliche betroffenen Arbeitsverhältnisse auf den Erwerber eines Betriebs übergehen, fand vielmehr schon vor der Einführung des § 613a BGB eine Objektivierung des Arbeitsverhältnisses statt. Der Hauptunterschied besteht vielmehr darin, dass der Mieter keinen Anspruch auf eine andere, freie Wohnung beim Alt-Vermieter hätte, der Arbeitnehmer hingegen auf eine Weiterbeschäftigungsmöglichkeit hoffen kann.

3. *Folgen für die Verhältnismäßigkeit*

Der Vergleich zwischen Betriebsübergängen und dem Verkauf vermieteter Wohnungen hat gezeigt, dass das Widerspruchsrecht offenbar nicht dadurch gerechtfertigt werden kann, dass dem Arbeitnehmer bzw. dem Mieter ein Instrument in die Hand gegeben werden muss, durch welches er sich gegen die Aufdrängung eines nicht gewählten Vertragspartners schützen kann. Die Rechtslage im Mietrecht macht deutlich, dass eine Kündigungsmöglichkeit dahingehend ausreicht. Dem passiven Teil wird im Rahmen des § 566 BGB nämlich ein vollwirksamer Vertragspartnerwechsel zugemutet, der nur nachträglich durch Kündigung wieder beseitigt werden kann, ohne dass dies einen Verstoß gegen die Vertragsfreiheit bedeuten würde.[223]

Dafür spricht auch die Rechtsprechung des EuGH. Bereits in Bezug auf die Vorgängerrichtlinie zur Betriebsübergangsrichtlinie (damals RL 77/187/EWG) wurde entschieden, dass diese die Mitgliedstaaten nicht verpflichten würde, das Arbeitsverhältnis eines Arbeitnehmers aufrecht zu erhalten, der sich frei dafür entscheidet, dieses nicht beim Erwerber fortzusetzen.[224] Daraus folgerte das BAG, ein etwaiges Widerspruchsrecht müsse lediglich einer fristlosen Kündigung gleichkommen.[225] In Bezug auf die derzeit geltende Betriebsübergangsrichtlinie geht der EuGH mittlerweile davon aus, dass der in Art. 3 I RL 2001/23/EG vorgeschriebene Übergang des Arbeitsverhältnisses dann nicht anwendbar sei, wenn der betroffene Arbeitnehmer aufgrund seiner eigenen freien Entscheidung das Arbeitsverhältnis nach dem Übergang mit dem Erwerber nicht fortsetzen möchte.[226] Daraus ergibt sich zum einen, dass die Richtlinie einem

223 Zu diesem Ergebnis kommt auch *Rieble*, NZA 2004, 1 (5).

224 EuGH, Urt. v. 16.12.1992 – C-132/91, 138/91, 139/91 = NZA 1993, 169 (Rz. 35).

225 BAG, Urt. v. 25.1.2001 – 8 AZR 336/00 = NZA 2001, 840 (842).

226 U.a. EuGH, Urt. v. 12.11.1998 – Rs. C-399/96, NZA 1999, 31 (Rz. 38); Urt. v. 24.1.2002 – Rs. C-51/00, NZA 2002, 265 (Rz. 37).

in nationalen Rechtsordnungen vorgesehenen Widerspruchsrecht nicht entgegensteht.[227] Zum anderen ist aber zu beachten, dass nur wenige Mitgliedstaaten überhaupt ein nationalgesetzliches Widerspruchsrecht haben. Geht man davon aus, dass der zwingende Schutz der Richtlinie dort endet, wo der Arbeitnehmer von seiner auch unionsrechtlich geschützten Vertragsfreiheit Gebrauch macht, so muss das nationale Recht dem Arbeitnehmer im Ergebnis entweder ein Widerspruchsrecht gegen den Arbeitgeberwechsel einräumen oder ihm jedenfalls die Möglichkeit eröffnen, das Arbeitsverhältnis zum Zeitpunkt des Übergangs aus freiem Entschluss zu kündigen.[228] Die Kündigung reicht damit aus.

Die Nichteinräumung einer Widerspruchsmöglichkeit wäre demnach nicht deswegen unverhältnismäßig, weil der Arbeitnehmer durch die Kündigung keine ausreichende Möglichkeit hätte, sich vom aufgedrängten Vertragspartner zu lösen.

II. Rückkehr zum Veräußerer als früherem Arbeitgeber

Die Aufdrängung des Erwerbers als neuer Arbeitgeber kann jedoch nicht isoliert gesehen werden, sondern steht aus Perspektive des Arbeitnehmers in Zusammenhang mit dem Verlust des alten Arbeitgebers.[229] Auch das BVerfG fasst das Interesse des Arbeitnehmers am Erhalt des selbst gewählten Arbeitgebers unter das Grundrecht auf freie Arbeitsplatzwahl nach Art. 12 I GG.[230]

Demnach müssten die Arbeitnehmer den Fortbestand ihrer Arbeitsverhältnisse auf irgendeine Weise geltend machen können und die Möglichkeit erhalten, zum Veräußerer als ihrem bisherigen Arbeitgeber zurückzukehren.[231] Die Anerkennung eines wichtigen Grundes für eine außerordentliche Kündigung durch den Arbeitnehmer wäre zwar eine Möglichkeit, diesen davor zu schützen, für einen ungewollten Arbeitgeber arbeiten zu müssen. Der Arbeitsplatz beim Veräußerer wäre für den kündigenden Arbeitnehmer dann aber auch verloren.

---

227 Vgl. Preis/Sagan/*Grau/Hartmann*, Europäisches Arbeitsrecht, § 15 Rn. 100 m.w.N.

228 Preis/Sagan/*Grau/Hartmann*, Europäisches Arbeitsrecht, § 15 Rn. 100.

229 Die isolierte Betrachtung wird auch von der Rspr. abgelehnt, vgl. BAG, Urt. v. 21.2.2008 - 8 AZR 157/07 = NZA 2008, 815 (Rz. 24); demnach wäre es voreilig, davon auszugehen, der verfassungsrechtlichen Gebotenheit eines Widerspruchsrechts sei bereits dadurch der Boden entzogen, dass sich der Arbeitnehmer vom Erbwerber durch fristlose Kündigung lösen kann, in diese Richtung beispielsweise *Commandeur*, NJW 1996, 2537 (2538).

230 BVerfG, Beschl. v. 25.1.2011 - 1 BvR 1741/09 = NZA 2011, 400 (Rz. 72 f., 94).

231 Zusammenfassend *Hoffmann*, Unterrichtungspflicht und Widerspruchsrecht, S. 272 f.

Dem verfassungsrechtlich geschützten Interesse am Erhalt des selbst gewählten Vertragspartners könnte die Kündigungsmöglichkeit deshalb nicht ausreichend Rechnung tragen.[232] Nach Ansicht des BVerfG ist der Verlust des bisherigen Arbeitgebers sogar einschneidender für Arbeitnehmer als die Zuweisung eines neuen Arbeitgebers.[233]

1. *Gründe für die Schutzwürdigkeit des ursprünglich gewählten Arbeitgebers*

Das BAG hat in einer Entscheidung aus 2006 auf dieser Grundlage zusammengefasst, aus welchen Gründen die von einem Arbeitnehmer einmal getroffene Wahl des konkreten Vertragspartners schutzwürdig sei.[234] Diese sind:

(1) Person des Vertragspartners
(2) Risiko schlechterer Arbeitsbedingungen
(3) Schuldnerpotenz

Mit der Person des Arbeitgebers könne demnach erstens auch eine persönliche Verbindung einhergehen, die so zum Erwerber noch nicht bestünde. Auch aus dem Grundsatz, wonach der Anspruch auf Leistung der Dienste im Zweifel nicht übertragbar sei (§ 613 S. 2 BGB), könne gefolgert werden, dass das Gesetz die Vorstellung von der schutzwürdigen persönlichen Verbindung teile. Dazu komme zweitens, dass der Arbeitnehmer im zum selben Arbeitgeber fortbestehenden Arbeitsverhältnis unter Umständen weniger mit einer Veränderung und damit auch mit einer Verschlechterung der Arbeitsbedingungen zu rechnen habe. Insbesondere bestünde drittens die Gefahr, dass der Erwerber als neuer Arbeitgeber ein weniger potenter Schuldner sei und der Arbeitnehmer seine Ansprüche daher gegen den Veräußerer besser hätte durchsetzen können.

Letztlich sieht das BAG also sowohl personale als auch wirtschaftliche Elemente, welche die ursprünglich getroffene Arbeitsplatzwahl des Arbeitnehmers schutzwürdig machen.[235] Trotzdem kann daraus nicht geschlossen werden, das Widerspruchsrecht habe ein Element des Vermögensschutzes. Bei der Schutzwürdigkeit der einmal getroffenen Entscheidung des Arbeitnehmers für den

---

232 *Hoffmann*, Unterrichtungspflicht und Widerspruchsrecht, S. 274.

233 BVerfG, Beschl. v. 25.1.2011 – 1 BvR 1741/09 = NZA 2011, 400 (Rz. 90); *Arnold*, FD-ArbR 2011, 315117.

234 BAG, Urt. v. 2.3.2006 – 8 AZR 124/05 = NZA 2006, 848 (Rz. 38).

235 Im Rahmen der Unterrichtungspflichten wird diese Unterscheidung zum Teil ebenfalls getroffen, vgl. § 8 B. II.

Veräußerer als Vertragspartner geht es nämlich um die abstrakte Wahrscheinlichkeit negativer Auswirkungen durch einen Wechsel.[236]

2. Umgehung des Kündigungsschutzes

Würde der Gesetzgeber einen automatischen Übergang des Arbeitsverhältnisses regeln und dem Arbeitnehmer kein Recht einräumen, sein Arbeitsverhältnis mit dem bisherigen Arbeitgeber fortzusetzen, würde er letzterem außerdem die Möglichkeit geben, sich durch die Veräußerung seines Betriebs ohne Einhaltung der kündigungsrechtlichen Vorschriften aus der Vertragsbindung mit dem Arbeitnehmer zu lösen.[237] Insoweit hat auch das BVerfG angemerkt, dem Arbeitnehmer würde dadurch ein erhebliches Maß an Bestandsschutz entzogen.[238] Zu berücksichtigen ist allerdings, dass dem Arbeitnehmer das Risiko des Arbeitsplatzverlusts nicht vollständig genommen wird. Selbst mit der Möglichkeit, das Arbeitsverhältnis zum Veräußerer durch Ausübung des Widerspruchsrechts fortbestehen zu lassen, sieht sich der Arbeitnehmer dem Risiko einer betriebsbedingten Kündigung aufgrund des weggefallenen Arbeitsplatzes gegenüber.[239] Dadurch ist der Bestandsschutz letztlich trotz des Widerspruchsrechts gefährdet.[240]

Jedoch macht es einen Unterschied für den Bestandsschutz, ob der Veräußerer sich ohne Berücksichtigung des Kündigungsschutzes aus dem Vertragsverhältnis mit dem übergehenden Arbeitnehmer lösen kann, oder ob sich der Arbeitnehmer im Falle des Widerspruchs dem Risiko einer betriebsbedingten Kündigung nach den allgemeinen Regeln gegenüber sieht. Gerade durch die Vorschriften des KSchG trägt der Staat seiner Schutzpflicht Rechnung, die ihn verpflichtet, das Interesse des Arbeitnehmers an der Erhaltung seines Arbeitsplatzes zu berücksichtigen.[241] Das Risiko, den Arbeitsplatz durch Kündigung zu verlieren, ist demnach durch die bestandsschutzrechtlichen Elemente des KSchG limitiert, was einen deutlichen Unterschied zur Lösung vom Arbeitsverhältnis mittels Übertragung des Betriebs durch den Veräußerer darstellt. Dafür spricht auch, dass die Entscheidungsfreiheit des Arbeitnehmers ein wichtiges Element der von Art. 12 I GG gewährten Arbeitsplatzfreiheit ist. Der Arbeitnehmer hat

---

236 Näher dazu unter § 8 B. II. 1.

237 So auch *Hung*, Widerspruchsrecht, S. 50.

238 BVerfG, Beschl. v. 25.1.2011 – 1 BvR 1741/09 = NZA 2011, 400 (Rz. 91).

239 Detailliert vgl. § 13 A. IV. 2.

240 *Hung*, Widerspruchsrecht, S. 52.

241 *Bayreuther*, NZA 2018, 905 (906).

das Recht, die Risiken selbst abzuwägen und über sie nach eigener Einschätzung frei zu entscheiden. Dies gilt nicht nur für die Überlegungen, welche Veränderungen die Fortsetzung des Arbeitsverhältnisses beim Erwerber für die Arbeitsbedingungen haben könnte, sondern auch für die Abwägung des Risikos einer betriebsbedingten Kündigung bei Ausübung des Widerspruchsrechts.[242]

Letztlich ist dem BAG daher zuzustimmen. Die Wahrung der kündigungsschutzrechtlichen Vorschriften macht das Bestandsschutzinteresse des Arbeitnehmers ebenfalls schutzwürdig.

3. *Geltung nur bei fortbestehendem Arbeitgeber*

Schon vor der Kodifikation des Widerspruchrechts in § 613a VI BGB hatte die Rechtsprechung darauf hingewiesen, dass der Arbeitnehmer zur Abwehr eines unerwünschten neuen Vertragspartners dann nicht auf sein Recht zur Kündigung und damit den Zwang zur Beendigung des Arbeitsverhältnisses verwiesen werden könne, wenn der bisherige Arbeitgeber fortbestehe. Es sei demnach nicht zu rechtfertigen, das „rechtliche Band des Arbeitsvertrages über den Kopf einer Vertragspartei hinweg zu zerschneiden".[243] Etwas anderes müsse aber im Umkehrschluss jedenfalls dann gelten, wenn der bisherige Arbeitgeber erloschen sei. Dann brauche es kein Widerspruchsrecht mehr, um die Arbeitsplatzfreiheit zu schützen. Wolle der Arbeitnehmer sein Arbeitsverhältnis nicht bei dem neuen Arbeitgeber fortsetzen, könne er ohne Rechtsverlust von seinem Kündigungsrecht Gebrauch machen.[244]

Diese Auffassung des BAG ist aber nicht ohne Kritik geblieben. So beschäftigt sich beispielsweise *Grau* intensiv mit der Frage, ob ein Widerspruch bei Unternehmensumwandlung nach § 324 UmwG und Erlöschen des übertragenden Rechtsträgers verfassungsrechtlich geboten sei. Im Ergebnis bejaht er dies.[245] Dabei wird zunächst angeführt, die Intensität des Eingriffs in die Arbeitgeberwahlfreiheit nach Art. 12 I GG sei aus Arbeitnehmersicht nicht deswegen geringer, weil die Rechtspersönlichkeit des bisherigen Arbeitgebers erlösche. Auch wenn sich der Arbeitnehmer in diesen Fällen nicht für eine Vertragsfortsetzung beim Veräußerer entscheiden könne, verlange die verfassungsrechtlich verankerte freie Wahl des Arbeitsplatzes in jeglichem Anwendungsfall des § 613a BGB, dass sich die betroffenen Arbeitnehmer jedenfalls gegen den Erwerber als

242 Dazu BVerfG, Beschl. v. 25.1.2011 – 1 BvR 1741/09 = NZA 2011, 400 (Rz. 97).
243 BAG, Urt. v. 2.10.1974 – 5 AZR 504/73 = NJW 1975, 1378 (1380).
244 BAG, Urt. v. 21.2.2008 – 8 AZR 157/07 = NZA 2008, 815 (Rz. 24).
245 *Grau*, Unterrichtung und Widerspruchsrecht, S. 345 ff.

neuen Arbeitgeber wehren können müssten. Beim Widerspruchsrecht handele es sich demnach um ein reines Abwehrrecht gegen das Oktroyieren eines vom Arbeitnehmer nicht gewählten Vertragspartners. Dafür spreche auch die allgemein anerkannte Qualifikation als Rechtsfolgenverweigerungsrecht.[246]

Die behauptete *positive* Funktion des Widerspruchsrechts, nämlich die Fortsetzung des Arbeitsverhältnisses beim Veräußerer, existiere streng dogmatisch nicht. Die Fortsetzung des Arbeitsverhältnisses erfolge nämlich nicht aus dem Widerspruchsrecht heraus, sondern vielmehr aus dem nicht übergegangenen Arbeitsvertrag und gegebenenfalls aus dem Umstand, dass der bisherige Betriebsinhaber nur einen Teilbetrieb veräußere oder andere freie Arbeitsplätze in seinem Unternehmen zur Verfügung stünden. Daraus wird geschlossen, dass die Fortführung des Arbeitsverhältnisses mit dem bisherigen Arbeitgeber nicht Schutzzweck des Widerspruchsrechts sein könne. Das Widerspruchsrecht sei letztlich als *negatives* Rechtsfolgenverweigerungsrecht zu werten.[247]

4. Stellungnahme

Nicht zuzustimmen ist der Auffassung, die Fortsetzung des Arbeitsverhältnisses beim Veräußerer könne nicht Schutzzweck des Widerspruchsrechts sein. Dem Übergang des Arbeitsverhältnisses wohnt nach zutreffendem Verständnis ein Aspekt des Bestandsschutzes inne.[248] Dieses kann nicht ohne Berücksichtigung des Verlusts des alten Arbeitgebers bewertet werden. Das Interesse des Arbeitnehmers an der Fortsetzung des Arbeitsverhältnisses beim Veräußerer ist auch schutzwürdig.[249] Zum einen folgt dies aus den vom BAG aufgeführten Gründen, zum anderen könnte sich der Veräußerer sonst ohne Beachtung des Kündigungsschutzes aus dem Vertragsverhältnis lösen.

Letztlich hat der Arbeitnehmer nach alledem ein schutzwürdiges Interesse an der Chance auf Beibehaltung der ursprünglich gewählten Vertragsbeziehung, welche damit das Hauptargument für die Entwicklung des Widerspruchsrechts darstellt.[250] Da der Arbeitnehmer durch die Möglichkeit zur außerordentlichen Kündigung vor der Aufdrängung des Erwerbers als Vertragspartner aber ausreichend geschützt ist, bedarf es nur dann eines Widerspruchsrechts, wenn es eine

---

246 Dazu *Grau*, Unterrichtung und Widerspruchsrecht, S. 347.
247 *Grau*, Unterrichtung und Widerspruchsrecht, S. 348.
248 Vgl. § 3 B.
249 Auf den Entzug des alten Arbeitgebers abstellend auch *Hung*, Widerspruchsrecht, S. 50.
250 Ebenso *Schlachter*, NZA 1995, 705 (708 f.).

Weiterbeschäftigungsmöglichkeit beim Veräußerer gibt.[251] Ist dieser hingegen erloschen, hat der Arbeitnehmer kein schutzwürdiges Interesse an der Einräumung einer Widerspruchsmöglichkeit. Nichts anderes kann beim Übergang des gesamten und einzigen Betriebs des bisherigen Arbeitgebers gelten. Auch hier hat der Arbeitnehmer keine Möglichkeit mehr, in ein tatsächliches Beschäftigungsverhältnis zum bisherigen Arbeitgeber zurückzukehren.[252]

III. Abwägung zwischen Rechtssicherheit und Arbeitsplatzfreiheit im engeren Sinne

1. Bedeutung der jeweiligen Rechtsgüter

Auf der einen Seite steht der durch den Gewinn an Rechtssicherheit auf Arbeitgeberseite gewonnene Schutz des Betriebsbestands, wenn den Arbeitnehmern kein Widerspruchsrecht zugestanden wird. Gingen die Arbeitsverhältnisse im Rahmen des Betriebsübergangs auf den Erwerber per Gesetz über, ohne dass es vom Willen der Arbeitnehmer abhängen würde, diesen Übergang zu verhindern, so brächte der Betriebsübergang eine echte Zäsur mit sich. Der Veräußerer hätte deutlich mehr Planungssicherheit. Er wüsste von vornherein, dass die Arbeitnehmer ihr Arbeitsverhältnis bei ihm nicht mehr fortsetzen könnten. Auch der Erwerber könnte sicher sein, dass er die Arbeitnehmer zunächst vollständig übernehmen würde. Selbst wenn man diesen dann ein außerordentliches Kündigungsrecht ohne Kündigungsfrist zuspräche, so sähe sich der Erwerber in einer kalkulierbareren Situation, da er insbesondere nicht mit einer Vielzahl von Kündigungen rechnen müsste. Der gänzliche Verlust des Arbeitsplatzes wäre eine zuverlässige Hemmschwelle, die dazu führen würde, dass sich nur vereinzelte Arbeitnehmer durch Kündigung vom Erwerber lösen würden.[253] Das Widerspruchsrecht hingegen wurde in der Praxis in der Vergangenheit zum Teil massenweise ausgeübt, so beispielsweise im Falle von *BenQ*.[254] Je mehr

---

251 Nachdem widersprechende Arbeitnehmer in die Sozialauswahl einbezogen werden müssen, ist früheren Ansichten, die sogar die Wirksamkeit des Widerspruchs davon abhängig machen wollten, ob beim Veräußerer ein freier Arbeitsplatz vorhanden sei, der Boden entzogen, vgl. dazu *Commandeur*, NJW 1996, 2537 (2546).

252 Dieses Beispiel wird auch angeführt von *Grau*, Unterrichtung und Widerspruchsrecht, S. 348, dieser hält ein verfassungsrechtlich determiniertes Widerspruchsrecht aber auch in diesem Falle für geboten.

253 Vgl. § 4 C. I.

254 BAG, Urt. v. 23. 7. 2009 – 8 AZR 538/08 = NZA 2010, 89; vgl. auch *Hoffmann*, Unterrichtungspflicht und Widerspruchsrecht, S. 18.

Arbeitnehmer sich aber gleichzeitig von den auf den Erwerber übergegangenen Arbeitsverhältnisses lösen, desto schwieriger wird es für diesen, die dadurch entstehende Lücke an Arbeitskraft und Knowhow kurzfristig wieder zu schließen. Die Folgen des Betriebsübergangs sind dadurch mit dem Widerspruchsrecht auch für den Erwerber wesentlich schwerer abzuschätzen. Im Ergebnis wird das Interesse an Rechtssicherheit für den Arbeitgeber durch die Einräumung des Widerspruchsrechts zumindest zum Teil eingeschränkt.

Auf der anderen Seite steht der Verlust an Arbeitsplatzfreiheit auf Seiten der betroffenen Arbeitnehmer. Diese hätten zwar die Möglichkeit zur außerordentlichen Kündigung und könnten sich dadurch vor einem aufgedrängten Vertragspartner schützen. Gänzlich genommen wäre ihnen aber der Schutz des ursprünglich bestehenden Arbeitsverhältnisses zum Veräußerer.

2. *Stellungnahme*

Letztlich ist dem Interesse des Arbeitnehmers an der Möglichkeit zur Fortsetzung des Arbeitsverhältnisses beim Veräußerer der Vorrang zu geben. Der Gewinn an Bestandsschutz für Betriebe durch die zusätzliche Rechtssicherheit, welche mit der Versagung des Widerspruchsrechts für die betroffenen Arbeitnehmer einherginge, ist nicht gewichtig genug, um dem Arbeitnehmer die Weiterbeschäftigungschance beim Veräußerer gänzlich zu nehmen. Insbesondere wäre es unverhältnismäßig, ein durch eine festgelegte Frist begrenztes Widerspruchsrecht unter Hinweis auf das legitime Ziel der Rechtssicherheit abzulehnen, da die Frist zumindest im Grundsatz einen großen Teil der Planungssicherheit wiederherstellen kann.[255]

Die Arbeitsplatzfreiheit enthält nach Auffassung des BVerfG zwar keine Bestandsgarantie für den einmal gewählten Arbeitsplatz und verleiht insofern auch keinen unmittelbaren Schutz gegen den Verlust des Arbeitsplatzes aufgrund privater Dispositionen.[256] Dennoch müssten sich direkte staatliche Eingriffe in bestehende Arbeitsverhältnisse stets am Grundrecht auf freie Wahl des Arbeitsplatzes messen lassen. Auf dieser Grundlage hat das BVerfG in einer neueren Entscheidung argumentiert, im Falle einer rechtsgeschäftlichen Auswechslung der Arbeitgeber ohne Zustimmung des Arbeitnehmers müsse der Gesetzgeber

---

255 Dass beispielsweise die „kurze Frist von einem Monat“ i.R.d. § 613a VI BGB die Planungssicherheit für den Veräußerer und den Erwerber zumindest teilweise wiederherstelle, merkt auch die Rspr. zutreffend an, vgl. BAG, Urt. v. 19.11.2015 - 8 AZR 773/14 = NZA 2016, 647 (Rz. 20).

256 BVerfG, Urt. v. 24.4.1991 - 1 BvR 1341/90 = NJW 1991, 1667 (1667 f.).

nicht nur das Interesse des Arbeitnehmers am Erhalt seines Arbeitsplatzes trotz des Arbeitgeberwechsels, sondern auch seine privatautonome Entscheidung über die Person des Vertragspartners beachten.[257] Als zulässiges Beispiel wird in diesem Zusammenhang das Widerspruchsrecht des § 613a VI BGB angeführt. Eine andere Möglichkeit wäre die Einräumung eines Rückkehrrechts.[258] Insbesondere folgt aus der den Arbeitnehmern eingeräumten Rechtsmacht, dass diese vom Staat die Unterlassung der Beeinträchtigung der grundrechtlichen Schutzgüter verlangen können.[259]

Im Ergebnis lässt sich somit feststellen, dass die in Art. 12 I GG verankerte Arbeitsplatzfreiheit ein Widerspruchsrecht oder ein vergleichbares Rechtsinstitut vorschreibt, sofern der Arbeitnehmer eine Weiterbeschäftigungschance beim Veräußerer hat. Jedenfalls wäre die reine Kündigungsmöglichkeit, anders als beim Verkauf einer vermieteten Wohnung, nicht ausreichend.

---

257 BVerfG, Beschl. v. 25.1.2011 – 1 BvR 1741/09 = NZA 2011, 400 (Rz. 73).

258 BVerfG, Beschl. v. 25.1.2011 – 1 BvR 1741/09 = NZA 2011, 400 (Rz. 78); vgl. auch *Hung*, Widerspruchsrecht, S. 53.

259 *Hung*, Widerspruchsrecht, S. 53.

§ 7 Zusammenfassung

(1) Der vom Gesetzgeber angestrebte Zweck, die Arbeitsplätze der von einem Betriebsübergang betroffenen Arbeitnehmer durch einen automatischen Übergang der Arbeitsverhältnisse auf den Erwerber zu schützen, hat für diese Arbeitnehmer auch eine rechtseinschränkende Seite.

(2) Eingegriffen wird in die von Art. 12 I GG geschützte Arbeitsplatzfreiheit, indem den Arbeitnehmern erstens ihr ursprünglicher Arbeitgeber entzogen und dieser zweitens durch einen neuen Vertragspartner ersetzt wird. Bereits vor der gesetzlichen Normierung leitete die Rechtsprechung daher unter Heranziehung von systematischen, teleologischen und verfassungsrechtlichen Argumenten ein Widerspruchsrecht her, welches die Arbeitnehmer berechtigte, den Übergang ihres Arbeitsverhältnisses rückwirkend zu verhindern. Letztlich orientierte sich auch der Gesetzgeber an dieser Sicht und normierte das Widerspruchsrecht in § 613a VI BGB insbesondere unter Hinweis auf die Arbeitsplatzfreiheit nach Art. 12 I GG.

(3) Eine Prüfung der verfassungsrechtlichen Notwendigkeit des Widerspruchsrechts ergibt, dass in Hinblick auf den aufgedrängten Arbeitgeber ein (außerordentliches) Kündigungsrecht ausgereicht hätte. Wie auch beim Mieter, dessen angemietete Wohnung verkauft wird, könnte sich der Arbeitnehmer so vom ungewollten Vertragspartner lösen und damit seine Vertragsfreiheit schützen. Allerdings wäre ihm dann eine Weiterbeschäftigungschance beim Veräußerer genommen. Die Entscheidung des Arbeitnehmers gegen den Erwerber und für eine weitere Beschäftigung beim Veräußerer ist nicht aufzuspalten. Nach der Ausübung des Widerspruchsrechts kann sich der Veräußerer vom Arbeitnehmer nur unter Beachtung der kündigungsrechtlichen Vorschriften lösen. Insbesondere darf es keine Weiterbeschäftigungsmöglichkeit auf einem anderen freien Arbeitsplatz geben. Der Mieter hingegen hätte keinen Anspruch gegen seinen Vermieter auf Einzug in einer weiteren freien Wohnung.

(4) Letztlich gebietet die Verfassung damit die Einräumung eines Widerspruchsrechts oder eines vergleichbaren Rechtsinstituts, um dem Arbeitnehmer die Weiterbeschäftigungschance beim ursprünglich gewählten Vertragspartner, dem Veräußerer, zu geben. Der Eingriff in die Vertragsfreiheit durch einen automatischen Übergang der Arbeitsverhältnisse ohne Widerspruchsrecht wäre unverhältnismäßig. Insbesondere

reicht der Gewinn an Rechtssicherheit, welcher dem Bestandsschutz der Betriebe und damit dem Allgemeinwohl dient, nicht aus, um den deutlich schwerwiegenderen Eingriff in die Arbeitsplatzfreiheit des Arbeitnehmers zu rechtfertigen.

Dritter Abschnitt: Die Unterrichtungspflicht des Arbeitgebers

§ 8 Unterrichtungsobliegenheit vor der gesetzlichen Normierung

Wie bei anderen Gestaltungsrechten auch (beispielsweise beim Verbraucherwiderrufsrecht[260]), führte die Einräumung des Widerspruchsrechts noch vor der gesetzlichen Normierung zu der Folgefrage, inwieweit die Ausübung mit möglichen Informationspflichten der Gegenseite (beim Betriebsübergang also des Arbeitgebers) zu verbinden sei.

A. Herleitung

Vor Einführung des § 613a V BGB kannte das Gesetz im Rahmen von Betriebsübergängen keine aktive Informationspflicht für die Arbeitgeberseite gegenüber den Arbeitnehmern.[261] Nach der Rechtsprechung oblag es dem Arbeitgeber aber trotzdem, die Arbeitnehmer über einen bevorstehenden Betriebsübergang zu unterrichten.[262] Dies wurde aus dem Recht des Arbeitnehmers abgeleitet, einem Betriebsübergang zu widersprechen.[263]

Inhaltlich musste die Unterrichtung den Arbeitnehmer in die Lage versetzen, sich vor der Entscheidung über die Ausübung des Widerspruchsrechts näher zu erkundigen und Rat einzuholen.[264] Die Anforderungen erschöpften sich demnach darin, dass die Belehrung über die rechtlichen Folgen „im Kern" richtig zu sein hatte und lediglich eine „ausreichende" Unterrichtung erfolgen musste.[265] Es war somit nur die Obliegenheit des Arbeitgebers, die betroffenen Arbeitnehmer über den geplanten Betriebsübergang zu informieren, eine echte Rechtspflicht bestand nicht.[266] Praktisch konnte der Arbeitnehmer sein Informationsrecht daher nicht zwangsweise durchsetzen und bei einer Verletzung

260 Vgl. den Ausblick, § 22 A.

261 *Sayatz/Wolff*, DStR 2002, 2039 (2043).

262 Dazu insbesondere BAG, Urt. v. 22.4.1993 – 2 AZR 313/92 = NZA 1994, 357; Urt. v. 22.4.1993 – 2 AZR 50/92 = NZA 1994, 360; vgl. außerdem BT-Dr 14/7760, S. 19.

263 Zur Herleitung des Widerspruchsrechts vgl. § 5 A.

264 BAG, Urt. v. 17.11.1977 – 5 AZR 618/76 = NJW 1978, 1653; vgl. auch *Sagan*, ZIP 2011, 1641 (1641).

265 Zusammenfassend BAG, Urt. v. 20.3.2008 – AZR 1016/06 = NZA 2008, 1354 (Rz. 27); dazu auch *Steffan*, NZA 2016, 608 (609).

266 BAG, Urt. v. 22.4.1993 – 2 AZR 50/92 = NZA 1994, 360; zur Abgrenzung vgl. § 9 A. II.

keine Schadensersatzansprüche geltend machen, da dies charakteristisches Merkmal einer echten Rechtspflicht ist.[267] Fehlte eine ausreichende Unterrichtung, so konnte der Arbeitnehmer sein Widerspruchsrecht auch noch nach dem Betriebsübergang ausüben, was ansonsten nicht möglich war.[268]

B. Verfassungsrechtliche Notwendigkeit einer informierten Entscheidung

Die Unterrichtungspflicht wurde demnach ohne die gesetzliche Normierung aus dem Recht zum Widerspruch abgeleitet. Der negativen Vertragsfreiheit kann nach dieser Begründung nur dann in ausreichendem Maße genüge getan werden, wenn der Arbeitnehmer eine informierte Entscheidung treffen kann. Gedanklich ist zunächst zwischen der Loslösung vom Erwerber und der Weiterbeschäftigungschance beim Veräußerer zu trennen, obwohl es sich grundsätzlich um eine einheitliche Entscheidung des Arbeitnehmers handelt.[269]

I. Loslösung vom Erwerber

In Bezug auf den Schutz vor einem aufgedrängten Vertragspartner durch die Möglichkeit der Loslösung vom Erwerber des übergegangenen Betriebs wäre die außerordentliche Kündigung ein ausreichendes Instrument.[270] Fraglich ist deshalb, welche Informationspflichten hier bestehen. Gem. § 626 II BGB kann die Kündigung nur innerhalb von zwei Wochen erfolgen, wobei die Frist mit Kenntniserlangung des Berechtigten von den maßgeblichen Umständen beginnt. Hier bedarf es also keiner Mitwirkung des den Kündigungsgrund hervorrufenden Vertragspartners, vielmehr ist darauf abzustellen, wann der Kündigungsberechtigte tatsächlich Kenntnis von dem wichtigen Grund erlangt.[271]

Wie bereits dargelegt, wäre die Einräumung eines außerordentlichen Kündigungsrechts dann ein ausreichender Schutz zur Gewährleistung der Arbeitsplatzfreiheit, wenn es nur um die Loslösung vom Erwerber ginge. In diesem Falle gäbe es nach § 626 II 2 BGB folgerichtig auch keine Unterrichtungspflicht, sondern es käme für den Fristbeginn darauf an, wann der Arbeitnehmer tatsächlich

---

267 Zur echten Rechtspflicht auch EK/*Preis*, § 613a BGB Rn. 94.

268 So schon BAG, Urt. v. 17.11.1977 – 5 AZR 618/76 = NJW 1978, 1653.

269 Vgl. schon § 6 C. II.

270 Vgl. § 6 C. I.

271 Detailliert APS/*Vossen*, § 626 BGB Rn. 125, 131.

Kenntnis vom Betriebsübergang erlangt, welcher in diesen Fällen an sich bereits den wichtigen Kündigungsgrund darstellt.

II. Einheitliche Entscheidung durch Weiterbeschäftigungschance

Um sicherzustellen, dass der Arbeitnehmer keinen Vertragspartner aufgedrängt bekommt, ist demnach keine Unterrichtung nötig, vielmehr kommt es auf die tatsächliche Kenntnis des Arbeitnehmers vom Betriebsübergang an. Eine Unterrichtungspflicht des Arbeitgebers könnte deshalb nur dann aus dem Widerspruchsrecht abgeleitet werden, wenn die Ermöglichung der Weiterbeschäftigungschance beim Veräußerer zusätzliche Informationen voraussetzen würde.

Die notwendige Überwindung des Informationsdefizits unter aktiver Mitwirkung der Arbeitgeberseite könnte sich daraus ergeben, dass der Arbeitnehmer nicht nur darüber entscheiden können soll, sich vom ungewollten Vertragspartner zu lösen, sobald er vom Übergang Kenntnis erlangt. Nach zutreffender Auffassung in der Rechtsprechung handelt es sich vielmehr um eine einheitliche Entscheidung, welche sich aus zwei Elementen zusammensetzt, die nicht voneinander getrennt werden können: Der Arbeitnehmer befindet gleichzeitig darüber, ob er den Übergang seines Arbeitsverhältnisses auf den Erwerber zulassen soll und darüber, ob er mittels des Widerspruchs sein ursprünglich eingegangenes Vertragsverhältnis zum Veräußerer aus rechtlicher Sicht ununterbrochen fortlaufen lassen will.[272]

In der Literatur wird hinsichtlich der Informationslage daher zum Teil zwischen dem bloßen Schutz der Arbeitsplatzfreiheit (**„personales Element“**) und der Ermöglichung einer informierten Entscheidung zwischen zwei verschiedenen Arbeitgebern unter wirtschaftlichen Gesichtspunkten (**„materielles Element“**) unterschieden.[273] Während das personale Element dem Grundrechtsschutz diene und insbesondere die Information über den Betriebsübergang an sich und die Identität des Erwerbers beinhalte, sei das materielle Element auf den Vermögensschutz zurückzuführen und diene damit dazu, den wirtschaftlich günstigeren Arbeitgeber zu wählen. Erkenne man den Vermögensschutz als Ziel des Widerspruchsrechts an, so müsse sich der Arbeitnehmer eine Meinung darüber bilden können, bei welchem der beiden in Betracht kommenden Vertragspartner (Veräußerer und Erwerber) er besser aufgehoben sei. Diese Entscheidung

---

272 BAG, Urt. v. 21.2.2008 – 8 AZR 157/07 = NZA 2008, 815 (Rz. 24).

273 Zur Unterscheidung dieser beiden Elemente im Rahmen des Informationskatalogs des § 613a V BGB s. *Willemsen*, NJW 2007, 2065 (2070).

treffe er vor dem Hintergrund seines Interesses an der Sicherung seiner bereits erworbenen und künftig noch zu erwerbenden Ansprüche sowie im Sinne eines langfristigen Erhalts seines Arbeitsplatzes.

1. Kein Vermögensschutz

Zentrale Frage ist demnach, ob die Entscheidung des Arbeitnehmers auch einen Aspekt des Vermögensschutzes beinhaltet, der zusätzlicher Informationen bedarf. Das BVerfG hat im Rahmen des Widerspruchsrechts überzeugend dargelegt, dass der Entscheidungsfreiheit im Art. 12 I GG ein hoher Wert zukomme, der Arbeitnehmer damit einhergehend aber auch das Risiko einer betriebsbedingten Kündigung selbst abzuschätzen und zu tragen habe.[274] Verträte man eine andere Sichtweise und würde dem Arbeitnehmer die Risikoeinschätzung bezüglich des Verlusts seines Arbeitsverhältnisses im Falle des Widerspruchs nehmen wollen, so müsste man verlangen, dass im Vorfeld über sämtliche relevanten Tatsachen zu informieren sei. Dazu würden dann insbesondere mögliche vergleichbare Arbeitsplätze und die für eine Sozialauswahl relevanten Daten zur Verfügung gestellt werden. Dies wird aber von keiner Ansicht ernsthaft gefordert und wäre insbesondere vor dem Hintergrund der Datenschutzgrundverordnung auch nicht praktikabel.

Dass es dem Arbeitnehmer zuzumuten ist, das Risiko einer betriebsbedingten Kündigung im Rahmen seiner freien Entscheidung über die Ausübung des Widerspruchs ohne ausreichende Informationsgrundlage selbstständig in die Abwägung mit einfließen zu lassen, zeigt, dass der Schutz der freien Wahl des Arbeitsplatzes zwar die Möglichkeit verlangt, das Arbeitsverhältnis beim Veräußerer fortbestehen lassen zu können. Eine Entscheidung dahingehend, sich den wirtschaftlich günstigeren Arbeitgeber aussuchen zu können, muss aber nicht ermöglicht werden. Ansonsten wäre das Risiko einer betriebsbedingten Kündigung als zentraler wirtschaftlicher Aspekt auch Teil der notwendigen Unterrichtung. Das materielle Element einer Unterrichtung lässt sich daher nicht unmittelbar aus dem Widerspruchsrecht herleiten. Das Widerspruchsrecht bezweckt den Schutz der Entscheidungsfreiheit, nicht den Schutz des Vermögens.

Das personale Informationselement hingegen ist die Grundvoraussetzung dafür, dass der Arbeitnehmer eine Entscheidung über die Ausübung seines Widerspruchsrechts überhaupt erwägen kann. Fehlen dem Arbeitnehmer

274 BVerfG, Beschl. v. 25.1.2011 - 1 BvR 1741/09 = NZA 2011, 400 (Rz. 97).

Informationen über den Betriebsübergang als solchen oder über die Identität des Erwerbers, so kann die Widerspruchsfrist nicht beginnen. Dann nämlich fehlt ihm die Kenntnis, dass ein Übergang stattgefunden hat oder er weiß nicht, auf wen das Arbeitsverhältnis tatsächlich übergeht.[275]

2. *Stellungnahme*

Letztlich lässt es sich nicht rechtfertigen, aus der Verfassung hier eine aktive Informationspflicht der Arbeitgeberseite herzuleiten. Es gelten daher die gleichen Grundsätze wie bei der außerordentlichen Kündigung. Dies ergibt sich daraus, dass es des über die Möglichkeit zur Kündigung hinausgehenden Widerspruchsrechts aus Perspektive des Grundrechtsschutzes nur bedarf, weil der Arbeitnehmer nur so seine Weiterbeschäftigungschance beim Veräußerer durchsetzen kann. Da es dabei aber nicht darum geht, eine wirtschaftlich günstige Entscheidung zu treffen, kommt es hinsichtlich der Information lediglich darauf an, dass der Arbeitnehmer vom Betriebsübergang und der Identität des Erwerbers weiß.[276] Erst, wenn ihm diese Informationen vorliegen, kann er über die Ausübung seines Widerspruchsrechts entscheiden.

Wie das BAG zutreffend bemerkt hat, kann vom Arbeitnehmer aber letztlich ab dem Zeitpunkt eine Entscheidung über das Widerspruchrecht erwartet werden, in dem er „Kenntnis" der geforderten Informationen erlangt, egal, ob er dies durch die Unterrichtung oder auf sonstige Weise geschieht.[277] Indem der Veräußerer oder der Erwerber des übergegangenen Betriebs aktiv werden und den Arbeitnehmer entsprechend unterrichten, können sie aber verhindern, dass der Widerspruch noch nach dem erfolgten Betriebsübergang erklärt werden kann.

275 Ebenso *Willemsen*, NJW 2007, 2065 (2070).

276 So auch *Moll*, AP BGB § 613a Nr. 103; im Rahmen des § 613a V BGB gibt es hingegen auch Informationsteile die auf die wirtschaftliche Entscheidungsfreiheit abzielen.

277 BAG, Urt. v. 22.4.1993 - 2 AZR 50/92 = AP BGB § 613a Nr. 103.

§ 9 Umsetzung der Betriebsübergangsrichtlinie

Nachdem die Obliegenheit zur Unterrichtung über längere Zeit richterrechtlich aus dem Widerspruchsrecht des Arbeitnehmers hergeleitet wurde, führte der Gesetzgeber zusammen mit der Kodifizierung des Widerspruchsrechts die Regelung des § 613a V BGB ein. Diese bestimmt, dass Veräußerer und Erwerber die von einem Betriebsübergang betroffenen Arbeitnehmer in Textform über die im Gesetz aufgeführten Punkte zu unterrichten haben. Nach der Gesetzesbegründung diente die Einführung des § 613a V BGB dazu, Art. 7 VI RL 2001/23/EG in nationales Recht umzusetzen.[278] Art. 7 VI RL 2001/23/EG verpflichtet die Mitgliedstaaten, eine Regelung zur Information der von einem Betriebsübergang betroffenen Arbeitnehmer zu treffen.

A. Orientierung an den Vorgaben der Richtlinie

I. Unterrichtungsinhalt

Die Anforderungen an den Inhalt der Unterrichtung in § 613a V BGB entsprechen nach ihrem Wortlaut exakt denjenigen der Richtlinie.[279] Mitzuteilen sind der Zeitpunkt oder der geplante Zeitpunkt des Übergangs (Nr. 1), der Grund für den Übergang (Nr. 2), die rechtlichen, wirtschaftlichen und sozialen Folgen des Übergangs für die Arbeitnehmer (Nr. 3) und die hinsichtlich der Arbeitnehmer in Aussicht genommenen Maßnahmen (Nr. 4). Die Unterrichtung über die rechtlichen, wirtschaftlichen und sozialen Folgen des Betriebsübergangs beinhaltet darüber hinaus Informationen über die Person des Erwerbers, damit der Arbeitnehmer diesen konkret identifizieren kann.[280]

II. Echte Rechtspflicht

Vor der Einführung des § 613a V BGB war die Unterrichtung der vom Betriebsübergang betroffenen Arbeitnehmer lediglich eine Obliegenheit der

278 BT-Dr 14/7760, S. 19.

279 Art. 7 RL 2001/23/EG.

280 EK/*Preis*, § 613a BGB Rn. 88; BAG, Urt. v. 13.7.2006 – 8 AZR 305/05 = NZA 2006, 1268 (Rz. 17).

Arbeitgeber.[281] Im Gegensatz zur echten Rechtspflicht ist eine Obliegenheit eine „Last“, deren Erfüllung im wohlverstandenen Interesse des „Belasteten“ liegt, da sonst rechtliche Nachteile eintreten. Einen solchen Rechtsnachteil kann beispielsweise das Nichtanlaufen einer Widerspruchsfrist darstellen.[282] Bei der Obliegenheit hat der Gegner weder Erfüllungs- noch Schadensersatzansprüche, es handelt sich damit um keine „Pflicht“ im eigentlichen Sinne.[283]

1. Meinungsspektrum

Die in § 613a V BGB festgeschriebene Unterrichtungspflicht des Arbeitgebers ist nach herrschender Ansicht als echte Rechtspflicht gegenüber dem einzelnen Arbeitnehmer ausgestaltet.[284] Auch das BAG ist von seiner früheren Rechtsprechung[285] abgerückt und geht seit der gesetzlichen Normierung von einer echten Rechtspflicht aus.[286] Nach Abschluss des Gesetzgebungsverfahrens vertraten einzelne Stimmen aus der Literatur noch die Auffassung, dass die Unterrichtungspflicht weiterhin eine bloße Obliegenheit darstellen würde. Begründet wurde dies damit, dass die Nichteinhaltung der Informationspflicht zum Nichtanlaufen der Widerspruchsfrist führen würde, ansonsten nach dem Gesetzeswortlaut aber keine Sanktionen nach sich zöge. Es läge daher im Interesse des Arbeitgebers, die Informationspflicht zu befolgen.[287]

2. Bewertung

a) Wortlaut der Betriebsübergangsrichtlinie

Für die Annahme einer echten Rechtspflicht spricht zum einen der Wortlaut der Betriebsübergangsrichtlinie. So bestimmt Art. 9 RL 2001/23/EG, die Arbeitnehmer müssten ihre „Forderungen“ einklagen können, falls die Verpflichtungen der Arbeitgeber aus der Richtlinie nicht beachtet werden.[288] Wie bereits dargestellt, können Obliegenheiten aber nicht gerichtlich eingeklagt werden. Auch

281 Vgl. § 8 A.

282 *Willemsen/Lembke*, NJW 2002, 1159 (1161).

283 Zur Abgrenzung auch Jauernig/*Mansel*, § 241 BGB Rn. 13.

284 Hierzu EK/*Preis*, § 613a BGB Rn. 94 m.w.N; *Willemsen/Lembke*, NJW 2002, 1159 (1161); vgl. auch BAG, Urt. v. 24.5.2005 – AZR 398/04 = NZA 2005, 1302 (1304).

285 Beispielsweise BAG, Urt. v. 22.4.1993 – 2 AZR 50/92 = NZA 1994, 360 (361).

286 Erstmals BAG, Urt. v. 24.5.2005 – AZR 398/04 = NZA 2005, 1302 (1304).

287 Für alle *Bauer/v. Steinau-Steinrück*, ZIP 2002, 457 (458); Ausführlich zur Verknüpfung zwischen Unterrichtungsschreiben und Widerspruchsfrist vgl. § 10.

288 So argumentieren auch *Willemsen/Lembke*, NJW 2002, 1159 (1161).

in der englisch- und der französischsprachigen Version werden die gebräuchlichen Formulierungen für einklagbare Forderungen verwendet (engl. „*claims*" und franz.: „*droits*").[289]

b) Gesetzesbegründung und Systematik

Für die Annahme einer Obliegenheit könnte dagegen die Gesetzesbegründung herangezogen werden, welche die Einführung des § 613a V BGB unter anderem damit begründet, es läge „*auch im Interesse der beteiligten Arbeitgeber, wenn die Arbeitnehmer (...) vollständig über einen Betriebsübergang unterrichtet werden, da die Frist für die Erklärung des Widerspruchs des Arbeitnehmers gegen den Übergang seines Arbeitsverhältnisses erst nach vollständiger Unterrichtung zu laufen beginnt (neuer § 613a VI BGB)*".[290] Betont wird dabei also der Rechtsnachteil, der dem Arbeitgeber droht, wenn er die Unterrichtung nicht ordnungsgemäß durchführt. Dies ist grundsätzlich eher typisch für eine Obliegenheit.

Auf der anderen Seite stellt die Gesetzesbegründung aber auch klar, dass zur Unterrichtung sowohl der bisherige Arbeitgeber (also der Veräußerer) als auch der neue Inhaber (also der Erwerber) „*verpflichtet*" seien.[291] Eine Verpflichtung besteht aber nur bei echten Rechtspflichten. Dafür spricht auch, dass die Unterrichtungspflicht in einer eigenständigen Bestimmung geregelt ist, § 613a V BGB den mit der Nichterfüllung verbundenen Rechtsnachteil aber nicht benennt. Demgegenüber befinden sich die Rechtsnachteile im Falle von Obliegenheiten typischerweise direkt in der regelnden Vorschrift.[292]

Vor diesem Hintergrund sprechen die besseren Argumente dafür, dass § 613a V BGB eine als echte Rechtspflicht ausgestaltete Unterrichtungspflicht normiert, deren Erfüllung die betroffenen Arbeitnehmer durch Erfüllungs- und Schadensersatzansprüche vor Gericht geltend machen können.[293]

III. Gesamtschuld

Nach der Grundkonzeption des Art. 7 I RL 2001/23/EG sind „der Veräußerer und der Erwerber" zur Information verpflichtet. In der deutschen Umsetzungsnorm

---

289 Dazu auch *Franzen*, RdA 2002, 258 (262).

290 BT-Dr. 14/7760, S. 19.

291 BT-Dr. 14/7760, S. 19.

292 *Willemsen/Lembke*, NJW 2002, 1159 (1161).

293 Ebenso EK/*Preis*, § 613a BGB Rn. 94; APS/*Steffan*, § 613a BGB Rn. 203; *Willemsen/Lembke*, NJW 2002, 1159 (1161); aber auch BAG, Urt. 13.7.2006 – 8 AZR 382/05 = NZA 2006, 1406 (Rz. 44).

des § 613a V BGB trifft die Pflicht zur Unterrichtung den bisherigen Arbeitgeber *oder* den neuen Inhaber. Es stellt sich damit die Frage nach dem Verhältnis der Verpflichteten untereinander.

1. Meinungsstand

Die überwiegende Auffassung geht von einer Gesamtschuld i.S.d. § 421 BGB aus.[294] Daraus folgt, dass sowohl den Veräußerer als auch den Erwerber des Betriebs jeweils die vollständige, gleichrangige Leistungspflicht trifft, wobei der Arbeitnehmer die Unterrichtung nur einmal fordern kann und die Leistung des einen Schuldners auch für den jeweils anderen Schuldner wirkt, §§ 421 f., 362 I BGB.[295]

Gegenstimmen wenden ein, dass sich nicht der Arbeitnehmer aussuchen könne, von wem er unterrichtet werden möchte, sondern dass die Arbeitgeber dies untereinander auszumachen hätten.[296] Die Anwendung der §§ 421 ff. BGB würde aber gerade voraussetzen, dass der Gläubiger der Leistung (hier also der Arbeitnehmer als Gläubiger der Unterrichtungspflicht) diese von beiden Schuldnern verlangen könne.[297] Als weiteres Argument gegen eine Gesamtschuld wird zum Teil der Wortlaut des § 613a BGB vorgebracht, welcher statt dem für die Gesamtschuld typischen Formulierung „und" von einem „oder" spricht.[298]

2. Stellungnahme

Wenn vorgebracht wird, der Arbeitnehmer könne nicht auswählen, von wem er unterrichtet wird, so ist dies nicht überzeugend. Diesem Argument ist insbesondere entgegenzuhalten, dass aus der Pflicht zur Verständigung auf Arbeitgeberseite nicht geschlossen werden kann, der Arbeitnehmer hätte kein Wahlrecht. Der tatsächliche Vorgang, dass Veräußerer und -erwerber sich in der Praxis meist abstimmen werden, erlaubt noch keinen Rückschluss auf die rechtliche Lage.[299]

---

294 Vgl. BAG, Urt. v. 12.11.2009 – 8 AZR 751/07 = BeckRS 2010, 67336 (Rz. 39); MüKo BGB/*Müller-Glöge*, § 613a BGB Rn. 111 m.w.N.

295 MüKo BGB/*Heinemeyer*, § 421 BGB Rn. 1, 73.

296 *Worzalla*, NZA 2002, 353 (353 f.).

297 *Worzalla*, NZA 2002, 353 (354).

298 *Rieble*, FS Arbeitsgemeinschaft Arbeitsrecht, S. 687 (691); den Meinungsstand darstellend *Rupp*, NZA 2007, 301 (302).

299 So *Rupp*, NZA 2007, 301 (302).

Auch die im Gesetz verwendete Formulierung „oder“ ist kein stichhaltiges Argument gegen eine Gesamtschuld. Tatsächlich haften die beiden Arbeitgeber nämlich dennoch gleichzeitig nebeneinander. Die Formulierung im Gesetz stellt also lediglich klar, dass die Unterrichtung durch einen der beiden ausreicht.[300]

Im Ergebnis überzeugen daher die Argumente für die Annahme einer Gesamtschuld. Dafür spricht insbesondere auch, dass sich Veräußerer und Erwerber anerkanntermaßen wechselseitig auf die Kenntnis des anderen vom Arbeitnehmerverhalten berufen können und damit der Anwendungsbereich des § 425 I BGB eröffnet ist.[301]

B. Überschießende Umsetzung

I. „Systembruch“

Während sich der für eine i.S.d. § 613a V BGB ordnungsgemäße Unterrichtung erforderliche Inhalt konsequent an die Richtlinie hält, ist das nationale Recht aus individualarbeitsrechtlicher Sicht dennoch deutlich über die europarechtlichen Anforderungen hinausgegangen.[302]

1. Grundmodell der Betriebsübergangsrichtlinie

Art. 7 I, II RL 2001/23/EG bestimmt, dass die Unterrichtungspflicht grundsätzlich gegenüber der Arbeitnehmervertretung besteht. Nur, wenn im Betrieb unabhängig vom Willen der Arbeitnehmer die Möglichkeit nicht gegeben ist, eine Arbeitnehmervertretung einzurichten, ist eine subsidiäre individuelle Information der Arbeitnehmer nach Art. 7 VI RL 2001/23/EG vorgesehen.[303] Im deutschen Recht wäre dieser Sonderfall wegen § 1 I BetrVG vor allem in Kleinstbetrieben mit weniger als fünf Arbeitnehmern einschlägig.[304]

---

300 I. E. auch *Willemsen/Lembke*, NJW 2002, 1159 (1162); *Rupp*, NZA 2007, 301 (302).

301 Ebenso BAG, Urt. v. 2.4.2009 – 8 AZR 262/07 = NZA 2009, 1149 (Rz. 30).

302 APS/Steffan, § 613a BGB Rn. 202; MüKo BGB/*Müller-Glöge*, § 613a BGB Rn. 104; *Reinhard*, NZA 2009, 63 (64).

303 Preis/Sagan/*Grau/Hartmann*, Europäisches Arbeitsrecht, § 15 Rn. 210 ff.

304 Preis/Sagan/*Grau/Hartmann*, Europäisches Arbeitsrecht, § 15 Rn. 211.

2. Nationalgesetzliche Umsetzung

Deutschland folgt hinsichtlich der Information der Arbeitnehmervertreter beim Betriebsübergang nicht dem oben skizzierten Grundmodell von Art. 7 I, II sowie dem komplementären Art. 7 VI RL 2001/23/EG.

§ 613a V BGB sieht nämlich für keinen Fall des Betriebsübergangs eine Unterrichtung der Arbeitnehmervertretung vor und folgt damit dem Ausnahmemodell des Art. 7 III RL 2001/23/EG. Danach kann die Information und Konsultation der Arbeitnehmervertretung (in Deutschland also des Betriebsrats) eingeschränkt werden, wenn diese im Fall einer Betriebsänderung mit wesentlichen Nachteilen für einen erheblichen Teil der Arbeitnehmer eine Schiedsstelle anrufen kann. Diese Ausnahmevorschrift ist ganz offensichtlich stark auf die deutsche Rechtslage nach §§ 111, 112 BetrVG zugeschnitten und wurde auf Betreiben der Bundesregierung hin bereits in die ursprüngliche Fassung der Betriebsübergangsrichtlinie aus dem Jahr 1977 (RL 77/187/EWG) aufgenommen.[305] Zwar bestehen Informations- und Konsultationspflichten nicht gegenüber Arbeitnehmervertretungen in kleineren Betrieben mit weniger als 20 Arbeitnehmern (§ 111 S. 1 BetrVG), was sich entsprechend auch auf die Möglichkeit für Betriebsräte auswirkt, eine Einigungsstelle nach § 112 BetrVG anzurufen. Allerdings ist dies aus europarechtlicher Sicht unproblematisch, weil die Mitgliedstaaten die in Art. 7 I bis III der Betriebsübergangsrichtlinie vorgesehenen Pflichten auf solche Betriebe beschränken können, welche die Voraussetzungen für die Wahl eines Kollegiums als Arbeitnehmervertretung erfüllen (Art. 7 V RL 2001/23/EG). Das sind in Deutschland Betriebe mit mehr als 20 Arbeitnehmern, unterhalb dieses Schwellenwerts besteht der Betriebsrat nur aus einem Mitglied und ist damit kein Kollegium (§ 9 S. 1 BetrVG).

Der deutsche Gesetzgeber hat entsprechend die eigentliche Ausnahme des Art. 7 VI RL 2001/23/EG zum Regelfall gemacht und die Unterrichtung des einzelnen Arbeitnehmers für jeden Fall des Betriebsübergangs als Modell gewählt, obwohl gleichzeitig die inhaltlichen Anforderungen der Richtlinie wortgleich übernommen wurden.[306] Somit stimmt § 613a V BGB hinsichtlich des

---

305 So z.B. der Passus „Betriebsänderung (...), die wesentliche Nachteile für einen erheblichen Teil der Arbeitnehmer zu Folge haben kann“ (Art. 7 III RL 2001/23/EG); unter der „Schiedsstelle“ verstehet die herrschende Auffassung außerdem die Einigungsstelle nach § 112 II BetrVG, vgl. dazu *Franzen*, RdA 2002, 258 (260); *Sagan*, ZIP 2011, 1641 (1643).

306 Dazu *Reinhard*, NZA 2009, 63 (64).

Erklärungsempfängers nicht mit der Betriebsübergangsrichtlinie überein. Dieses Vorgehen wird auch als überschießende Richtlinienumsetzung bezeichnet.[307]

II. Analyse

1. Besonderheiten des deutschen Betriebsverfassungsrechts

Eine Erklärung für die Vorgehensweise des deutschen Gesetzgebers bietet das Recht der betrieblichen Mitbestimmung. Der bloße Betriebsübergang als solcher löst nach der herrschenden Ansicht keine Informations- und Konsultationspflichten nach § 111 BetrVG aus. Derartige Pflichten sind nach gegenwärtiger Rechtslage erst dann anzunehmen, wenn der Betriebsübergang zugleich eine Betriebsänderung im Sinne dieser Vorschrift darstellt.[308]

Aus der Änderung des Unterrichtungsempfängers gegenüber der Richtlinie kann geschlossen werden, dass der Gesetzgeber die betriebliche Mitbestimmung auch nicht ausweiten wollte.[309] Hätte sich nämlich eine wortgetreue „1:1-Umsetzung" der Richtlinie durchgesetzt und die individuelle Unterrichtung wäre nur für Arbeitnehmer in nicht betriebsratsfähigen Unternehmen verpflichtend gewesen, ohne dass die betriebliche Mitbestimmung gleichzeitig angepasst worden wäre, so wären weitreichende strukturelle Probleme die Folge gewesen.[310]

Diese werden deutlich, untersucht man die Folgen einer exakten Umsetzung ohne Anpassung der betrieblichen Mitbestimmung für unterschiedlich große Betriebe.[311] Diese lassen sich wie folgt zusammenfassen:

(1) In Kleinstbetrieben mit weniger als fünf Arbeitnehmern, in denen unabhängig vom Willen der Arbeitnehmer nach § 1 I BetrVG kein Betriebsrat errichtet werden kann, hätte der Arbeitgeber die Arbeitnehmer im Falle eines Betriebsübergangs wegen Art. 7 VI RL 2001/23/EG individuell unterrichten müssen.

(2) In Betrieben zwischen fünf und 20 Mitarbeitern hätten weder Betriebsrat noch individuelle Arbeitnehmer unterrichtet werden müssen. Auf der einen Seite wäre nämlich die individuelle Unterrichtung nicht zwingend gewesen, weil die Arbeitnehmer in Betrieben dieser Größe die Möglichkeit

307 So auch *Hoffmann*, Unterrichtungspflicht und Widerspruchsrecht, S. 32.

308 BAG, Beschl. v. 17.3.1987 – 1 ABR 47/85 = NZA 1987, 523; *Rieble*, NZA 2018, 1302 (1305); *Grau*, Unterrichtung und Widerspruchsrecht, S. 32, 66 m.w.N.

309 Diese Erklärung vertritt *Reinhard*, NZA 2009, 63 (64).

310 Vgl. dazu *Grau*, Unterrichtung und Widerspruchsrecht, S. 32 f.

311 So schon *Franzen*, RdA 2002, 258 (259 f.).

zur Errichtung eines Betriebsrats haben. Auf der anderen Seite gelten die wegen der Ausnahmevorschrift des Art. 7 III RL 2001/23/EG maßgeblichen Informations- und Konsultationspflichten nach § 111 BetrVG nur gegenüber Betriebsräten in Betrieben mit mindestens 20 Arbeitnehmern. Auch die Betriebsübergangsrichtlinie erlaubt eine Beschränkung der Pflichten nach Art. 7 I und II RL 2001/23/EG auf solche Betriebe, in denen ein Kollegium gebildet werden kann (nach § 9 S. 1 BetrVG ab 20 Arbeitnehmern).

(3) In Betrieben mit über 20 Arbeitnehmern, welche ein Betriebsratskollegium haben, hätte eine Informations- und Konsultationspflicht nur bestanden, wenn die strengen Voraussetzungen einer Betriebsänderung i.S.d. § 111 BetrVG erfüllt gewesen wären. Dies deshalb, weil der Betriebsrat im Falle wesentlicher Nachteile eine Einigungsstelle anrufen könnte und es außerhalb der Betriebsänderung daher keiner Unterrichtung bedürft hätte.

Dies hätte zu einer nicht begründbaren Bevorzugung von Arbeitnehmern in Kleinstbetrieben ohne Betriebsrat geführt.[312] Demnach ist der Entscheidung des deutschen Gesetzgebers zuzustimmen, die Spielräume, welche die Betriebsübergangsrichtlinie den Mitgliedstaaten einräumt, zu nutzen. Welche Schwierigkeiten es allerdings mit sich bringt, den Unterrichtungsinhalt wortgleich aus der Richtlinie zu übernehmen und gleichzeitig abweichende Empfängerhorizonte zu bestimmen, soll im Folgenden betrachtet werden.

2. Bruch zwischen den Empfängerhorizonten

Letztendlich wurde die Unterrichtungspflicht zur Vermeidung der eben beschriebenen Probleme von ihren strukturellen Wurzeln abgekoppelt, welche nach dem Vorbild von Art. 7 RL 2001/23/EG im Betriebsverfassungsrecht liegen, nicht im individualvertraglichen Bereich.[313] Im Ergebnis müssen Arbeitgeber komplexe Informationen, die nach der in der Betriebsübergangsrichtlinie zugrundeliegenden Vorstellung auf die Verständnismöglichkeiten des Betriebsrats zugeschnitten waren, jedem einzelnen Arbeitnehmer zukommen lassen.[314] Dies stellt einen Bruch in den Empfängerhorizonten dar, der notwendigerweise Schwierigkeiten bei der Übertragung von mitbestimmungsrechtlich angelegten Konsultationspflichten auf eine individuelle Unterrichtungspflicht hervorruft.[315]

312 So auch *Grau*, Unterrichtung und Widerspruchsrecht, S. 32.

313 *Grau*, Unterrichtung und Widerspruchsrecht, S. 34.

314 Diese Analyse anstellend auch *Bauer/v. Steinau-Steinrück*, ZIP 2002, 457 (458) sowie *Grau*, Unterrichtung und Widerspruchsrecht, S. 34.

315 *Reinhard*, NZA 2009, 63 (64).

3. *Folgen des Bruchs*

a) *Aus der Perspektive der Arbeitnehmer*

Folge ist aus Perspektive der Arbeitnehmer, dass sie mit Informationen umgehen müssen, die nach Art und Umfang eigentlich auf ein ganzes Vertretungsgremium, nämlich den Betriebsrat, zugeschnitten sind. Erkenntnisse aus der Informationsökonomik zeigen, dass die Qualität der Informationsbasis für eine bestimmte Entscheidung nicht proportional zur Quantität der Informationen zunimmt.[316] Von einem *„information overload"* wird gesprochen, wenn der Informationsumfang den Grenzwert der Aufnahme- und Verarbeitungskapazität des Empfängers überschreitet.[317] In diesen Fällen besteht die Gefahr, dass wesentliche Informationen in einer „Flut von Nebensächlichkeiten" untergehen.[318] Eine „Überschüttung" mit Informationen kann für die Entscheidungsfindung demnach ebenso schädlich sein wie eine unterlassene Information.[319] Beispielsweise hat eine Studie, die über zwei Millionen Beiträge in Internetforen untersuchte, gezeigt, dass Menschen ab einem bestimmten Punkt mit zunehmender Informationsmenge eher geneigt sind, nur noch auf einfache Aussagen zu reagieren, ihre eigenen Antworten ebenfalls deutlich simpler zu gestalten und ihre aktive Teilnahme irgendwann ganz einzustellen.[320] Diese Problematik ist bereits aus anderen Aufklärungssituationen bekannt, wie zum Beispiel aus der arztrechtlich veranlassten Überaufklärung von Patienten.[321]

Übertragen auf die Unterrichtung im Rahmen von Betriebsübergängen lässt sich daraus schließen, dass der Überblick, den ein Arbeitnehmer über die Folgen eines Betriebsübergangs für ihn persönlich erlangen kann, durch ein „Zuviel" an Informationen getrübt werden würde. Die Schwierigkeiten werden zumindest aus Sicht der Arbeitnehmer allerdings dadurch entschärft, dass die Rechtsprechung den Arbeitgebern aufgibt, die Unterrichtung nach § 613a V BGB zwar juristisch exakt, gleichzeitig aber auch „verständlich" zu formulieren.[322]

---

316 *Hoffmann*, Unterrichtungspflicht und Widerspruchsrecht, S. 125.

317 Grundmann/*Martinek*, Systembildung und Systemlücken, S. 524.

318 So formuliert es *Hoffmann*, Unterrichtungspflicht und Widerspruchsrecht, S. 125; von für Arbeitnehmer ungünstigen Folgen eines *information overload* spricht auch *Riesenhuber*, RdA 2004, 340 (349).

319 OLG Hamm, Urt. v. 18.1.1999 – 6 U 1/98 = BeckRS 2007, 14459.

320 Vgl. dazu *Strother/Ulijn/Fazal*, Information Overload, sect. 1.1.3.

321 *Rieble/Wiebauer*, NZA 2009, 401 (401); aufgegriffen von *Dzida*, NZA 2009, 641 (643).

322 Zum Gebot der Verständlichkeit EK/*Preis*, § 613a BGB Rn. 86.

b) *Aus der Perspektive der Arbeitgeber*

Für Arbeitgeber führt die individuelle Unterrichtungspflicht zu unterschiedlichsten Schwierigkeiten.[323] Insbesondere sind die hohen Anforderungen der Rechtsprechung an ein ordnungsgemäßes Unterrichtungsschreiben i.V.m. den gesetzlichen Vorgaben, die als ausfüllungsbedürftige Rechtsbegriffe ausgestaltet wurden, problematisch in Bezug auf das verfassungsmäßige Ziel der Rechtssicherheit.[324] Der Wortlaut des § 613a V BGB ist so weit gefasst, dass die Gefahr einer fehlerhaften Information des einzelnen Arbeitgebers sehr groß ist.[325] Dies bestätigt auch die bisherige Rechtsprechung zum Abs. 5, welche insgesamt nur zwei Unterrichtungsschreiben für ausreichend erachtete.[326]

---

323 *Bauer/Ernst*, NZA 2018, 1243 (1243).

324 Zur Rechtssicherheit vgl. bereits § 6 B. II.

325 Als gar „unvermeidbar“ werden Fehler in der Begründung zum Entwurf eines Gesetzes zur Erhöhung der Rechtssicherheit beim Betriebsübergang bezeichnet, eingebracht von mehreren Bundestagsabgeordneten, BT-Dr. 14/8496, S. 1; von einer „gefahrgeneigten Tätigkeit“ sprechen *Bauer/Ernst*, NZA 2018, 1243 (1243); vgl. auch *Greiner/Pionteck*, RdA 2020, 169 (169).

326 Als ordnungsgemäß bestätigt hat das BAG Unterrichtungsschreiben in zwei Entscheidungen, vgl. BAG, Urt. v. 13. 7. 2006 – 8 AZR 303/05 = NZA 2006, 1273 sowie Urt. v. 10.11.2011 – 8 AZR 430/10 = NZA 2012, 584.

§ 10 Unterrichtungspflicht und Widerspruchsrecht – Telos des § 613a V BGB

Eine besondere Schärfe erlangt die Informationspflicht durch die gesetzliche Verknüpfung zwischen einer ordnungsgemäßen Unterrichtung und dem Beginn der Frist des arbeitnehmerseitigen Widerspruchsrechts. Das genaue Zusammenspiel zwischen Unterrichtungsfehlern und Widerspruchsrecht soll im folgenden Kapitel daher detailliert untersucht werden.

A. Verknüpfung in der nationalrechtlichen Umsetzungsvorschrift

I. These von der ausreichenden Wissensgrundlage

1. *Fristbeginn*

Gem. § 613a VI 1 BGB kann der Widerspruch innerhalb eines Monats *„nach Zugang der Unterrichtung nach Abs. 5"* erklärt werden.[327] Durch die Monatsfrist soll auch den Interessen von Veräußerer und Erwerber an Planungssicherheit Rechnung getragen werden.[328] Bei rechtzeitiger ordnungsgemäßer Unterrichtung weiß auf der einen Seite der Erwerber frühzeitig, mit welchen Arbeitnehmern er rechnen kann und ob er gegebenenfalls Neueinstellungen vornehmen muss. Auf der anderen Seite hat der Veräußerer auch alsbald Klarheit, welche Arbeitnehmer er weiterbeschäftigten oder gegebenenfalls unter Einhaltung der kündigungsrechtlichen Regelungen entlassen muss.[329]

Als Folge der Gleichsetzung der vormalig aus nationalem Recht hergeleiteten Unterrichtungsobliegenheit auf der einen und der Unterrichtungspflicht gegenüber den individuellen Arbeitnehmern nach europäischem Recht, welche sich aus der überschießenden Richtlinienumsetzung ergibt, auf der anderen Seite, hat der Gesetzgeber also im Kern die ursprüngliche Verknüpfung zwischen der Unterrichtung und dem nunmehr kodifizierten Widerspruchsrecht beibehalten.[330] Demnach hängt der Lauf der Widerspruchsfrist vom Zugang

---

327 Zur genauen Wortlautauslegung vgl. § 19 A.

328 BAG, Urt. v. 19.11.2015 – 8 AZR 773/14 = NZA 2016, 647.

329 BT-Dr. 14/7760, S. 19.

330 *Sagan*, ZIP 2011, 1641 (1642).

der individuellen Unterrichtung über den Betriebsübergang nach Maßgabe des § 613a V BGB ab. Dadurch wurde die europarechtliche Unterrichtungspflicht mit dem deutschrechtlichen Widerspruchsrecht verknüpft.[331]

2. *Kodifizierung der richterrechtlichen Unterrichtungsobliegenheit als deutschrechtliche Spezialität*

Die herrschende Auffassung in Rechtsprechung und Literatur geht davon aus, der Gesetzgeber habe die bereits zuvor vom BAG verlangte Unterrichtungsobliegenheit kodifizieren wollen und dadurch auch das Verhältnis zwischen Unterrichtungspflicht nach § 613a V BGB und Widerspruchsrecht nach § 613a VI BGB festgelegt. Das Unterrichtungsschreiben würde demnach dazu dienen, dem Arbeitnehmer eine ausreichende Wissensgrundlage für die Entscheidung über sein Widerspruchsrecht zu geben, was wiederum den notwendigen Unterrichtungsinhalt konkretisierten würde.[332]

Die nach dem Vorbild der Betriebsübergangsrichtlinie erstmals normierte Unterrichtungspflicht solle also die Funktion der Unterrichtung nach der bestehenden ständigen Rechtsprechung aus der Zeit vor der Normierung übernehmen.[333] Aus dieser deutschen Spezialität folge auch der besondere Sinn und Zweck der Unterrichtungspflicht, den Arbeitnehmern eine ausreichende Wissensgrundlage für die sachgerechte Ausübung oder Nichtausübung des Widerspruchsrechts zu verschaffen.

II. Stellungnahme: Einbezug des europarechtlichen Hintergrunds notwendig

Die Einführung der gesetzlich normierten Unterrichtungspflicht diente ausweislich der Gesetzesbegründung der Umsetzung der Betriebsübergangsrichtlinie.[334] Da es sich bei § 613a V BGB also unstreitig um die Umsetzungsvorschrift der europarechtlichen Betriebsübergangsrichtlinie handelt, ist zur Ermittlung des Gesetzeszwecks eine Prüfung in zwei Schritten geboten.[335] Zunächst ist zu

---

331 *Sagan*, ZIP 2011, 1641 (1642).

332 Vgl. nur BAG, Urt. v. 13.7.2006 – 8 AZR 305/05 = NZA 2006, 1268 (Rz. 17); Urt. v. 23.7.2009 – 8 AZR 538/08 = NZA 2010, 89 (Rz. 18); EK/*Preis*, § 613a BGB Rn. 84 m.w.N.; APS/*Steffan*, § 613a BGB Rn. 202; *Willemsen/Lembke*, NJW 2002, 1159 (1161).

333 *Hoffmann*, Unterrichtungspflicht und Widerspruchsrecht, S. 43.

334 Sowohl BR-Dr. 831/01, S. 40 als auch BT Dr. 14/7760, S. 19; vgl. auch weiter unten § 10 D. III. 1.

335 So auch *Grau*, Unterrichtung und Widerspruchsrecht, S. 49.

untersuchen, welchen Zweck die Unterrichtung nach EU-Recht hat. Dazu ist Art. 7 VI RL 2001/23/EG entsprechend auszulegen. Sodann ist zu prüfen, wie sich dieses Auslegungsergebnis auf § 613a V BGB auswirkt. In diesem Zusammenhang ist insbesondere auf die Frage einzugehen, in welchem Verhältnis der Zweck nach EU-Recht und die am nationalen Recht orientierte *These von der ausreichenden Wissensgrundlage* stehen.

B. Europarechtlicher Zweck der Unterrichtungspflicht

Art. 7 VI RL 2001/23/EG legt fest, worüber der individuelle Arbeitnehmer im Rahmen des Betriebsübergangs zu unterrichten ist. Wie bereits festgestellt, handelt es sich dabei nach der europarechtlichen Konzeption um eine Ausnahmevorschrift, welche nur dann greifen soll, wenn im betroffenen Betrieb ohne den Willen der Arbeitnehmer kein Betriebsrat gebildet werden kann.[336]

I. Verknüpfung zwischen Unterrichtungspflicht und Widerspruchsrecht

Auf der einen Seite könnte man davon ausgehen, dass die Unterrichtungspflicht nach der Richtlinie ebenfalls dazu dienen soll, den betroffenen Arbeitnehmern eine ausreichende Wissensgrundlage für die Ausübung ihres Widerspruchsrechts zu bieten.[337] Art. 7 VI RL 2001/23/EG stellt es den Mitgliedstaaten nämlich frei, den Arbeitnehmern ein Gestaltungsrecht einzuräumen, dessen Ausübung zur Fortsetzung des Arbeitsverhältnisses mit dem Veräußerer führt.[338]

1. *Einheitliche Auslegung unionsrechtlicher Vorschriften*

Allerdings folgt aus der Freiwilligkeit, dass es nach dieser Ansicht von der Umsetzung des einzelnen Mitgliedstaats abhängen würde, ob der Zweck der Unterrichtung nach Maßgabe des Widerspruchsrechts auszulegen wäre oder nicht. Nach ständiger Rechtsprechung des EuGH aber folgt aus dem Gebot der einheitlichen Anwendung des Unionsrechts sowie aus dem Gleichheitssatz, dass die Begriffe

336 Vgl. § 9 B. I. 1.

337 Vgl. *Sagan*, ZIP 2011, 1641 (1642) m.w.N.

338 Dazu BAG, Beschl. v. 22.2.2005 – 3 AZR 499/03 (A) = NZA 2005, 639 (642) mit Hinweis auf EuGH, Urt. v. 16.12.1992 – 1 Rs C 132/91, 1 Rs C 138/91, 1 Rs C 139/91 = BeckRS 2004, 74322, wonach der Schutz der Betriebsübergangsrichtlinie dann gegenstandslos sei, wenn der Betroffene selbst auf Grund seiner eigenen freien Entscheidung das Arbeitsverhältnis nach dem Übergang mit dem Erwerber nicht fortsetzen wolle.

einer unionsrechtlichen Vorschrift, die für die Ermittlung ihres Sinns und ihrer Tragweite nicht ausdrücklich auf das Recht der Mitgliedstaaten verweist, in der Regel in der gesamten EU eine autonome und einheitliche Auslegung erhalten müssen.[339]

Ein vom nationalen Recht abhängiger Wechselbezug zwischen europarechtlicher Unterrichtungspflicht und fakultativem Widerspruchsrecht im Rahmen der Umsetzungsnorm hätte eine aus europäischer Sicht uneinheitliche Auslegung zur Folge und wäre daher nicht mit dem beschriebenen Prinzip der Autonomie des Unionsrechts vereinbar.[340] Vor diesem Hintergrund wird deutlich, dass sich eine europarechtliche Norm nicht nach Maßgabe eines nationalen Umsetzungsgesetzes auslegen lässt. Die europarechtliche Unterrichtung wurde nicht als Grundlage für das deutsche Widerspruchsrecht entwickelt.[341]

2. Unterrichtung von beim Veräußerer verbleibenden Arbeitnehmern

Außerdem verlangt die Betriebsübergangsrichtlinie nach richtigem Verständnis nicht nur die Unterrichtung derjenigen Arbeitnehmer, deren Arbeitsverhältnis im Zuge des Betriebsübergangs auf den Erwerber übergeht, sondern auch der beim Veräußerer verbleibenden sowie der beim Erwerber beschäftigten Arbeitnehmer, die von dem Übergang betroffen sind. Demnach sind auch Arbeitnehmer zu unterrichten, die nach deutschem Recht nicht widerspruchsberechtigt sein können, was ebenfalls gegen einen Zusammenhang zwischen Unterrichtungspflicht und Widerspruchsrecht nach europäischem Recht spricht.[342]

II. Unterrichtung als Selbstzweck

Zum Teil wird deshalb vertreten, bei der Unterrichtung handele es sich um einen bloßen Selbstzweck, welcher sich in der Kenntnis der Arbeitnehmer von den in der Betriebsübergangsrichtlinie aufgeführten Umständen erschöpfe.[343] Begründet wird dies damit, dass die Unterrichtungspflicht nach der Richtlinie, anders als in § 613a V BGB, nicht als Grundlage für die Ausübung spezifischer, beim

339 EuGH, Urt. v. 18.1.1984 - 327/82 = BeckRS 2004, 70817 (Rz. 11); Urt. v. 3.12.2009 - C 433/08 = DStR 2009, 2593 (Rz. 18); Urt. v. 29.7.2010 - C-151/09 = NZA 2010, 1014 (Rz. 38).

340 I. E. auch *Sagan*, ZIP 2011, 1641 (1642).

341 *Hoffmann*, Unterrichtungspflicht und Widerspruchsrecht, S. 40.

342 Zu diesem Absatz *Sagan*, ZIP 2011, 1641 (1642).

343 *Grau*, Unterrichtung und Widerspruchsrecht, S. 18; vgl. auch *Sagan*, ZIP 2011, 1641 (1642).

Betriebsübergang wahrzunehmender individueller Befugnisse der Arbeitnehmer konzipiert sei.[344]

Wäre die Unterrichtungspflicht nach Art. 7 VI RL 2001/23/EG bloßer Selbstzweck, dürfte ihr aus europarechtlicher Sicht keinerlei weitere Bedeutung zukommen. Dagegen lässt sich anführen, dass die Arbeitnehmer auch nach der Betriebsübergangsrichtlinie über Umstände informiert werden sollen, die für ihre weitere berufliche Planung von Bedeutung sind, auch wenn dies keinen Bezug zu einem etwaigen Widerspruchsrecht haben kann.[345] Außerdem ließe sich so nicht hinreichend begründen, wieso die individuelle Unterrichtungspflicht entfallen soll, sobald im Ausgangsbetrieb eine Arbeitnehmervertretung hätte gebildet werden können. Nähme man an, dass die Unterrichtungspflicht bloßer Selbstzweck wäre, bestünde für diese Einschränkung kein Grund.[346] Im Ergebnis kann die individuelle Unterrichtung daher nicht bloßer Selbstzweck sein.

III. Recht des Arbeitnehmers auf freie Wahl des Arbeitgebers

Andere Stimmen führen an, der EuGH räume den Arbeitnehmern, deren Arbeitsverhältnis übergehe, ein Grundrecht auf freie Wahl ihres Arbeitgebers ein.[347] Unabhängig vom Widerspruchsrecht bedürfe der Arbeitnehmer aber für die Entscheidung „bleibe ich" oder „gehe ich" einer gewissen Informationsgrundlage. Er müsse die Umstände kennen, die für seine weitere berufliche Planung von Bedeutung seien. Zumindest die ausnahmsweise individuelle Unterrichtungspflicht solle ihn über diese Umstände aufklären und diene insoweit auch dem Abbau von Informationsasymmetrien.[348]

Würde man dieser Ansicht folgen, käme es allerdings zu einer nicht begründbaren Bevorzugung solcher Arbeitnehmer, die unter den Sonderfall des Art. 7 VI RL 2001/23/EG fallen. Es ist nicht ersichtlich, wieso diese Arbeitnehmer über eine ausreichende Informationsgrundlage für die Entscheidung für oder gegen den neuen Arbeitgeber verfügen müssen, während dies für Arbeitnehmer in Betrieben mit einer Vertretung i.S.d. Abs. 1 nicht gelten sollte. Hier kann auch nicht angeführt werden, dass letztere bereits dadurch ausreichend

---

344 *Grau*, Unterrichtung und Widerspruchsrecht, S. 18.

345 So auch *Hoffmann*, Unterrichtungspflicht und Widerspruchsrecht, S. 40.

346 So auch *Sagan*, ZIP 2011, 1641 (1642).

347 EuGH, Urt. v. 16.12.1992 – C-132/91, C-138/91, C-139/91 = BeckRS 2004, 74322 (Rz. 32); vgl. auch *Hoffmann*, Unterrichtungspflicht und Widerspruchsrecht, S. 40.

348 So argumentiert beispielsweise *Hoffmann*, Unterrichtungspflicht und Widerspruchsrecht, S. 40 f.

geschützt seien, dass die Arbeitnehmervertretung über ausreichend Informationen verfügt und den Arbeitnehmer gegebenenfalls entsprechend unterrichtet. Insbesondere formuliert die Betriebsübergangsrichtlinie keinen sekundären Anspruch des Arbeitnehmers gegen die Arbeitnehmervertretung auf Unterrichtung über die erhaltenen Informationen. Da dies nicht der Fall ist, wäre es mit dem Grundsatz der einheitlichen Auslegung des Unionsrecht unvereinbar, wenn es vom nationalen Recht abhängen würde, ob der Arbeitnehmer die Erlangung der Informationen von der Arbeitnehmervertretung verlangen kann.

IV. Konsultationszweck

1. Einflussmöglichkeit für die Arbeitnehmervertretung

Eine Betrachtung der europarechtlichen Konzeption in Art 7 II RL 2001/23/EG macht deutlich, dass die Unterrichtung grundsätzlich der Arbeitnehmervertretung die Möglichkeit geben soll, den Arbeitgeber im Vorfeld des Übergangs der Arbeitsverhältnisse zu konsultieren, um so möglicherweise „zu einer Übereinkunft zu kommen". Die Konsultation muss es den Vertretern zumindest ermöglichen, die geplante Maßnahme zu vermeiden, einzuschränken oder in ihren Folgen abzumildern.[349] Da die von Art. 7 I RL 2001/23/EG geforderten Informationen aus Sicht der Arbeitnehmervertretung jeweils notwendige Voraussetzungen bzw. Rahmenbedingungen für die ordnungsgemäße und zielführende Durchführung eines solchen Konsultationsverfahrens darstellen, ist davon auszugehen, dass die europarechtliche Unterrichtungspflicht gegenüber der Arbeitnehmervertretung einen Konsultationszweck verfolgt.[350]

2. Einzelner Arbeitnehmer als „Ersatz-Betriebsrat"

a) Funktionales Äquivalent

Zwar räumt die Betriebsübergangsrichtlinie den einzelnen betroffenen Arbeitnehmern keine entsprechende Konsultation ein und der ausnahmsweise individuellen Unterrichtung nach Art. 7 VI RL 2001/23/EG kann daher auch nicht der Zweck zukommen, die für eine Konsultation notwendigen Informationen bereitzustellen.[351]

---

349 So *Hoffmann*, Unterrichtungspflicht und Widerspruchsrecht, S. 41 mit Verweis auf Art. 2 II RL 98/59/EG.

350 *Sagan*, ZIP 2011, 1641 (1643); vgl. auch *Hoffmann*, Unterrichtungspflicht und Widerspruchsrecht, S. 41.

351 *Hoffmann*, Unterrichtungspflicht und Widerspruchsrecht, S. 41.

Es könnte aber dennoch argumentiert werden, dass die individuelle Unterrichtung der einzelnen Arbeitnehmer als „funktionales Äquivalent" zur kollektiven Unterrichtung der Arbeitnehmervertreter gedacht wäre.[352] Der einzelne Arbeitnehmer träte also selbst an die Stelle der Arbeitnehmervertretung und wäre, angewendet auf die deutsche Lesart, wie ein „Ersatz-Betriebsrat" zu behandeln.[353] Vor diesem Hintergrund könnte daher gefordert werden, dass die Arbeitnehmer zumindest die faktische Möglichkeit haben sollten, sich bei ihrem Arbeitgeber vor dem Betriebsübergang Gehör zu verschaffen.[354] Sie sollten die Möglichkeit haben, Stellung zu beziehen, ihre eigenen Vorstellungen und Bedenken zu äußern und Anregungen zu unterbreiten, um so zumindest die Ausgestaltung der in Aussicht genommenen Maßnahmen zu beeinflussen. Diese Position erfordert ebenfalls ein Mindestniveau an Informationen.[355]

b) Inhaltlich übereinstimmende Informationskataloge

Zumindest der geforderte Inhalt einer Unterrichtung der Arbeitnehmervertretung nach der Betriebsübergangsrichtlinie ist auf ein Konsultationsverfahren gerichtet. Der insoweit maßgebliche Katalog der Unterrichtungsgegenstände gem. Art. 7 I RL 2001/23/EG stimmt dabei exakt mit der ausnahmsweisen Unterrichtung der einzelnen Arbeitnehmer nach Abs. 6 der gleichen Norm überein.

Daher wird im Schrifttum vertreten, der Zweck der individuellen Unterrichtung könne zumindest in Bezug auf den Inhalt letztlich dahinstehen.[356] Aus der tatbestandlichen Identität der geforderten Informationen könne geschlossen werden, dass eine einheitliche Auslegung des Unterrichtungsinhalts aus systematischen Gesichtspunkten zwingend wäre und der Konsultationszweck der Unterrichtung somit zumindest mittelbar auf die Unterrichtung der einzelnen Arbeitnehmer durchschlagen würde. Der Inhalt der Unterrichtung der einzelnen Arbeitnehmer würde sich also danach richten, welche Informationen die Arbeitnehmer für eine fakultative Anhörung durch den Arbeitgeber vor dem Betriebsrat benötigen.[357] Zum Teil wird diese Begründung auch kritisch gesehen, da die Information anders als im Anwendungsbereich des Art. 7 I und II

---

352 So *Sagan*, ZIP 2011, 1641 (1642).
353 *Franzen*, RdA 2002, 258 (260); *Sagan*, ZIP 2011, 1641 (1642).
354 Dazu *Sagan*, ZIP 2011, 1641 (1642 f.).
355 *Hoffmann*, Unterrichtungspflicht und Widerspruchsrecht, S. 42.
356 So insbesondere *Sagan*, ZIP 2011, 1641 (1643).
357 *Sagan*, ZIP 2011, 1641 (1643).

bzw. III RL 2001/23/EG letztlich nicht auf die Ermöglichung einer Konsultation abziele.[358]

V. Stellungnahme: Interessenwahrung der Arbeitnehmer

Im Ergebnis ist es überzeugend, den Zweck der Unterrichtung nach der Betriebsübergangsrichtlinie sowohl gegenüber der Arbeitnehmervertretung (Normalfall) als auch gegenüber dem individuellen Arbeitnehmer (Ausnahmefall für Betriebe, in denen kein Betriebsrat gewählt werden kann) darin zu sehen, eine für Arbeitnehmer zumindest fakultative Konsultation des Arbeitgebers zu ermöglichen.

Insbesondere spricht der Erwägungsgrund Nr. 5 zur Betriebsübergangsrichtlinie für dieses Ergebnis. Demnach sei die rechtzeitige Unterrichtung, Anhörung und Mitwirkung der Arbeitnehmer bei der Umstrukturierung oder Verschmelzung von Unternehmen vor dem Hintergrund des übergeordneten Ziels zu verstehen, dass der Binnenmarkt zu einer Verbesserung der Lebens- und Arbeitsbedingungen der Arbeitnehmer beitragen solle. Indem sie die Möglichkeit zur faktischen Einflussnahme auf die im Zusammenhang mit dem Betriebsübergang geplanten Maßnahmen bekommen, können die Arbeitnehmer ihre Ansprüche und Interessen wahren. Dies stellt eine Verbesserung der Lebens- und Arbeitsbedingungen dar.[359] Dass die Richtlinie im Art. 7 VI RL 2001/23/EG nicht auf die Anforderungen des Abs. 1 verweist, sondern diese wortgleich erneut aufzählt, ist auch kein hinreichender Anhaltspunkt dafür, dass sich inhaltliche Änderungen ergeben müssten. Die exakte Übernahme des geforderten Unterrichtungsinhalts spricht vielmehr dafür, die individuelle Unterrichtung nach der Betriebsübergangsrichtlinie parallel zum Normalfall der Unterrichtungspflicht gegenüber der Arbeitnehmervertretung auszulegen.[360]

Nach alledem ist zu konstatieren, dass der individuelle Unterrichtungsanspruch nach Art. 7 VI RL 2001/23/EG eine fakultative Konsultation des Arbeitgebers als funktionales Äquivalent zu den Konsultationsrechten der Arbeitnehmervertretung ermöglichen soll. Die einzelnen Arbeitnehmer treten als „Ersatz-Betriebsrat" auf.[361]

---

358 Preis/Sagan/*Grau/Hartmann*, § 15 Rn. 212 f., wonach sich aus dem Kontextunterschied auch hinsichtlich der Reichweite der individuellen Unterrichtung Unterschiede ergeben würden.

359 So bereits *Hoffmann*, Unterrichtungspflicht und Widerspruchsrecht, S. 42 f.

360 *Sagan*, ZIP 2011, 1641 (1643).

361 Die Bezeichnung des „Ersatz-Betriebsrats" verwenden bereits insbesondere *Sagan*, ZIP 2011, 1641 (1642) und *Hoffmann*, Unterrichtungspflicht und Widerspruchsrecht, S. 28.

C. Übertragung auf das nationalrechtliche Umsetzungsgesetz

Im zweiten Schritt ist die soeben gewonnene Erkenntnis, dass die individuelle Unterrichtung nach der Betriebsübergangsrichtlinie einer fakultativen Konsultationsmöglichkeit des Arbeitnehmers als „Ersatz-Betriebsrat" dient, auf das nationalrechtliche Umsetzungsgesetz zu übertragen.[362]

I. Richtlinienkonforme Auslegung

Maßgeblich ist dafür die sogenannte richtlinienkonforme Auslegung, welche das Verhältnis zwischen europarechtlichen Richtlinien und dem hinsichtlich des zu erreichenden Ziels dadurch gebundenen Umsetzungsgesetz im einzelnen Mitgliedsstaat beschreibt.

1. Grundlagen der richtlinienkonformen Auslegung

Nach Art. 288 III AEUV ist eine europarechtliche Richtlinie für jeden Mitgliedstaat, an den sie gerichtet wird, hinsichtlich des zu erreichenden Ziels verbindlich, überlässt jedoch den innerstaatlichen Stellen die Wahl der Form und Mittel. Richtlinien finden im Verhältnis zwischen Privatsubjekten im nationalen Recht demnach grundsätzlich keine unmittelbare Anwendung.[363] Etwas anderes gilt unter bestimmten Voraussetzungen nur im Verhältnis zwischen Staat und Bürger (vertikale Direktwirkung).[364] Richtlinien bedürfen also im Grundsatz stets eines nationalen Umsetzungsaktes, um tatsächliche Geltungswirkung auf das nationale Recht zu entfalten.[365] Sie setzen damit einen zweistufigen Rechtssetzungsprozess in Gang und verpflichtet die Mitgliedstaaten dazu, innerstaatliches Recht anzupassen (beispielsweise dieses zu beseitigen, zu modifizieren oder neu zu schaffen).[366]

Jedoch kann der Inhalt einer Richtlinie im Wege der richtlinienkonformen Auslegung mittelbare Wirkung auf das umsetzende nationale Recht entfalten.[367] Das Prinzip der richtlinienkonformen Auslegung verpflichtet Gerichte,

---

362 *Grau*, Unterrichtung und Widerspruchsrecht, S. 49.

363 Vgl. zur Ablehnung einer horizontalen Direktwirkung EuGH, Urt. v. 14.7.1994 – C-91/92 = NJW 1994, 2473 (Rz. 24 ff.).

364 BAG, Urt. v. 18.9.2003 – 2 AZR 79/02 = NZA 2004, 375 (381) m.w.N.

365 Calliess/Ruffert/*Ruffert*, Art. 288 AEUV Rn. 23.

366 Preis/Sagan/*Sagan*, Europäisches Arbeitsrecht, § 1 Rn. 113.

367 Dazu *Hoffmann*, Unterrichtungspflicht und Widerspruchsrecht, S. 31.

das nationale Recht so weit wie möglich anhand des Wortlauts und Zwecks der entsprechenden Richtlinie auszulegen. So soll ein Ergebnis erreicht werden, das mit dem von der Richtlinie verfolgten Ziel vereinbar ist.[368] Dies dient dazu, den europäischen Privatrechtsverbund durch widerspruchsfreie Interpretation zu sichern.[369] Zum Tragen kommt das Gebot der richtlinienkonformen Auslegung immer erst dann, wenn und soweit das nationale Umsetzungsrecht auch Interpretationsergebnisse zulässt, die mit dem Inhalt der Richtlinienbestimmung unvereinbar wären. Die richtlinienkonforme Auslegung hat daher entscheidungsausschließenden, nicht aber positiv-dirigierenden Charakter.[370]

2. Besonderheiten bei überschießender Umsetzung

a) Pflicht zur richtlinienkonformen Auslegung?

Grundsätzlich kann ein Mitgliedsstaat den durch eine Richtlinie gebotenen Rechtszustand im Rahmen der Umsetzungsmaßnahmen auch auf solche Sachverhalte erstrecken, die vom Anwendungsbereich der Richtlinie gar nicht erfasst sind.[371] Dies wird als überschießende Richtlinienumsetzung bezeichnet.[372] Auch in diesen Fällen ist eine richtlinienkonforme Auslegung möglich.[373] Bei einer überschießenden Richtlinienumsetzung besteht allerdings keine unionsrechtliche Verpflichtung, die Umsetzungsnorm richtlinienkonform auszulegen, soweit sie Sachverhalte betrifft, die nicht von der Richtlinie erfasst sind.[374] Solange der EU-Normgeber einen Sachbereich nicht dem Anwendungsbereich einer Richtlinie unterwirft, kann sich aus dem EU-Recht nicht ergeben, dass in diesen

---

368 Vgl. nur EuGH, Urt. v. 5.10.2004 – C-397/01 bis C-403/01 = NJW 2004, 3547 (Rz. 119 f.); *Hoffmann*, Unterrichtungspflicht und Widerspruchsrecht, S. 31 m.w.N.

369 MüKo BGB/*Säcker*, Einleitung zum Allgemeinen Teil des BGB Rn. 146 m.w.N.

370 Grabitz/Hilf/Nettesheim/*Nettesheim*, Art. 288 AEUV Rn. 135.

371 Dies ist hier der Fall, vgl. § 9 B.

372 Franzen/Gallner/Oetker/*Höpfner*, Art. 288 AEUV Rn. 69; Grabitz/Hilf/Nettesheim/*Nettesheim*, Art. 288 AEUV Rn. 131.

373 BGH, Urt. v. 17.10.2012 – VIII ZR 226/11 = NJW 2013, 220 (Rz. 20); davor bereits BGH, Urt. v. 9.4.2002 – XI ZR 91/99 = NJW 2002, 1881 (1884); Streinz/*W. Schroeder*, Art. 288 AEUV Rn. 116.

374 Preis/Sagan/*Sagan*, Europäisches Arbeitsrecht, § 1 Rn. 166; BGH, Urt. v. 7.5.2014 – IV ZR 76/11 = NJW 2014, 2646 (Rz. 28); Franzen/Gallner/Oetker/*Höpfner*, Art. 288 AEUV Rn. 69; Grabitz/Hilf/Nettesheim/*Nettesheim*, Art. 288 AEUV Rn. 131; Streinz/*W. Schroeder*, Art. 288 AEUV Rn. 116.

Bereichen eine richtlinienkonforme Handhabung nationalen Rechts zu erfolgen hätte.[375]

Vielmehr ist es Sache der nationalen Gerichte, die Tragweite der Verweisung auf das Unionsrecht zu beurteilen, denn der Rahmen für die Anwendung des Unionsrechts auf rein innerstaatliche Sachverhalte ergibt sich aus dem nationalen Recht.[376] Nach deutschem Recht gibt es allerdings keinen methodischen oder verfassungsrechtlichen Zwang, der Richter dazu verpflichten würde, ihre Entscheidungsspielräume im Falle einer überschießenden Richtlinienumsetzung nach Maßgabe der richtlinienkonformen Auslegung auszuüben.[377]

b) Gespaltene Auslegung

Unterscheidet man im Rahmen der Auslegung einer Umsetzungsvorschrift gemäß diesen Grundsätzen danach, ob ein Sachverhalt vom Anwendungsbereich der maßgeblichen Richtlinie umfasst ist oder nicht, so ist die Folge eine sogenannte „gespaltene Auslegung". Diese hat insoweit richtlinienkonform zu sein, als Sachverhalte der Richtlinie erfasst sind, kann außerhalb dieses Bereichs aber auch vom Wortlaut oder dem Zweck der Richtlinie abweichen.[378]

aa) Zulässigkeit der gespaltenen Auslegung

Eine solche Spaltung trifft jedoch auf einige grundlegende Bedenken. Zwar kann ein Verbot der gespaltenen Auslegung zumindest nicht dem Unionsrecht entnommen werden.[379] Gegen die gespaltene Auslegung einer Norm sprechen aber unter anderem der Grundsatz der Einheit der Rechtsordnung, das Gebot der Normenklarheit sowie das Interesse des Rechtsverkehrs an einer klaren und transparenten Rechtslage.[380] Teilweise wird die gespaltene Auslegung daher als „äußerst künstliche und nur dem europarechtlich informierten Juristen verständliche Monstrosität" bezeichnet.[381]

---

375 Grabitz/Hilf/Nettesheim/*Nettesheim*, Art. 288 AEUV Rn. 131.

376 EuGH, Urt. v. 17.7.1997 – Rs. C-28/95, BeckRS 2004, 75946 (Rz. 5); Preis/Sagan/*Sagan*, Europäisches Arbeitsrecht, § 1 Rn. 166; Streinz/*W. Schroeder*, Art. 288 AEUV Rn. 116.

377 Preis/Sagan/*Sagan*, Europäisches Arbeitsrecht, § 1 Rn. 167; Grabitz/Hilf/Nettesheim/*Nettesheim*, Art. 288 AEUV Rn. 131.

378 Franzen/Gallner/Oetker/*Höpfner*, Art. 288 AEUV Rn. 71.

379 Franzen/Gallner/Oetker/*Höpfner*, Art. 288 AEUV Rn. 71 m.w.N.

380 Vgl. Preis/Sagan/*Sagan*, Europäisches Arbeitsrecht, § 1 Rn. 167; Franzen/Gallner/Oetker/*Höpfner*, Art. 288 AEUV Rn. 71.

381 Dazu Preis/Sagan/*Sagan*, Europäisches Arbeitsrecht, § 1 Rn. 167 m.w.N.

Das Prinzip der Einheit der Rechtsordnung gebietet es, eine uneinheitliche Auslegung an Art. 3 I GG zu messen, wonach alle Menschen vor dem Gesetz gleich sind.[382] Die aus der gespaltenen Auslegung folgende Ungleichbehandlung lässt sich in der Regel jedoch mit der auf ihren jeweiligen Anwendungsbereich beschränkten unionsrechtlichen Umsetzungspflicht der entsprechenden Richtlinie rechtfertigen.[383] Jedenfalls ein Verbot der gespaltenen Auslegung nach Art. 3 I GG lässt sich demnach im Ergebnis nicht begründen.

bb) Auswirkungen über die nationalrechtliche Auslegung

Soweit eine Umsetzungsnorm über den Anwendungsbereich einer unionsrechtlichen Richtlinie hinausgeht, ist sie aber selbstverständlich weiterhin nach den allgemeinen Grundsätzen auszulegen, d.h. anhand der gängigen Auslegungsmethoden zu interpretieren.[384] Bei der Auslegung einer Umsetzungsnorm ist dem Grundsatz der Einheit der Rechtsordnung im Rahmen der historisch-systematischen Auslegung regelmäßig ein großes Gewicht beizumessen.[385]

Das Unionsrecht gebietet zwar keine einheitliche Auslegung, steht dieser aber auch nicht entgegen.[386] Ungeachtet der Frage nach einer Pflicht zur richtlinienkonformen Auslegung kann es in vielen Fällen sinnvoll sein, aus dem Unionsrecht übernommene Bestimmungen oder Begriffe unabhängig davon, unter welchen Voraussetzungen sie ihre Wirkung entfalten sollen, einheitlich auszulegen, um so Brüche in der Rechtsanwendung zu vermeiden.[387] Der Gesetzgeber bringt durch die einheitliche Regelung von solchen Sachverhalten, die von einer Richtlinie umfasst werden, und solchen, die außerhalb ihres Anwendungsbereichs liegen, in der Regel zum Ausdruck, dass er sämtliche geregelte Sachverhalte im nationalen Recht einheitlich behandeln will.[388] Demnach wäre die Umsetzungsvorschrift dann insgesamt, also auch in ihrem nicht von der Richtlinie abgedeckten Bereich, im Lichte der Richtlinienziele und insofern insgesamt

---

382 Franzen/Gallner/Oetker/*Höpfner*, Art. 288 AEUV Rn. 73.

383 Franzen/Gallner/Oetker/*Höpfner*, Art. 288 AEUV Rn. 73.

384 Zur Auslegung vgl. § 18 A.

385 Franzen/Gallner/Oetker/*Höpfner*, Art. 288 AEUV Rn. 74.

386 *Hoffmann*, Unterrichtungspflicht und Widerspruchsrecht, S. 32 f.

387 Streinz/*W. Schroeder*, Art. 288 AEUV Rn. 116.

388 Dazu auch BAG, Urt. v. 18.4.2012 - 4 AZR 168/10 = NZA 2013, 386 (Rz. 16); Preis/Sagan/*Sagan*, Europäisches Arbeitsrecht, § 1 Rn. 167; Franzen/Gallner/Oetker/*Höpfner*, Art. 288 AEUV Rn. 74.

einheitlich auszulegen.[389] Dies kann auch als **„quasi-richtlinienkonforme Auslegung“** bezeichnet werden.[390]

Der gesetzgeberische Wille zur einheitlichen Auslegung darf jedoch nicht vorschnell angenommen werden, sondern ist stets sorgfältig zu prüfen.[391] Die überwiegende Auffassung in der Literatur geht von einer widerlegbaren Vermutung für eine einheitliche Auslegung von überschießenden Umsetzungsnormen aus.[392] Sofern aber gewichtige Argumente einer einheitlichen Auslegung entgegenstehen, ist es methodisch durchaus zulässig, eine Umsetzungsnorm gespalten auszulegen.[393] Solche gewichtigen Argumente werden beispielsweise im Gebot der verfassungskonformen Auslegung gesehen.[394]

II. Einheitliche Auslegung des § 613a BGB

Vor dem Hintergrund des Gesagten ist zu prüfen, ob der deutsche Gesetzgeber im Zuge der Normierung des § 613a V BGB eine einheitliche Auslegung des nationalen Rechts beabsichtigt hat. Die Grenze ist dort anzusetzen, wo der Anwendungsbereich des Art. 7 VI RL 2001/23/EG endet, nämlich in allen Betrieben, in denen ein Betriebsrat gebildet werden könnte. Das Ergebnis bestimmt sodann, ob das Auslegungsergebnis der individuellen Unterrichtung nach der Betriebsübergangsrichtlinie nur in deren Anwendungsbereich Auswirkungen hat (gespaltene Auslegung), oder ob der nationalrechtlichen Unterrichtungspflicht stets der Konsultationszweck zukommt (quasi-richtlinienkonforme Auslegung auch im Extensionsbereich).

1. Vermutungswirkung

In der Rechtsprechung wurde in der Vergangenheit aus der fehlenden Pflicht zur richtlinienkonformen Auslegung im Extensionsbereich bereits geschlossen, dass die Anforderungen an ein Unterrichtungsschreiben nach § 613a V BGB nur insoweit an den Vorgaben des Art. 7 VI RL 2001/23/EG zu messen seien, soweit es sich um einen Betrieb handele, in dem keine Arbeitnehmervertretung

---

389 *Grau*, Unterrichtung und Widerspruchsrecht, S. 50.

390 *Hoffmann*, Unterrichtungspflicht und Widerspruchsrecht, S. 33 m.w.N.

391 *Grau*, Unterrichtung und Widerspruchsrecht, S. 50.

392 Vgl. nur die Nachweise von Preis/Sagan/*Sagan*, Europäisches Arbeitsrecht, § 1 Rn. 167; Franzen/Gallner/Oetker/*Höpfner*, Art. 288 AEUV Rn. 74 sowie *Grau*, Unterrichtung und Widerspruchsrecht, S. 50.

393 Franzen/Gallner/Oetker/*Höpfner*, Art. 288 AEUV Rn. 74.

394 Preis/Sagan/*Sagan*, Europäisches Arbeitsrecht, § 1 Rn. 167.

gebildet werden könne.[395] Diese Auffassung widerspricht allerdings der bereits angeführten Vermutungswirkung von Umsetzungsgesetzen, sofern sie nicht weiter begründet wird.

Die herrschende Ansicht in der Literatur geht, wie soeben festgestellt, davon aus, dass der Rechtsanwender grundsätzlich vermuten muss, der Gesetzgeber habe eine einheitliche und keine gespaltene Auslegung gewollt. Dabei ist diese Vermutung allerdings insoweit einzuschränken, als dass stets im konkreten Fall zu ermitteln ist, ob im Rahmen der historisch-systematischen Auslegung der gesetzgeberische Wille zu einer gespaltenen Auslegung erkennbar wird. Ist dies zu bejahen, hat die Auslegung des Extensionsbereichs nicht nach dem europarechtlichen Telos, sondern nach dem nationalrechtlichen Zweck zu erfolgen, da der Gesetzgeber bei einer überschießenden Umsetzung nicht an die Vorgaben der Richtlinie gebunden ist.

a) Tatbestandliche Identität

Zunächst ist festzustellen, dass der Gesetzgeber bei der Gestaltung des § 613a V BGB bewusst den Informationskatalog der Betriebsübergangsrichtlinie übernommen hat, obwohl der personelle Anwendungsbereich gleichzeitig erweitert wurde.[396] Aus diesem identischen Wortlaut wird zumindest ein Indiz für eine einheitliche Auslegung abgeleitet und argumentiert, jedenfalls hätte der Wille für eine gespaltene Auslegung andeutungsweise in einer abgeänderten Terminologie Ausdruck finden müssen.[397] Ohne einen differenzierenden Wortlaut sei die Annahme unterschiedlicher Rechtsfolgen je nach Adressat außerdem wegen des in der Verfassung verankerten Transparenzgebots problematisch.[398]

b) Rechtspflicht und Obliegenheit

Für die einheitliche, quasi-richtlinienkonforme Auslegung wird außerdem angeführt, dass eine gespaltene Auslegung der Norm mit dem Regelungsanliegen des Gesetzgebers unvereinbar sei.[399] Der Gesetzgeber habe nämlich die von einem Betriebsübergang betroffenen Arbeitnehmer in Hinblick auf ihre Unterrichtung gerade unabhängig davon für schutzwürdig erachtet, ob ihre Interessen durch

---

395 So beispielsweise LAG Düsseldorf, Urt. v. 1.4.2005 - 18 Sa 1950/04 = BeckRS 2005, 41843; vgl. auch *Hoffmann*, Unterrichtungspflicht und Widerspruchsrecht, S. 32.

396 *Sagan*, ZIP 2011, 1641 (1643).

397 Dazu *Hoffmann*, Unterrichtungspflicht und Widerspruchsrecht, S. 34.

398 Dazu *Hoffmann*, Unterrichtungspflicht und Widerspruchsrecht, S. 34.

399 *Grau*, Unterrichtung und Widerspruchsrecht, S. 50.

einen Betriebsrat wahrgenommen werden können oder nicht.[400] So würde es beispielsweise einer sachwidrigen Differenzierung gleichkommen, in dem Extensionsbereich nur das Bestehen einer bloßen Informationsobliegenheit anzunehmen und im Anwendungsbereich der Betriebsübergangsrichtlinie von einer Anspruchsnorm auszugehen, was nach richtlinienkonformer Auslegung zwingend wäre.[401]

c) Rechtszersplitterung

Auch ist bereits argumentiert worden, die gespaltene Auslegung des § 613a V BGB könne letztlich zu einer „Rechtszersplitterung" führen. Durch Auslegungsdirektiven des EuGH für die einzelnen Informationstatbestände würde eine Übertragung derselben nur auf den Anwendungsbereich der Betriebsübergangsrichtlinie zu unterschiedlich weiten Informationspflichten führen. Ein solcher Zustand sei ersichtlich nicht interessengerecht.[402]

d) Stellungnahme

Grundsätzlich lässt sich aus den genannten Gründen die Vermutung ableiten, der Gesetzgeber habe eine einheitliche Auslegung gewollt. Die Unterrichtungspflicht hätte demnach im gesamten Anwendungsbereich des § 613a V BGB den Zweck, eine fakultative Konsultation des Arbeitgebers durch die Arbeitnehmer als „Ersatz-Betriebsrat" zu ermöglichen.

2. Keine gewichtigen Gegenargumente

Allerdings kann diese Vermutung durch gewichtige Gegenargumente widerlegbar sein.

a) Besondere Wechselwirkung im Rahmen der Richtlinie?

Zum einen könnte der quasi-richtlinienkonformen Auslegung entgegengehalten werden, dass Abs. 1 und 2 sowie der komplementäre Abs. 6 des Art. 7 RL 2001/23/EG in einer besonderen Wechselbeziehung stünden, aus der sich der europarechtliche Konsultationszweck der individuellen Unterrichtung erst ergebe und welche für das deutsche Recht nicht gelte. Wie *Sagan* richtig entgegenhält,

400 Dazu BT-Dr. 14/7760, S. 19.

401 *Grau*, Unterrichtung und Widerspruchsrecht, S. 51.

402 *Grau*, Unterrichtung und Widerspruchsrecht, S. 51.

schränkt Art 7 III RL 2001/23/EG aber lediglich Abs. 1 und 2, nicht aber Abs. 6 derselben Norm ein.[403] Dieses Argument verfängt deshalb nicht.

b) *Verfassungskonforme Auslegung*

Eine weitere gewichtige Grenze der einheitlichen Auslegung einer Norm stellt die verfassungskonforme Auslegung dar. Das BVerfG schließt aus dem Gebot der verfassungskonformen Gesetzesauslegung, dass von mehreren möglichen Normdeutungen, die teils zu einem verfassungswidrigen, teils zu einem verfassungsgemäßen Ergebnis führen, diejenige vorzuziehen sei, die mit dem Grundgesetz in Einklang stehe.[404] Daraus folgt konkret, dass eine Vorschrift dann nicht verfassungswidrig sein kann, wenn unter Berücksichtigung von Wortlaut, Entstehungsgeschichte, systematischer Auslegung und Normzweck unterschiedliche Deutungen einer einfachrechtlichen Vorschrift möglich sind, von denen eine als verfassungswidrig zu verwerfen wäre, zumindest eine hingegen zu einem verfassungsgemäßen Ergebnis führt.[405]

Für die quasi-richtlinienkonforme Auslegung bedeutet dies, dass eine Norm dann gespalten auszulegen ist, wenn die einheitliche Auslegung anhand der Richtlinie gegen das Grundgesetz verstoßen würde. Wie bereits festgestellt wurde, beinhaltet das verfassungsrechtlich garantierte Widerspruchsrecht des Arbeitnehmers zwar ein Mindestmaß an personalen Informationen, daraus lässt sich aber keine aktive Informationspflicht des Arbeitgebers ableiten.[406] Eine Auslegung der aktiven Informationspflichten nach dem europarechtlichen Konsultationszweck kann im Umkehrschluss nicht hinter die verfassungsmäßigen Vorgaben zurückfallen, wenn diese lediglich auf die tatsächliche Kenntnis des Arbeitnehmers abstellen.

3. *Zwischenergebnis*

Nach richtiger Ansicht besteht keine Pflicht, eine Umsetzungsnorm außerhalb ihres Anwendungsbereichs richtlinienkonform auszulegen. Die quasi-richtlinienkonforme Auslegung ist vielmehr ein Produkt der nationalrechtlichen Normauslegung, im Rahmen derer der Einheit der Rechtsordnung ein hoher

---

403 *Sagan*, ZIP 2011, 1641 (1643).

404 So bereits BVerfG, Beschl. v. 7.5.1953 – 1 BvL 104/52 = NJW 1953, 1057 (1059); vgl. auch BVerfG, Beschl. v. 8.3.1972 – 2 BvR 28/71 = NJW 1972, 1123 (1125); *Höpfner*, RdA 2018, 321 (329).

405 BVerfG, Beschl. v. 22.3.2018 – 2 BvR 780/16 = NJW 2018, 1935 (Rz. 150).

406 Vgl. § 8 B. II. 2.

Stellenwert einzuräumen ist. Es ist stets abzuwägen, inwieweit eine gespaltene Auslegung die Einheit der Rechtsordnung gefährden würde. Der durch verschiedene Argumente untermauerte Vermutungswirkung der Umsetzungsnorm dahingehend, dass der Gesetzgeber eine einheitliche Auslegung wollte, stehen im Falle des § 613a V, VI BGB aber keine gewichtigen Argumente entgegen. Daher ist eine gespaltene Auslegung hier abzulehnen.

Dieses Ergebnis beantwortet allerdings noch nicht die Frage, ob die quasi-richtlinienkonforme Auslegung einen wie auch immer gearteten nationalen Zweck der Unterrichtungspflicht ausschließt. Dies ist zumindest nicht von vornherein vorgegeben, da die quasi-richtlinienkonforme Auslegung nur entscheidungsausschließenden, nicht aber positiv-dirigierenden Charakter hat. Die Unterrichtungspflicht könnte also auch mehrere Zwecke parallel verfolgen, sofern sich diese nicht gegenseitig ausschließen.

D. Verhältnis zwischen europarechtlichem Zweck und nationalrechtlicher Besonderheit

Zu prüfen ist daher im nächsten Schritt, in welchem Verhältnis der Konsultationszweck zur besonderen Verknüpfung zwischen Unterrichtungspflicht und Widerspruchsrecht im deutschen Recht steht. Während die europarechtliche Auslegung den Arbeitnehmer als funktionales Äquivalent zum Betriebsrat sieht, wäre er in Hinblick auf sein Widerspruchsrecht vor allem als Inhaber eines Gestaltungsrechts zu sehen, der durch die Unterrichtung eine ausreichende Wissensgrundlage bekommen soll.

I. Meinungsspektrum

1. Nichtbeachtung des Konsultationszwecks

Überwiegend wurde der europarechtliche Hintergrund und der damit zusammenhängende Konsultationszweck des § 613a V BGB bislang wenig beachtet oder schlicht ignoriert.[407] Einziger Zweck der Unterrichtung sei demnach, dem Arbeitnehmer eine ausreichende Wissensgrundlage für die Ausübung seines Widerspruchsrechts zu bieten, die es ihm ermögliche, die Vor- und Nachteile einer Widerspruchserklärung vernünftig abzuwägen und in der Folge eine Entscheidung zu treffen.[408]

---

407 Zu diesem Schluss kommen beispielsweise auch *Sagan*, ZIP 2011, 1641 (1642); *Hoffmann*, Unterrichtungspflicht und Widerspruchsrecht, S. 44.

408 In diese Richtung u.a. *Klocke*, RdA 2017, 311 (311); *Hung*, Widerspruchsrecht, S. 82.

2. *Vereinbarkeit zwischen dem Zweck nach Europarecht und der nationalrechtlichen Besonderheit*

Zum Teil wird aber auch vertreten, der europarechtliche Konsultationszweck ergänze ganz einfach die besondere Verknüpfung zwischen Unterrichtungspflicht und Widerspruchsrecht im deutschen Recht.[409]

Für ein solches „Nebeneinander" der beiden Zweckrichtungen spricht sich beispielsweise *Grau* aus und betont, dass der spezifische Zweckbezug der Information nach deutschem Recht in der Ermöglichung einer sachgerechten und die eigenen Belange wahrenden Entscheidung des Arbeitnehmers für oder gegen einen Arbeitgeberwechsel liege.[410]

Nach Ansicht von *Hoffmann* komme der Unterrichtung nach § 613a V BGB zwar auf der einen Seite ein selbstständiger, europarechtlich motivierter Konsultationszweck zu. Als deutsche Besonderheit habe die Unterrichtung im nationalen Recht „daneben" aber auf der anderen Seite auch den Zweck, den übergehenden Arbeitnehmern eine fundierte Widerspruchsentscheidung zu ermöglichen. Dieser Zweck komme im Rahmen der Auslegung der einzelnen Unterrichtungsgegenstände zum Tragen. Im Ergebnis spiele das Widerspruchsrecht für das „ob" der Unterrichtung keine Rolle, sei für das „wie", also die inhaltliche Ausgestaltung der Unterrichtungsgegenstände, aber von entscheidender Bedeutung.[411] Dass der Unterrichtungsinhalt aus Sicht der übergehenden Arbeitnehmer somit unter Umständen weiter ginge, als europarechtlich gefordert, sei nicht zu beanstanden. Die Betriebsübergangsrichtlinie schränke nämlich die Möglichkeit nicht ein, eine für die Arbeitnehmer günstigere Umsetzungsnorm zu erlassen.[412]

II. Gedankliche Trennung

1. *Zwei diametrale Ansätze*

Die Auffassung, das „ob" der Unterrichtungspflicht habe wegen des europarechtlichen Konsultationszwecks eine eigenständige Bedeutung, das Widerspruchsrecht bestimme aber den Inhalt und damit das „wie" der Unterrichtung, beinhaltet bei genauerer Betrachtung zwei gegensätzliche Sichtweisen.

---

409 So u.a. *Hoffmann*, Unterrichtungspflicht und Widerspruchsrecht, S. 44 f.; *Grau*, Unterrichtung und Widerspruchsrecht, S. 17 f.

410 *Grau*, Unterrichtung und Widerspruchsrecht, S. 18.

411 *Hoffmann*, Unterrichtungspflicht und Widerspruchsrecht, S. 46.

412 *Hoffmann*, Unterrichtungspflicht und Widerspruchsrecht, S. 45.

Grundsätzlich bestehen nämlich zwei Möglichkeiten, das Verhältnis zwischen Unterrichtungspflicht und Widerspruchsrecht beschreiben, welche sich diametral gegenüberstehen:

(1) Die Unterrichtungspflicht dient dazu, die Entscheidung über das Widerspruchsrecht auf einer informierten Basis möglich zu machen. Die Unterrichtung lässt sich also überhaupt erst mit dem im Mittelpunkt stehenden Widerspruch herleiten und begründen. Das Recht des Arbeitnehmers auf Information wäre damit ein das Widerspruchsrecht flankierender Hilfsanspruch. Diese Sichtweise wird als *„These von der ausreichenden Wissensgrundlage"* bezeichnet.[413]
(2) Die Unterrichtungspflicht ist ein eigenständiger Anspruch, dessen Auslegung europarechtlich determiniert ist. Auch sein Inhalt ist vor diesem Hintergrund nach dem der Unterrichtung durch die Betriebsübergangsrichtlinie zugewiesenen Konsultationszweck zu interpretieren. Nicht die Unterrichtung wäre daher im Lichte des Widerspruchsrechts, sondern vielmehr das Widerspruchsrecht nach den europarechtlichen Vorgaben zur Durchsetzung der Unterrichtungspflicht auszulegen.[414] In Anlehnung an die entgegengesetzte Ansicht könnte diese Herangehensweise die *These von der europarechtlichen Determination* genannt werden.

Die beiden Sichtweisen gehen von völlig unterschiedlichen Voraussetzungen aus, was sich insbesondere darin äußert, welches Rechtsinstitut in den Mittelpunkt gestellt wird: Während die *These von der ausreichenden Wissensgrundlage* das Widerspruchsrecht als Grundlage nimmt und die Unterrichtungspflicht daraus ableitet, bezieht sich die *These von der europarechtlichen Determination* auf die Eigenständigkeit der Unterrichtungspflicht und interpretiert diese unabhängig vom Widerspruchsrecht. Die Notwendigkeit einer Abgrenzung wird insbesondere auch bei der Unterscheidung zwischen bloßer Obliegenheit und echter Rechtspflicht deutlich.[415] Während bei der richterrechtlich aus dem Widerspruchsrecht hergeleiteten Unterrichtungspflicht noch von einer Obliegenheit ausgegangen wurde, bleibt ohne eine entsprechende Verknüpfung (beispielsweise im Rahmen der Betriebsübergangsrichtlinie) für diese rechtliche Einordnung kein Raum mehr.[416] Es kann sich dann nur um eine echte Rechtspflicht

413 So formuliert es *Sagan*, ZIP 2011, 1641 (1644).
414 So vertreten von *Sagan*, ZIP 2011, 1641 (insb. 1647, 1650).
415 Zur Einordnung des § 613a V BGB vgl. § 9 A. II.
416 *Franzen*, RdA 2002, 258 (263).

handeln. Umgekehrt kann daraus geschlossen werden, dass die Annahme einer echten Rechtspflicht dagegenspricht, die Unterrichtungspflicht aus dem Widerspruchsrecht abzuleiten und dementsprechend auszulegen.

Elemente beider Ansätze zusammenzuführen und beispielsweise zwar das eigenständige Entstehen der Unterrichtungspflicht im Einklang mit der Betriebsübergangsrichtlinie anzunehmen, den Unterrichtungsinhalt aber nach den Anforderungen an eine ausreichende Wissensgrundlage für das Widerspruchsrecht auszulegen, wäre somit nicht konsistent.

2. *Die Rolle des Widerspruchsrechts in der These von der europarechtlichen Determination*

Aus dem Zusammenspiel des Art. 288 III AEUV mit Art. 4 III EUV folgt, dass Mitgliedstaaten zur Erfüllung des Gebots einer effektiven Umsetzung von europarechtlichen Richtlinien („*effet utile*") berechtigt sind, Sanktionen für Unionsrechtsverstöße einzuführen, die den Sanktionen bei vergleichbaren Verstößen gegen nationales Recht entsprechen und wirksam, verhältnismäßig sowie abschreckend sein müssen.[417] Da die Betriebsübergangsrichtlinie keine Vorgaben für Sanktionen eines Verstoßes gegen die Unterrichtungspflicht nach Art. 7 VI RL 2001/23/EG enthält, fällt die Ausgestaltung der entsprechenden Rechtsfolgen in die Zuständigkeit der Mitgliedstaaten.[418] Zwar haben sie dabei einen Ermessensspielraum, allerdings müssen insbesondere zwei Grundprinzipien beachtet werden.[419] Diese können wie folgt umrissen werden:

(1) Nach dem *Äquivalenzgebot* müssen Verstöße gegen die europarechtliche Unterrichtungspflicht nach Regeln geahndet werden, die denjenigen entsprechen, welche für nach Art und Schwere gleichartige Verstöße gegen nationales Recht gelten.
(2) Nach dem *Effektivitätsgebot* muss die Sanktion außerdem wirksam, verhältnismäßig und abschreckend sein.

---

417 Calliess/Ruffert/*Ruffert*, Art. 288 AEUV Rn. 26, 30; vgl. auch EuGH, Urt. v. 18.10.2001 – C-354/99 = BeckRS 2004, 76683 (Rz. 46).

418 *Sagan*, ZIP 2011, 1641 (1645); a.A. *v. Roetteken*, NZA 2001, 414 (419), der in seiner Untersuchung zur ursprünglichen RL 77/187/EWG, welche mit der RL 98/50/EG ohne sachliche Änderungen zu der hier behandelten RL 2001/23/EG zusammengefasst wurde, die Ansicht vertritt, die Richtlinie selbst nehme die Rspr. des EuGH zur innerstaatlichen Sanktionsregelung auf.

419 Zur Äquivalenz und Effektivität detailliert EuGH, Urt. v. 8.7.2010 – C-246/09 = NZA 2010, 869 (Rz. 24 ff.); dazu auch *Sagan*, ZIP 2011, 1641 (1644 f.).

Um der innerstaatlichen Sanktionspflicht für Verstöße gegen die Unterrichtungspflicht nachzukommen, kommen grundsätzlich verschiedene Möglichkeiten in Betracht.

a) Rechtliche Bindung

Zwar wäre es denkbar, den Verstoß gegen die Unterrichtungsplicht dadurch zu sanktionieren, dass der Arbeitgeber an den Inhalt seiner unrichtigen Erklärung gebunden werden könnte. Dagegen spricht aber bereits, dass die Information im Regelfall nur die Mitteilung eines Wissensstands im Zeitpunkt der Erklärung und damit keine Willenserklärung ist. Eine vertragliche Vereinbarung der in Aussicht gestellten und möglicherweise günstigeren Konditionen würde aber eine Willenserklärung voraussetzen und liegt daher regelmäßig fern.[420] Insbesondere in Fällen, in denen allein der Veräußerer die betroffenen Arbeitnehmer über den Betriebsübergang unterrichtet, kann nicht davon ausgegangen werden, dieser wolle für seine Erklärung über die beim Erwerber geltenden Arbeitsbedingungen einstehen wollen. Mangels Vertretungsmacht wird seine Erklärung auch gegenüber dem Erwerber in aller Regel keine rechtliche Bindung entfalten.[421]

b) Schadensersatz

Da es sich bei der Unterrichtungspflicht um eine echte Rechtspflicht handelt, kann eine Verletzung derselben durch den Arbeitgeber zu Schadensersatzansprüchen des Arbeitnehmers nach § 280 BGB und damit zu einer Sanktionierung auf der Sekundärebene führen.[422] Ein Vorteil des Schadensersatzrechts ist es, dass es im Vergleich zum Gestaltungsrecht nicht auf eine Alles-oder-Nichts-Entscheidung hinausläuft, sondern über den Schutzzweck den Arbeitnehmer vor genau denjenigen Nachteilen bewahren könnte, die § 613a BGB vermeiden will.[423]

aa) Keine Naturalrestitution

Grundsätzlich kann ein Ausgleich durch finanzielle Kompensation aber nur dann erfolgen, wenn die Herstellung des Zustandes, der ohne das schädigende Ereignis bestehen würde (sogenannte *Naturalrestitution*), nicht möglich oder

---

420 *Klocke*, RdA 2017, 311 (313).

421 *Sagan*, ZIP 2011, 1641 (1645).

422 *Sagan*, ZIP 2011, 1641 (1645); *Rieble*, NZA 2004, 1 (8); *Willemsen/Lembke*, NJW 2002, 1159 (1164).

423 *Rieble*, NZA 2004, 1 (8 f.).

ausreichend ist (§ 249 BGB).[424] Demnach müsste aus einem Verstoß gegen die Unterrichtungspflicht grundsätzlich folgen, dass der Arbeitnehmer die Eingehung eines Arbeitsverhältnisses von demjenigen verlangen kann, gegen den sich der Schadensersatzanspruch richtet, also entweder vom Veräußerer oder vom Erwerber.[425] Hat der Arbeitnehmer sein Widerspruchsrecht demnach aufgrund der Fehlinformation nicht ausgeübt, so könnte man daraus schließen, er könne vom Veräußerer als seinem bisherigen Arbeitgeber Naturalrestitution insoweit verlangen, als dass dieser erneut ein Arbeitsverhältnis mit ihm eingehen muss. Dagegen spricht allerdings das Widerspruchsrecht, dessen Ausübungsfrist durch den Fehler nicht angelaufen ist. Entweder, der betroffene Arbeitnehmer kann die Fortsetzung des Arbeitsverhältnisses noch immer durch Ausübung des Widerspruchsrechts erreichen, oder aber selbiges ist bereits verwirkt. Im ersten Fall schließt bereits das zur Verfügung stehende Gestaltungsrecht den Sekundäranspruch des Schadensersatzes in Form der Naturalrestitution aus.[426] Im letzteren Fall würde die Naturalrestitution mit dem in § 613a VI BGB angelegten Ziel der Rechtssicherheit in Widerspruch stehen. Der Arbeitnehmer soll den gesetzlichen Übergang seines Arbeitsverhältnisses durch den Widerspruch verhindern können, wobei die Verwirkung dieses Rechts eine Begrenzung zu Gunsten des Vertrauensschutzes darstellt.[427] Ließe man also die Naturalrestitution auch nach der Verwirkung des Widerspruchsrechts zu, würde sich die Entscheidungsfrist des Arbeitnehmers ab Kenntnis des Informationsmangels um die regelmäßige Verjährungsfrist des § 195 BGB verlängern und damit den in der Verwirkung angelegten Vertrauensschutz konterkarieren.[428]

Im umgekehrten Fall, wenn also der Arbeitnehmer den Widerspruch nur aufgrund der Fehlinformation ausgeübt hat, könnte die Naturalrestitution den Erwerber dazu verpflichten, ein Arbeitsverhältnis mit dem betreffenden Arbeitnehmer einzugehen. Der Zwang zum Abschluss eines Arbeitsvertrags als Naturalrestitution bewirkt nach zutreffender Ansicht aber einen unzulässigen Eingriff in die Vertragsautonomie des übernehmenden Rechtsträgers.[429] Wenn darauf abgestellt wird, es handele sich lediglich um das Wiederauflebenlassen eines

---

424 MüKo BGB/*Oetker*, § 249 BGB Rn. 320; zum Vorrang der Naturalrestitution auch BGH, Urt. v. 25.10.1996 - V ZR 158/95 =NJW 1997, 520 (521).

425 *Lunk*, RdA 2009, 48 (51).

426 *Lunk*, RdA 2009, 48 (51); i.E. auch *Grau*, RdA 2005, 367 (374).

427 Zur Verwirkung vgl. § 13 A.

428 So *Lunk*, RdA 2009, 48 (52).

429 So *Gaul*/Otto, DB 2002, 634 (639); dagegen u.a. *Grau*, RdA 2005, 367 (374 f.).

Arbeitsverhältnisses, das bereits Bestand hatte und sodann durch den rückabzuwickelnden Widerspruch unterbrochen wurde, so ist dem nicht zuzustimmen.[430] Die Ausübung des Widerspruchs *beseitigt* den Übergang des Arbeitsverhältnisses rückwirkend, dieses hatte rein formal im Verhältnis zum Erwerber nie Bestand.[431] Daran ändert auch die Annahme eines fehlerhaften Arbeitsverhältnisses nichts, da dieses zuvorderst nachteilige Folgen für den Arbeitnehmer bei der Rückabwicklung verhindern soll und damit auch nicht dadurch wiederaufleben könnte, dass der Erwerber im Rahmen der Naturalrestitution einen Arbeitsvertrag mit dem betroffenen Arbeitnehmer abschließen muss.[432] Bei der Naturalrestitution wird demgegenüber nicht das Widerspruchsrecht in dem Maße rückwirkend beseitigt, wie selbiges den Übergang des Arbeitsverhältnisses beseitigt. Vielmehr ist der Zustand herzustellen, der ohne das schädigende Ereignis bestehen würde. Somit wäre der Erwerber gezwungen, ein nie da gewesenes Arbeitsverhältnis zu begründen. Dies ist etwas völlig anderes, als ein lediglich unterbrochenes Arbeitsverhältnis wiederaufleben zu lassen.[433]

bb) Ersatz des Vertrauensschadens keine ausreichende Sanktion

Somit kann die Sanktion von Unterrichtungsfehlern durch das Instrument des Schadensersatzes nur über den sekundären Ausgleich in Geld erfolgen. Dies kommt beispielsweise dann in Betracht, wenn die beteiligten Arbeitgeber den Arbeitnehmer darüber unterrichten, dass sich die Arbeitsbedingungen nicht ändern, tatsächlich aber etwa Gratifikationen beim Erwerber wegen einer die alte Betriebsvereinbarung ablösenden Kollektivvereinbarung entfallen (§ 613a I 3 BGB).[434]

Dabei stellt sich allerdings schon die Frage, ob überhaupt ein Schaden vorliegt. Man könnte diesen deshalb anzweifeln, weil der Arbeitnehmer sein Widerspruchsrecht ausüben und damit den Schadenseintritt verhindern könnte. Damit könnte ihn ein Mitverschulden nach § 254 II 1 BGB treffen, wenn nämlich die Nichtausübung des Widerspruchsrechts als unterlassene Abwendung des Schadens zu werten wäre. Dieser Einwand überzeugt nicht. Wie *Sagan* zutreffend festgestellt hat, wird ein Vertragspartnerwechsel nicht von der Obliegenheit des

430 So *Grau*, RdA 2005, 367 (375).

431 Vgl. § 6 C. I. 1.

432 Zum fehlerhaften oder auch faktischen Arbeitsverhältnis vgl. schon § 6 C. I. 1. b.

433 So formuliert es *Preis*, Prinzipien des Kündigungsrechts, S. 352; zum umgekehrten Ergebnis kommt *Grau*, RdA 2005, 367 (375).

434 Dieses Beispiels bedienen sich *Willemsen/Lembke*, NJW 2002, 1159 (1164).

Beschädigten, den Schaden abzuwenden oder zu mindern, erfasst.[435] Gegen einen Schadenseintritt wird auch angeführt, dass der Arbeitnehmer bei zutreffender Unterrichtung zwar die Möglichkeit gehabt hätte, den für ihn nachteiligen Arbeitsbedingungen durch Widerspruch auszuweichen, er infolgedessen dann aber möglicherweise beim Veräußerer betriebsbedingt gekündigt worden und damit nicht bessergestellt gewesen wäre.[436] Dies lasse die Entstehung eines ersatzfähigen Schadens durchaus fraglich erscheinen. Als pauschales Argument gegen eine Lösung über den Schadensersatz kann dies aber auch nicht angeführt werden. Oftmals hat der widersprechende Arbeitnehmer nämlich noch die Möglichkeit, sein Beschäftigungsverhältnis beim Veräußerer fortzusetzen.[437]

Allerdings kann der Arbeitnehmer nur Schäden geltend machen, die allein auf seinem Vertrauen in die Richtigkeit der Unterrichtung beruhen.[438] Ausgeschlossen sind damit Schäden, die aus dem unterlassenen Widerspruch resultieren. Durch Ausübung des Widerspruchs hätte der Arbeitnehmer genau den Effekt herbeiführen können, den er sonst mit dem Schadensersatzanspruch begründet.[439] Die Geltendmachung dieser Schäden bei gleichzeitiger Nichtausübung des Widerspruchsrechts wäre daher rechtsmissbräuchlich. Ist der Widerspruch bereits verwirkt, ist dies im Rahmen des Mitverschuldens nach § 254 II 1 BGB zu berücksichtigen, was einen Ersatz der Schäden, die aus dem unterlassenen Widerspruch resultieren, ebenfalls verhindert.[440]

Ein derart beschränkter Schadensersatzanspruch kann im Ergebnis zu keiner hinreichend effektiven und abschreckenden Sanktionierung von Unterrichtungsfehlern führen. Insbesondere, da keine Naturalrestitution, sondern nur Ersatz von Vermögensschäden in Form des Vertrauensschadens geltend gemacht werden kann, wäre die Durchsetzung der europarechtlich gebotenen Unterrichtungspflicht nicht in ausreichendem Maße sichergestellt.[441]

---

435 *Sagan*, ZIP 2011, 1641 (1646).

436 *Willemsen/Lembke*, NJW 2002, 1159 (1164).

437 Insbesondere nachdem von der Durchführung einer Sozialauswahl auszugehen ist, vgl. § 16 B.

438 *Sagan*, ZIP 2011, 1641 (1646); EK/*Preis*, § 613a BGB Rn. 94.

439 BAG, Urt. v. 20.3.2008 – 8 AZR 1022/06 = NZA 2008, 1297 (Rz. 54).

440 Dazu *Sagan*, ZIP 2011, 1641 (1646).

441 I.E. auch *Sagan*, ZIP 2011, 1641 (1646).

c) *Widerspruchsrecht*

Als hinreichend effektive Sanktion für Unterrichtungsfehler könnte demnach das Widerspruchsrecht selbst gelten. Die Kopplung der Widerspruchsfrist an die ordnungsgemäße Unterrichtung führt dazu, dass Arbeitnehmer im Falle von Unterrichtungsfehlern ihr Widerspruchsrecht theoretisch bis zur Grenze der Verwirkung ausüben können. Das stellt insbesondere wegen der Rückwirkung des Widerspruchs auf den möglicherweise sehr weit in der Vergangenheit liegenden Zeitpunkt des Betriebsübergangs eine einschneidende Rechtsfolge dar.[442]

Diese ist auch geeignet, Unternehmen dazu zu veranlassen, ihren Unterrichtungspflichten nachzukommen, da sie sich anderenfalls einer gravierenden Rechtsunsicherheit hinsichtlich der Personalplanung, potenziell hohen Kosten durch unbesetzte Stellen und damit einhergehend einem nicht zu vernachlässigenden Verwaltungsaufwand gegenüber sehen. Auch der Gesetzgeber erkennt an, dass Unternehmen ein großes Interesse an baldiger Klarheit darüber haben, welche Arbeitnehmer übergehen und ob Neueinstellungen vorzunehmen sind.[443] Indem er den Beginn der Widerspruchsfrist mit der Unterrichtung verknüpft hat, hat der Gesetzgeber also einen Sanktionsmechanismus geschaffen, der auf die Erfüllung als solche und gleichzeitig auf die ordnungsgemäße Erfüllung hinwirkt. Dies kann durchaus als „scharfes Schwert" zur Durchsetzung der Unterrichtungspflicht bezeichnet werden, welches eine ausreichend effektive und abschreckende Sanktion darstellt.[444]

Auch das BAG erkennt die Funktion des Widerspruchsrechts, Unterrichtungsfehler zu sanktionieren, in jüngeren Urteilen an, vertritt dabei gleichzeitig aber trotzdem weiterhin die *These von der ausreichenden Wissensgrundlage.* Explizit bestätigt der 8. Senat unter Verweis auf die Auffassung von *Sagan*, dass das Widerspruchsrecht den Arbeitnehmern nicht unbegrenzt, sondern nur so lange erhalten bleiben müsse, wie es für eine effektive und verhältnismäßige Sanktionierung des Unterrichtungsfehlers geboten sei.[445]

---

442 *Sagan*, ZIP 2011, 1641 (1646).

443 BT-Dr. 14/7760, S. 19.

444 *Sagan*, ZIP 2011, 1641 (1646); i.E. auch *Riesenhuber*, RdA 2004, 340 (350), der aus dem Sanktionscharakter des Widerspruchsrechts aber gleichzeitig schließt, die Unterrichtungspflicht habe lediglich den Charakter einer Obliegenheit. Diese Schlussfolgerung ist aus den in § 9 A. II. genannten Gründen abzulehnen.

445 BAG, Urt. v. 7.10.2013 – 8 AZR 974/12 = NJW 2014, 2461 (Rz. 25).

3. *Zwischenergebnis*

Aus den beiden gegensätzlichen Sichtweisen auf den Zusammenhang zwischen Unterrichtungspflicht und Widerspruchsrecht ergibt sich für den Telos nach alledem folgendes: Entweder die Unterrichtungspflicht soll die Vorgaben der europarechtlichen Betriebsübergangsrichtlinie umsetzen, dann kann sie aber konsequenterweise auch nicht den Zweck haben, eine Entscheidung über das Widerspruchsrecht vorzubereiten. Wie bereits ausgeführt, kennt die Richtlinie ein Widerspruchsrecht nicht. Oder aber die Gesetzesnovellierung war vordergründig nicht als Umsetzungsnorm europarechtlicher Vorgaben in nationales Recht gedacht, sondern diente der Kodifizierung des zuvor richterrechtlich geregelten Widerspruchsrechts unter gleichzeitiger Übernahme des Zusammenspiels mit der Unterrichtungsobliegenheit.[446]

Zum einen zwar zuzugeben, dass sich die Unterrichtung durch die Einführung des § 613a V BGB von einer bloßen Obliegenheit zu einer selbstständigen Rechtspflicht gewandelt hat und ihr dabei ein eigenständiger Bedeutungsgehalt zugewiesen wurde, gleichzeitig aber den ursprünglichen Obliegenheitscharakter hinsichtlich des Unterrichtungsinhalts in einen das Widerspruchsrecht flankierenden Hilfsanspruch zu übersetzen, ist jedenfalls nicht überzeugend.

III. Untersuchung der Gesetzesbegründung

Die quasi-richtlinienkonforme Auslegung anhand des europäischen Zwecks der Richtlinie ist nicht etwa ein europarechtliches Gebot, sondern Ergebnis einer nationalrechtlichen Auslegung der Umsetzungsnorm. Sie findet daher nach den allgemeinen Regeln dort ihre Grenzen, wo sie den Rahmen zulässiger Ausübung sprengt. Kernfrage ist in dem Zusammenhang, ob eine Auslegung der Unterrichtungspflicht nur anhand der Betriebsübergangsrichtlinie noch mit dem gesetzgeberischen Willen zu vereinbaren ist, da die Auslegung anhand des europäischen Zwecks, wie soeben festgestellt, die *These von der ausreichenden Wissensgrundlage* ausschließt.[447] Zur Ermittlung des gesetzgeberischen Willens sind insbesondere die Gesetzesmaterialien zu untersuchen.

---

446 Vgl. zum Verhältnis vor der Normierung § 8 A.

447 Vgl. zur Bedeutung des historischen Willens des Gesetzgebers als Grenze der zulässigen Auslegung § 18 C.

1. Bedeutung der Betriebsübergangsrichtlinie

Bereits im ersten Satz der Gesetzesbegründung des Bundestages zum Gesetzentwurf der Bundesregierung wird auf den europarechtlichen Bezug und damit auf den Charakter des § 613a V BGB als nationalrechtliche Umsetzungsnorm verwiesen:

> *„Die Regelung im neuen § 613a Abs. 5 des Bürgerlichen Gesetzbuchs dient der Umsetzung von Art. 7 Abs. 6 der Richtlinie 2001/23/EG (…).“*[448]

Die Bezugnahme ganz zu Beginn der Gesetzesbegründung verdeutlicht die Bedeutung der EU-Richtlinie für die Auslegung des Zwecks der Unterrichtungspflicht.

Sodann wird klargestellt, dass die Unterrichtung im Rahmen des Betriebsübergangs dem deutschen Recht nicht fremd ist, sondern eine dahingehende richterrechtliche Obliegenheit bereits bisher aus dem Widerspruchsrecht hergeleitet wurde:

> *„Nach der Rechtsprechung des Bundesarbeitsgerichts obliegt es dem Arbeitgeber bereits nach geltendem Recht, die Arbeitnehmer über einen bevorstehenden Betriebsübergang zu unterrichten. Dieses rechtliche Gebot wird aus dem Recht des Arbeitnehmers abgeleitet, einem Betriebsübergang zu widersprechen (…).“*[449]

Deutlich herausgestellt wird damit die Rolle der Unterrichtung, wenn sie nur als Obliegenheit ausgestaltet wird, wie es bis zur Kodifizierung nach der Rechtsprechung des BAG der Fall war. Dann lässt sie sich überhaupt erst aus dem Widerspruchsrecht ableiten. Diese Bezugnahme in der Gesetzesbegründung lässt aber noch keinen Schluss auf die Auslegung des § 613a V BGB zu, sondern dient eher der gedanklichen Einordnung einer neuen Rechtsnorm in eine bereits bestehende Rechtsanwendung im nationalen Recht.

Insgesamt kann also eine deutliche Betonung auf den europarechtlichen Bezug und die Verbindung zur Betriebsübergangsrichtlinie in der Gesetzesbegründung festgestellt werden.

2. Notwendigkeit der unmittelbaren Unterrichtung

Die weiteren Ausführungen nehmen allerdings einen weiteren Aspekt in den Fokus, der zunächst keinen Bezug mehr zur Betriebsübergangsrichtlinie hat:

> *„Ein Betriebsinhaberwechsel kann für den einzelnen Arbeitnehmer mit wesentlichen Änderungen der Arbeitsbedingungen und der beruflichen Entwicklungsmöglichkeiten*

---

448 BT-Dr. 14/7760, S. 19.
449 BT-Dr. 14/7760, S. 19.

> *verbunden sein, die ihn gegebenenfalls veranlassen, dem Übergang des Arbeitsverhältnisses auf einen anderen Arbeitgeber zu widersprechen. Es ist deshalb geboten, dass alle Arbeitnehmer über den Übergang und die für sie eintretenden Folgen unmittelbar durch die beteiligten Arbeitgeber unterrichtet werden.“*[450]

Dass Änderungen im Rahmen des Betriebsübergangs den Arbeitnehmer zur Ausübung seines Widerspruchsrechts veranlassen können und es *„deshalb“* geboten sei, alle Arbeitnehmer zu unterrichten, liest sich auf den ersten Blick durchaus so, als diene die Unterrichtung dem Widerspruchsrecht. Die Formulierung könnte darauf schließen lassen, dass die Unterrichtung die wesentlichen Änderungen für den Arbeitnehmer aufzeigen soll, um ihm eine Entscheidung darüber zu ermöglichen, ob diese ausreichen, ihn zur Ausübung des Widerspruchs zu veranlassen. Verdeutlicht man sich allerdings den Kontext der Aussage, wird diese Schlussfolgerung relativiert. Der Textabschnitt wird eingeleitet durch die Klarstellung:

> *„Die Unterrichtungspflicht des Arbeitgebers (...) soll unabhängig von der Betriebsgröße und auch dann bestehen, wenn die Arbeitnehmervertretung über den Übergang zu informieren ist.“*[451]

Vor diesem Hintergrund stellt sich die eingangs zitierte Aussage eher so dar, als wolle der Gesetzgeber begründen, weshalb er sich für eine individuelle Unterrichtungspflicht entschieden hat. Demnach kann der Betriebsübergang für die beteiligten Arbeitnehmer umfassende Änderungen der Arbeitsbedingungen zur Folge haben, die ihn letztlich, aber nicht zwangsläufig, zur Ausübung des Widerspruchsrechts veranlassen könnten. Deshalb sei es wichtig, *„alle“* Arbeitnehmer *„unmittelbar“* vom Arbeitgeber unterrichten zu lassen. Die Kausalität besteht also nicht zwischen möglichem Widerspruch und einer deshalb notwendigen Unterrichtung, sondern zwischen den gravierenden Änderungen und der Entscheidung des Gesetzgebers, den Arbeitnehmer unmittelbar unterrichten zu lassen.[452] Dies verdeutlicht auch die direkt darauf folgende Aussage des Gesetzgebers:

> *„Dabei ist zu berücksichtigen, dass der Betriebsrat nur unter engen Voraussetzungen über einen Betriebsübergang zu informieren ist. Nach geltendem Recht (§ 111 Betriebsverfassungsgesetz) ist der Betriebsrat über einen Betriebsübergang nur (...) dann zu unterrichten, wenn der Betriebsübergang zugleich eine Betriebsänderung ist, die wesentliche Nachteile für die Belegschaft (...) zur Folge haben kann.“*[453]

---

450 BT-Dr. 14/7760, S. 19.
451 BT-Dr. 14/7760, S. 19.
452 I.E. auch *Sagan*, ZIP 2011, 1641 (1644).
453 BT-Dr. 14/7760, S. 19.

Demnach hat es der Gesetzgeber ohne Änderung des BetrVG für unzureichend erachtet, die Unterrichtungspflicht nur gegenüber dem Betriebsrat festzulegen. Zum Teil wird allerdings die Entscheidung des Gesetzgebers, eine Information aller Arbeitnehmer unabhängig vom Bestehen eines Betriebsrats vorzuschreiben, als Argument dafür genommen, dass die Unterrichtung zur Basis für die Widerspruchsentscheidung des Arbeitnehmers gemacht werde. Ansonsten würde bei identischer Interessenlage ein sachwidriges Informationsgefälle unter den widerspruchsberechtigten Beschäftigten geschaffen werden.[454]

Dem ist nicht zuzustimmen. Wie bereits ausgeführt, hätte die Übernahme des europarechtlichen Grundmodells ohne gleichzeitige Anpassung der betrieblichen Mitbestimmung zu erheblichen Friktionen und sachwidrigen Ergebnissen geführt.[455] Indem der Gesetzgeber die individuelle Unterrichtung auf alle Fälle des Betriebsübergangs erstreckt hat, wollte er demnach nicht den Unterrichtungsinhalt gegenüber der Betriebsübergangsrichtlinie ändern, sondern die Gleichbehandlung der Arbeitnehmer sicherstellen.[456]

3. *Inhalt der Unterrichtungspflicht*

In Bezug auf den notwendigen Inhalt einer ordnungsgemäßen Unterrichtung fasst sich der Gesetzgeber daher auch kurz und führt an:

> *„Der Inhalt der Unterrichtungspflicht wird übereinstimmend mit Artikel 7 Abs. 6 der Richtlinie 2001/23/EG geregelt.“*[457]

Hier bezieht sich die Begründung ausschließlich auf die Betriebsübergangsrichtlinie. Dies stellt ein starkes Indiz gegen die *These von der ausreichenden Wissensgrundlage* dar. Der Inhalt hätte in der Gesetzesbegründung ansonsten auch dahingehend spezifiziert werden können, dass er dem Arbeitnehmer eine fundierte Informationsbasis bieten solle, die ihm die Entscheidung für oder gegen den Widerspruch ermöglicht. Dass der Inhalt in Übereinstimmung mit der Betriebsübergangsrichtlinie *„geregelt“* wird, lässt dabei deutlich mehr Spielraum, als wenn der Gesetzgeber diesen beispielsweise nur *„übernommen“* hätte.[458] Mit

---

454 *Grau*, Unterrichtung und Widerspruchsrecht, S. 18.

455 Vgl. § 9 B. II.

456 *Sagan*, ZIP 2011, 1641 (1644).

457 BT-Dr. 14/7760, S. 19.

458 Etwas zu „regeln“ bedeutet nach dem Duden, es nach bestimmten Regeln oder Gesichtspunkten zu gestalten und lässt sich damit umfassend verstehen, vgl. *https://www.duden.de/rechtschreibung/regeln* (Abrufdatum: 11.1.2020).

eingeschlossen sein kann hier durchaus der gesamte Regelungskomplex inklusive des Telos, nicht nur der Wortlaut des Inhalts. Indem sich der Gesetzgeber nur auf den Inhalt des Art. 7 VI RL 2001/23/EG bezieht, klammert er letztlich gleichzeitig das Widerspruchsrecht aus, da es ein solches nach der Betriebsübergangsrichtlinie schlicht nicht gibt.

4. *Widerspruchsrecht als Sanktion*

Während die Bezugnahme ausschließlich auf die Richtlinie im Rahmen des Unterrichtungsinhalts auf der einen Seite gegen die *These von der ausreichenden Wissensgrundlage* spricht, finden sich in der Gesetzesbegründung auf der anderen Seite Hinweise darauf, dass der Gesetzgeber die Verknüpfung der Widerspruchsfrist mit Unterrichtungsfehlern als Sanktion für Verstöße gegen die Unterrichtungspflicht erachtet.

> *„Es liegt auch im Interesse der beteiligten Arbeitgeber, wenn die Arbeitnehmer aus erster Hand, rechtzeitig und vollständig unterrichtet werden, da die Frist für die Erklärung des Widerspruchs (…) erst nach vollständiger Unterrichtung zu laufen beginnt (neuer § 613a Abs. 6 BGB).“*[459]

Da es sich nach ganz überwiegender Auffassung bei der Unterrichtung sowohl nach der Betriebsübergangsrichtlinie als auch nach dem nationalen Umsetzungsgesetz um eine echte Rechtspflicht und nicht um eine bloße Obliegenheit handelt, ist der Hinweis auf das Interesse der Arbeitgeber an der ordnungsgemäßen Unterrichtung nicht etwa als Aussprache für einen Obliegenheitscharakter zu deuten. Vielmehr umreißt der Gesetzgeber hier das Zusammenspiel zwischen Unterrichtungsfehlern und Widerspruchsrecht dahingehend, dass die Kopplung des Beginns der Widerspruchsfrist an die Unterrichtung eine Sanktion darstelle, deren Vermeidung *„im Interesse“* der beteiligten Arbeitgeber stehe.

5. *Kodifizierung des Widerspruchsrechts*

Die Kodifizierung des Widerspruchsrechts als solches in § 613a VI BGB behandelt der Gesetzgeber ebenfalls. Dazu führt er aus:

> *„Das Widerspruchsrecht des Arbeitnehmers ist vom Bundesarbeitsgericht in ständiger Rechtsprechung (…) anerkannt. Das Widerspruchsrecht ergibt sich vor allem daraus, dass es mit der Würde des Menschen, dem Recht auf freie Entfaltung der Persönlichkeit und dem Recht auf freie Arbeitsplatzwahl (Art. 1, 2 und 12 des Grundgesetzes) unvereinbar wäre, wenn ein Arbeitnehmer verpflichtet würde, für einen Arbeitgeber zu arbeiten, den er*

---

459 BT-Dr. 14/7760, S. 19.

> *nicht frei gewählt hat (...). Die ausdrückliche gesetzliche Regelung des Widerspruchsrechts ist im Interesse von Rechtsklarheit und Rechtssicherheit geboten.“*[460]

Hier wird deutlich, dass das verfassungsrechtlich gebotene Widerspruchsrecht in seiner Funktion als Instrument zur Wahrung der negativen Vertragsfreiheit des Arbeitnehmers von der Charakterisierung als Sanktion für Unterrichtungsfehler zu trennen ist.[461] Die Sanktion wird erreicht durch Kopplung des Beginns der Widerspruchsfrist an die ordnungsgemäße Unterrichtung. Als solches entspringt das Widerspruchsrecht deutschem Verfassungsrecht, hat in dem Zusammenhang entgegen der verbreiteten Auffassung aber keine zwingende Unterrichtung zur Folge.

6. *Wechselseitiger Bezug*

Schlussendlich beschreibt der Gesetzgeber das Verhältnis zwischen der Informationspflicht und dem Widerspruchsrecht als sich wechselseitig beeinflussend:

> *„Da die Informationspflicht des Arbeitgebers gegenüber den Arbeitnehmern und das Widerspruchsrecht des Arbeitnehmers in wechselseitigem Bezug stehen, ist eine zusammenhängende Regelung erforderlich.“*[462]

Zum einen könnte man davon ausgehen, *„wechselseitig“* würde bedeuten, dass nicht nur der Widerspruch von der Unterrichtung, sondern auch die Unterrichtung vom Widerspruch beeinflusst werde.[463] Das System der Wechselbezüglichkeit werde durch die Koppelung der Widerspruchsfrist an den Zugang der Unterrichtung nach § 613a V BGB verdeutlicht. Der Regierungsentwurf verweise darauf, dass eine Betriebsveräußerung für die betroffenen Arbeitnehmer mit wesentlichen Änderungen der Arbeitsbedingungen und der beruflichen Entwicklungsmöglichkeiten verbunden sein könne, die eine Ausübung des Widerspruchsrechts gegebenenfalls als im Interesse der Beschäftigten sinnvoll erscheinen lasse. Daraus ließe sich wiederum schließen, dass die gesetzlich vorgeschriebenen Informationen auf den Motivbereich bei der Willensbildung über den Widerspruch abzielen.[464]

---

460 BT-Dr. 14/7760, S. 20.

461 Gleichzeitig bestätigt die Gesetzesbegründung also das hier vertretene Ergebnis eines verfassungsrechtlich gebotenen Widerspruchsrechts, vgl. dazu § 6 C. III.

462 BT-Dr. 14/7760, S. 20.

463 *Hoffmann*, Unterrichtungspflicht und Widerspruchsrecht, S. 46, 68.

464 Diese Argumentationsstruktur verfolgt beispielsweise *Grau*, Unterrichtung und Widerspruchsrecht, S. 18.

Zwar lässt sich die Formulierung in der Gesetzesbegründung für sich genommen so interpretieren. Dem daraus folgenden Ergebnis ist allerdings nicht zuzustimmen. Dies wird insbesondere deutlich, wenn man sich vor Augen führt, warum der Gesetzgeber die Unterrichtung in Textform verlangt:

> *„Im Unterschied zu einer lediglich mündlichen Unterrichtung, z.B. in einer Betriebsversammlung, hat der Arbeitnehmer bei der Unterrichtung in Textform die Möglichkeit, die für ihn neuen und nicht sofort überschaubaren Informationen nachzulesen, sich weitergehend zu erkundigen und gegebenenfalls beraten zu lassen und auf dieser Grundlage zu entscheiden, ob er dem Übergang des Arbeitsverhältnisses widersprechen will.“*[465]

Die Unterrichtung stellt an sich also nicht die Informationsgrundlage für die Entscheidung des Arbeitnehmers über sein Widerspruchsrecht dar. Der Gesetzgeber verlangt die Schriftform, damit sich der Arbeitnehmer *„weitergehend erkundigen und gegebenenfalls beraten“* lassen kann. Auf Grundlage dieser weiteren Recherche soll der Arbeitnehmer sodann entscheiden. Die Unterrichtung als solche dient damit nicht als Entscheidungsgrundlage für die Ausübung des Widerspruchsrechts.[466] Der *„wechselseitige Bezug“*, von dem in der Gesetzesbegründung die Rede ist, beschreibt daher eine Wirkung, die der Unterrichtung faktisch und sozusagen „als Nebenprodukt“ zukommt.[467] Sie wird automatisch Grundlage dafür, dass sich der Arbeitnehmer durch weitere Recherche eine eigene Informationsbasis aufbauen kann, die wiederum eine Entscheidung über das Widerspruchsrecht ermöglichen soll.

7. Stellungnahme

Insgesamt kann dem Gesetzgeber vor diesem Hintergrund eine gewisse Ungenauigkeit in Bezug auf die Frage vorgeworfen werden, ob die Unterrichtung dem Widerspruchsrecht, oder umgekehrt das Widerspruchsrecht der Sanktionierung von Unterrichtungsfehlern dienen soll. Diese Problematik wird nicht explizit behandelt und daher auch nicht klar und abschließend beantwortet. In der Gesamtschau sprechen die einzelnen Elemente der Gesetzesbegründung aber gegen die *These von der ausreichenden Wissensgrundlage.* Zwar lassen sich einzelne Aussagen so verstehen, die Unterrichtung solle eine ausreichende

---

465 BT-Dr. 14/7760, S. 19.

466 In Ansätzen auch *Moll/Katerndahl*, RdA 2017, 324 (330), die allerdings zum Schluss kommen, die Wissensgrundlage für die Widerspruchsentscheidung bestehe nach dem deutlich artikulierten Willen des Gesetzgebers „nicht ausschließlich“ aus der Unterrichtung nach § 613a V BGB.

467 *Sagan*, ZIP 2011, 1641 (1644).

Wissensgrundlage für die Entscheidung über den Widerspruch schaffen. Insbesondere die Ausführungen zu den wesentlichen Änderungen, die ein Betriebsübergang mit sich bringen könne und der Hinweis auf den wechselseitigen Bezug zwischen Unterrichtung und Widerspruch könnten in diese Richtung interpretiert werden. Allerdings lässt der jeweilige Kontext dieser problematischen Aussagen ein anderes Verständnis mit guten Argumenten zu. In Zusammenspiel mit dem deutlichen Hinweis auf die Betriebsübergangsrichtlinie, der Ausklammerung des Widerspruchsrechts im Rahmen der Ausführungen zum Unterrichtungsinhalt und der zum Teil eine Sanktionsfunktion nahelegenden Wortwahl sorgen diese Ergebnisse dafür, dass die *These von der ausreichenden Wissensgrundlage* keine tragfähige Stütze in der Gesetzesbegründung findet.[468]

Vorzugswürdig ist vor diesem Hintergrund die *These von der europarechtlichen Determination*. Das Infomaritonsinteresse des Arbeitnehmers hat durch die Einführung des Katalogs in § 613a V BGB somit eine fundamentale Aufwertung erfahren. Dies stellt einen grundlegenden Unterschied zur Herleitung der Unterrichtungsobliegenheit aus dem Widerspruchsrecht dar: Während die Rechtsprechung des BAG vor der gesetzlichen Normierung davon ausging, dass die Informationsobliegenheit lediglich die Ausübung des Widerspruchsrechts ermöglichen sollte, ist es nach der Umsetzung der Betriebsübergangsrichtlinie genau umgekehrt.[469] Das Widerspruchsrecht wurde nunmehr zum „Durchsetzungsvehikel" für das Informationsinteresse der Arbeitnehmer. Daher kann man auch nicht mehr von einem Unterrichtungsrecht als bloßem Reflex des Widerspruchsrechts sprechen.[470]

IV. Folgen der These von der europarechtlichen Determination

1. *Für den Inhalt der Unterrichtungspflicht*

Die *These von der europarechtlichen Determination* hat zum einen Konsequenzen für den nach § 613a V BGB geforderten Inhalt. Dieser ist nicht mehr danach zu beurteilen, ob er eine ausreichende Wissensgrundlage für die Entscheidung über das Widerspruchsrecht bietet. Der Inhalt der Unterrichtung ist vielmehr europarechtlich determiniert und auf eine fakultative Anhörung durch den Arbeitgeber gerichtet.[471]

---

468 So auch *Sagan*, ZIP 2011, 1641 (1644).

469 *Franzen*, RdA 2002, 258 (263).

470 *Grau*, Unterrichtung und Widerspruchsrecht, S. 17.

471 Dazu *Sagan*, ZIP 2011, 1641 (1644 f.).

2. *Für die Konsequenzen von Unterrichtungsfehlern*

Zum anderen wird auch die Sichtweise auf das Widerspruchsrecht beeinflusst. Dieses ist die nationalrechtliche Antwort auf die europarechtliche Vorgabe der ausreichenden Durchsetzung der Pflichten aus der Betriebsübergangsrichtlinie nach den Geboten der *Äquivalenz* und der *Effektivität*. Aus europäischer Perspektive ist die Unterrichtung demnach nicht im Lichte des Widerspruchsrechts, sondern umgekehrt das Widerspruchsrecht nach den Vorgaben zur Sanktionierung von Verstößen gegen das Unionsrecht auszulegen. Daraus ergibt sich in der Konsequenz, dass ein zeitlich unbefristetes Widerspruchsrecht zur Sanktionierung von Unterrichtungsfehlern nicht erforderlich ist. Insbesondere wegen des Gesichtspunkts der Verhältnismäßigkeit im Rahmen des Effektivitätsgebots ist auch die Schwere des Unterrichtungsfehlers zu berücksichtigen.[472]

---

472 *Sagan*, ZIP 2011, 1641 (1647); i.E. auch BAG, Urt. v. 7.10.2013 – 8 AZR 974/12 = NJW 2014, 2461 (Rz. 25).

§ 11 Zusammenfassung

(1) Aus dem verfassungsrechtlich gebotenen Widerspruchsrecht konnte keine Informationspflicht, sondern nur eine Obliegenheit für den Arbeitgeber abgeleitet werden. Durch eine Information der Arbeitnehmer über den Be-triebsübergang und die Person des Erwerbers (personales Informationselement) konnte es der Arbeitgeber verhindern, dass übergehende Arbeitnehmer auch noch nach dem Betriebsübergang ihr Widerspruchsrecht geltend machen konnten. Letztlich kam es aber auf die Kenntnis des Arbeitnehmers an, egal woher diese stammte.

(2) Mit Einführung des § 613a V BGB führte der deutsche Gesetzgeber eine Unterrichtungspflicht für den Arbeitgeber ein und setzte damit die Vorgaben der europarechtlichen Betriebsübergangsrichtlinie um. Dabei übernahm er den von der Richtlinie vorgegebenen Inhalt exakt, änderte aber den vorgegebenen Unterrichtungsempfänger. Statt den Betriebsrat zu unterrichten, wie es die Richtlinie im Normalfall vorsah, muss der Arbeitgeber nunmehr nach deutschem Recht in jedem Fall des Betriebsübergangs die betroffenen Arbeitnehmer individuell unterrichten. Dies wäre nach der Richtlinie nur für den Sonderfall notwendig gewesen, in dem es gegen den Willen der Arbeitnehmer keinen Betriebsrat gibt. Die überschießende Umsetzung lässt sich insbesondere mit den Besonderheiten des deutschen BetrVG erklären, da der Gesetzgeber das Recht der betrieblichen Mitbestimmung nicht mitändern wollte und bei einer „1:1 - Umsetzung“ der Betriebsübergangsrichtlinie sonst ungewollte Ergebnisse die Folge gewesen wären.

(3) In Hinblick auf den Telos muss wegen des europarechtlichen Hintergrunds eine Prüfung in zwei Schritten erfolgen: Zunächst ist der Zweck der individuellen Unterrichtung nach der Betriebsübergangsrichtlinie zu prüfen, sodann ist zu untersuchen, inwieweit sich dieser auf das deutsche Umsetzungsgesetz auswirkt. Die individuelle Unterrichtung nach der Betriebsübergangsrichtlinie ist dazu da, dem einzelnen Arbeitnehmer als „Ersatz-Betriebsrat“ die für eine fakultative Anhörung des Arbeitgebers notwendigen Informationen bereitzustellen. Dadurch soll er in die Lage versetzt werden, die Folgen des Betriebsübergangs im Vorfeld zu seinen Gunsten zu beeinflussen. Im Wege der quasi-richtlinienkonformen Auslegung ist dieser Zweck auch auf die Unterrichtung nach § 613a V BGB zu übertragen.

(4) Ein Nebeneinanderstehen dieses europäischen Zwecks und eines möglicherweise getrennten nationalen Zwecks, welcher die Unterrichtung wie bereits zuvor als ausreichende Wissensgrundlage für die Ausübung des Widerspruchsrechts sieht, ist abzulehnen. Die Ansätze gehen von unterschiedlichen Rahmenbedingungen aus. Während nach der *These von der ausreichenden Wissensgrundlage* die Unterrichtung lediglich ein das Widerspruchsrecht flankierender Hilfsanspruch wäre, steht die Unterrichtungspflicht aus der europarechtlichen Perspektive der *These von der europarechtlichen Determination* für sich und dient einer fakultativen Anhörung. § 613a VI BGB soll Verstöße gegen die Unterrichtungspflicht sanktionieren, indem der Beginn der Widerspruchsfrist an eine ordnungsgemäße Unterrichtung gekoppelt wird und die Vorgaben der Betriebsübergangsrichtlinie so effektiv durchgesetzt werden können.

(5) Da die quasi-richtlinienkonforme Auslegung keinen dirigierenden, sondern nur entscheidungsausschließenden Charakter hat, ist zu prüfen, ob die Auslegung des Unterrichtungszwecks nach der *These von der europarechtlichen Determination* vom Willen des Gesetzgebers gedeckt wird. Eine Untersuchung der Gesetzesmaterialien zeigt, dass letztlich die besseren Argumente dafür sprechen und die Unterrichtung daher umgekehrt keine ausreichende Wissensgrundlage für die Ausübung des Widerspruchsrechts darstellen soll.

Vierter Abschnitt: Die Rechtsfigur der „wesentlichen Informationen“

§ 12 Kettenübergänge

A. Grundproblematik

In der Praxis kommt es vor, dass ein Betrieb oder Betriebsteil nicht nur einmal von einem Veräußerer auf einen Erwerber übergeht, sondern dass einem Betriebsübergang ein oder mehrere weitere Betriebsübergänge folgen. Derartige Vorgänge können oftmals in Restaurant- oder Hotelbetrieben sowie im Einzelhandel beobachtet werden – der Name des Betriebs ändert sich zum Teil regelmäßig, das Personal bleibt das gleiche.[473]

Geht ein Betrieb zunächst („**vorangegangener Betriebsübergang**") von Unternehmen A („**vormaliger Arbeitgeber**") auf Unternehmen B („**Ersterwerber**") und daraufhin („**weiterer Betriebsübergang**") von Unternehmen B auf Unternehmen C („**Nacherwerber**") über[474], so spricht man von einem sogenannten „*Kettenübergang*".[475]

Problematisch sind solche Fälle, in denen der Arbeitnehmer zunächst für den Ersterwerber und sodann für den Nacherwerber arbeitet, irgendwann aber von der Fehlerhaftigkeit der Unterrichtung hinsichtlich des vorangegangenen Betriebsübergangs erfährt.[476] In dieser Konstellation stellt sich die Frage, ob der Arbeitnehmer dem Übergang seines Arbeitsverhältnisses auf den Ersterwerber noch widersprechen kann. Auf der einen Seite hat die Frist wegen des Unterrichtungsfehlers nicht zu laufen begonnen. Auf der anderen Seite könnte jeder weitere Betriebsübergang auf einen Nacherwerber Einfluss auch auf die Möglichkeit haben, dem vorangegangenen Übergang zu widersprechen.

---

473 *Steffan*, NZA 2016, 608 (612).

474 Diese Bezeichnungen finden sich nicht sämtlich in der Rspr. des BAG wieder und dienen im Folgenden dem leichteren Verständnis. So ähnlich verwendet in *Hung*, Widerspruchsrecht, S. 74.

475 So formuliert beispielsweise in MHdB ArbR/*Wank*, § 142 Rn. 114; ähnlich BeckOK ArbR/*Gussen*, § 613a BGB Rn. 161; auch die Rspr. beschäftigt sich schon seit längerem mit derartigen Konstellationen, vgl. BAG, Urt. v. 26.5.2011 – 8 AZR 18/10 = NJOZ 2011, 1826; Urt. v. 24.4.2014 – 8 AZR 369/13 = NZA 2014, 1074; Urt. v. 19.11.2015 – 8 AZR 773/14 = NZA 2016, 647.

476 *Hung*, Widerspruchsrecht, S. 74.

B. „Bisheriger" und „vormaliger" Arbeitgeber

Die erste Frage, die sich im Rahmen von Kettenübergängen stellt, ist der richtige Adressat der Widerspruchserklärung.[477] In der Praxis hat die Antwort auf diese Frage gewichtige Auswirkungen: Es ist zu entscheiden, ob der betroffene Arbeitnehmer alle vorangegangenen Informationsschreiben prüfen kann, bis er eines findet, das fehlerhaft ist. Kann er jedem so identifizierten Übergang unmittelbar widersprechen, hätte er im Ergebnis die Freiheit, sich denjenigen vorherigen Arbeitgeber auszusuchen, der am erfolgreichsten am Markt tätig ist.[478] Der Arbeitnehmer sieht sich mindestens drei Parteien gegenüber. Deshalb ist zu klären, ob der vormalige Arbeitgeber, der den Betrieb an den Ersterwerber veräußert hat, noch richtiger Adressat für die Ausübung des Widerspruchsrechts sein kann. Nach dem Wortlaut des § 613a VI 2 BGB kann der Widerspruch gegenüber dem „bisherigen Arbeitgeber" oder gegenüber dem „neuen Inhaber" erklärt werden. Um dem Übergang vom vormaligen Arbeitgeber auf den Ersterwerber widersprechen zu können, müsste ersterer daher auch nach dem weiteren Betriebsübergang noch als „bisheriger Arbeitgeber" anzusehen sein.

I. Zeitbezogene Sichtweise

Die Rechtsprechung vertritt die Auffassung, ein Widerspruch zur unmittelbaren Beseitigung des vorangegangenen Übergangs des Arbeitsverhältnisses sei nach einem weiteren Betriebsübergang nicht möglich.[479] Der vormalige Arbeitgeber sei nämlich gerade nicht der bisherige Arbeitgeber. Begründet wird dies mit einer grammatischen Auslegung des Begriffs *„bisher"*. Das BAG bezieht sich dabei auf verschiedene Synonyme, welche von *„bis jetzt"* über *„von einem unbestimmten Zeitpunkt an bis zum heutigen Tag"* bis zu *„bislang/bis jetzt/ bis heute/bis dato/ bis zum heutigen Tage/bis zur jetzigen Stunde"* reichen.[480] Angewendet auf den Betriebsübergang sei also der bisherige Arbeitgeber derjenige, der aus zeitlicher Sicht vor dem aktuellen Arbeitgeber den Betrieb innehatte. Ein noch weiter zurückliegender Arbeitgeber sei somit kein „bisheriger" Arbeitgeber i.S.d. Wortlauts des § 613a VI 2 BGB.[481] Der Arbeitnehmer müsse demnach zunächst dem

---

477 Zu dieser Problematik auch *Hung*, Widerspruchsrecht, S. 73, 75.

478 Vgl. *Steffan*, NZA 2016, 608 (612).

479 BAG, Urt. v. 24.4.2014 – 8 AZR 369/13 = NZA 2014, 1074 (Rz. 16 ff.); bestätigt durch Urt. v. 11.12.2014 – 8 AZR 943/13 = NZA 2015, 481 (Rz. 28 ff.) sowie Urt. v. 19.11.2015 – 8 AZR 773/14 = NZA 2016, 647 (Rz. 14).

480 Vgl. insb. auch *https://www.duden.de/rechtschreibung/bisher* (Abrufdatum: 11.1.2020).

481 BAG, Urt. v. 11.12.2014 – 8 AZR 943/13 = NZA 2015, 481 (Rz. 30).

in der zeitlichen Reihenfolge letzten Übergang widersprechen und könne dann umgekehrt chronologisch einen Übergang nach dem anderen beseitigen. [482]

Für dieses Ergebnis wird außerdem angeführt, anderenfalls würde es „befremdlich anmuten“, wenn sich der Arbeitnehmer bei mehrfachen Betriebsübergängen denjenigen früheren Arbeitgeber heraussuchen könne, der ihm am solventesten erschiene.[483]

II. Funktionsbezogene Sichtweise

Die rein zeitliche Interpretation des richtigen Adressaten für die Erklärung des Widerspruchs stößt aber auch auf Kritik.[484] Insbesondere wird die Argumentation des 8. Senats des BAG für zu formalistisch gehalten. [485] Insbesondere könne die strenge Anlehnung an den Gesetzeswortlaut methodisch angegriffen werden, da die Vorfragen, wann ein Unterrichtungsfehler gegeben und was seine Rechtsfolge ist, gesetzlich nicht eindeutig geregelt seien. In Problemfeldern mit vorwiegend richterrechtlicher Prägung wirke ein punktueller Rückgriff auf einen vermeintlich eindeutigen Gesetzeswortlaut wenig aussagekräftig.[486]

Nach Ansicht von *Preis* verfängt die Argumentation des 8. Senats auch nur dann, wenn der Begriff „bisherig“ absolut gesehen werde. Betrachte man diesen aber *relativ*, d.h. bezogen auf den jeweiligen Betriebsübergang, im Rahmen dessen dem Übergang des Arbeitsverhältnisses widersprochen werden soll, so sei als der bisherige Arbeitgeber derjenige anzusehen, zu dem das Arbeitsverhältnis vor dem Übergang bestand, dem widersprochen werde.[487] Diese Sichtweise stellt also die Funktion des Widerspruchs in den Mittelpunkt, den Übergang des Arbeitsverhältnisses im Rahmen eines konkreten Betriebsübergangs zu verhindern. Sie kann daher als funktionsbezogene Sichtweise bezeichnet werden.

---

482 Vgl. auch EK/*Preis*, § 613a BGB Rn. 99.

483 APS/*Steffan*, § 613a BGB Rn. 221; *Moll/Katerndahl*, RdA 2017, 324 (326 f.).

484 APS/*Steffan*, § 613a BGB Rn. 221 m.w.N.

485 *Greiner/Hennecken*, EWiR 2014, 663 (664); als „streng positivistisch“ bezeichnet wird die Sichtweise selbst von Befürwortern des Ergebnisses, vgl. beispielsweise APS/*Steffan*, § 613a BGB Rn. 221; dem widersprechend *Moll/Katerndahl*, RdA 2017, 324 (324 ff.).

486 *Greiner/Hennecken*, EWiR 2014, 663 (664).

487 EK/*Preis*, § 613a BGB Rn. 99.

III. Stellungnahme

Im Ergebnis ist die zeitbezogene zugunsten einer funktionsbezogenen Sichtweise abzulehnen.

1. Widersprüchlichkeit der rein zeitbezogenen Sichtweise

Die grammatischen Definitionen, die das BAG zur Auslegung herangezogen hat, liefern im Ergebnis eine einheitliche Deutung. Stellt man sich einen Zeitstrahl vor, so beschreibt das Wort „bisher" die Spanne von einem Punkt, der in unbestimmter Vergangenheit liegt, bis hin zum Zeitpunkt, in dem der Begriff verwendet wird (also bis „jetzt"). Danach ist die bezeichnete Zeitspanne dem Wortsinn nach bei der Verwendung determiniert. Eine Zeitspanne in der Vergangenheit, die ihren Schlusspunkt nicht im aktuellen Moment hat, kann demnach nicht als „bisher" bezeichnet werden, sondern bedürfte einer genaueren Bezeichnung („bis vor kurzem", „bis letzte Woche" etc.).

Nicht zu folgen ist in dem Zusammenhang der Auffassung, der maßgebliche Bezugspunkt für die zeitliche Bedeutung von „bisher" sei der Betriebsübergang.[488] § 613a VI 2 BGB bezieht sich vielmehr auf den Adressaten des Widerspruchs. Maßgeblicher Bezugspunkt ist damit die Widerspruchserklärung als solche und nicht der Betriebsübergang. Es könnte daher kein Arbeitgeber der „bisherige" sein, der nicht bis zum Zeitpunkt der Widerspruchserklärung Arbeitgeber war. Dies trifft in den meisten Fällen genau genommen nur auf den aktuellen Arbeitgeber zu. Widerspricht der Arbeitnehmer nämlich erst nach dem Betriebsübergang, wäre nur der aktuelle Arbeitgeber von der Zeitspanne bis zum Moment der Ausübung erfasst. Dieses Ergebnis ist widersprüchlich, wofür auch die im Gesetz getroffene Unterscheidung zwischen „bisherigem Arbeitgeber" und „neuem Inhaber" spricht.

2. Erleichterungszweck für den Arbeitnehmer

Es zeigt sich, dass ein zeitliches Verständnis des Wortlauts hier nicht weiterhilft. Der Rechtsbegriff „bisher" kann nicht nach dem Duden mit „bis zur jetzigen Stunde" übersetzt werden, ohne dass logische Brüche entstehen. Zwar gibt es keine weiterführenden Gesetzesmaterialien, die Formulierung des Gesetzgebers mit einer Unterscheidung zwischen dem „bisherigen Arbeitgeber" und dem „neuen Inhaber" kann aber nicht zeitlich gemeint sein. Deshalb überzeugt die

---

488 *Moll/Katerndahl*, RdA 2017, 324 (325).

Argumentation des BAG nicht. § 613a VI 2 BGB soll dem Arbeitnehmer insofern eine Erleichterung bringen, als er seinen Widerspruch sowohl gegenüber der einen wie der anderen Seite des Betriebsübergangs erklären kann.[489] Gemeint sind damit Veräußerer und Erwerber. Der Bezugspunkt für den Rechtsbegriff „bisher" ist also der konkrete Übergang des Arbeitsverhältnisses, dem widersprochen wird.[490]

Demnach müsste der Arbeitnehmer im Ergebnis jedem Übergang, für den die Widerspruchsfrist wegen fehlerhafter Unterrichtung nicht angelaufen ist, rückwirkend widersprechen können. Die Beseitigung jedes Übergangs in umgekehrt chronologischer Reihenfolge ist entgegen der Auffassung des BAG nicht notwendig.

C. Zusätzlicher Erlöschungsgrund bei Unterrichtung über die grundlegenden Informationen

Wie soeben dargestellt, geht die Rechtspraxis in Abweichung von der funktionsbezogenen Sichtweise aber davon aus, dass der Arbeitnehmer bei mehreren Betriebsübergängen erst jeden nachfolgenden Übergang seines Arbeitsverhältnisses beseitigen muss, um sein Widerspruchsrechts gegenüber einem vorherigen Arbeitgeber in der Kette ausüben zu können. Ursprünglich gestattete die Rechtsprechung dem Arbeitnehmer, diese „Widerspruchskette" bis zur Grenze der unzulässigen Rechtsausübung nach § 242 BGB sukzessive weiterzuführen, solange die jeweiligen Unterrichtungsschreiben fehlerhaft waren.[491] Diese Auffassung hat das BAG aber aufgegeben und eine weitere Möglichkeit aufgezeigt, wie das Widerspruchsrecht des Arbeitnehmers erlöschen kann.[492]

I. Voraussetzungen

Demnach erlischt das Recht, dem Übergang des Arbeitsverhältnisses zu widersprechen, regelmäßig dann, wenn drei Voraussetzungen erfüllt sind.[493]

---

489 Zuvor war strittig, ob der Widerspruch gegenüber dem Veräußerer oder dem Erwerber zu erklären sei. Der Gesetzgeber hat sich einer dritten Ansicht angeschlossen, wonach es ausreichen würde, dass der Arbeitnehmer gegenüber einem von beiden widerspricht, vgl. dazu *Worzalla*, NZA 2002, 353 (356).

490 So auch MüKo BGB/*Schubert*, § 242 BGB Rn. 433.

491 BAG, Urt. v. 19.11.2015 – 8 AZR 773/14 = NZA 2016, 647 (Rz. 14); vgl. dazu *Grau/Schaut*, NZA 2018, 216 (220 f.).

492 BAG, Urt. v. 19.11.2015 – 8 AZR 773/14 = NZA 2016, 647 (Rz. 26 ff.).

493 Dazu auch *Moll/Katerndahl*, RdA 2017, 324 (328).

(1) Erstens muss der Arbeitnehmer vom jeweiligen Veräußerer oder vom Erwerber über die mit dem weiteren und dem vorangegangenen Betriebsübergang verbundenen Übergänge seines Arbeitsverhältnisses unter Mitteilung des Zeitpunktes oder des geplanten Zeitpunktes sowie des Gegenstandes des Betriebsübergangs und des Betriebsübernehmers in Textform in Kenntnis gesetzt worden sein („**grundlegende Informationen**").
(2) Zweitens darf er dem infolge des vorangegangenen Betriebsübergangs eingetretenen Übergang seines Arbeitsverhältnisses nicht binnen einer Frist von einem Monat nach Zugang der Unterrichtung über den infolge des weiteren Betriebsübergangs eintretenden Übergang seines Arbeitsverhältnisses widersprochen haben.
(3) Drittens muss diese Monatsfrist noch vor dem weiteren Betriebsübergang abgelaufen sein.

1. Grundlegende Informationen

Entwickelt worden sind die grundlegenden Informationen aus der Überlegung heraus, dass mit jedem weiteren Betriebsübergang eine wesentliche Änderung der Sach- und Rechtslage einherginge. Dadurch entstünde eine Zäsur, welche dem Arbeitnehmer nochmals deutlich vor Augen führe, dass sich der Ersterwerber als „sein Vertragspartner" ansehe und diese Eigenschaft nun *ipso iure* auf den Nacherwerber übergehen solle.[494] Aus Perspektive des Arbeitnehmers stelle sich die Frage, ob er den vormaligen Arbeitgeber als seinen Vertragspartner behalten wolle, „in besonderer Schärfe".[495] Bereits aus den wesentlichen Informationen zum vorangegangenen Betriebsübergang könne der Arbeitnehmer hinreichend deutlich schließen, dass sein vormaliger Arbeitgeber in Folge dieses Betriebsübergangs seine Position als "sein Arbeitgeber" an den Ersterwerber abgeben würde. Die grundlegenden Informationen beinhalten demnach den Zeitpunkt oder geplanten Zeitpunkt sowie den Gegenstand des jeweiligen Betriebsübergangs und des jeweiligen Betriebsübernehmers. Nicht erforderlich sei damit eine Unterrichtung, die sämtlichen in § 613 V BGB genannten Anforderungen gerecht werde.

Um entscheiden zu können, ob er den Ersterwerber überhaupt als Vertragspartner akzeptiert, muss der Arbeitnehmer demnach nicht sämtliche

494 Dazu *Baeck/Winzer/Hies*, NZG 2016, 857 (860).
495 BAG, Urt. v. 19.11.2015 – 8 AZR 773/14 = NZA 2016, 647 (Rz. 33).

Informationen des § 613a V BGB erhalten haben.[496] Dazu reichen nach Auffassung des BAG offensichtlich die grundlegenden Informationen aus.[497]

2. *Monatsfrist mit Ablauf vor dem weiteren Betriebsübergang*

Die Monatsfrist, nach welcher der Arbeitnehmer dem vorangegangenen Übergang seines Arbeitsverhältnisses nicht binnen einer Frist von einem Monat nach Zugang der Unterrichtung über den weiteren Übergang widersprechen darf, ist nicht zu verwechseln mit der Widerspruchsfrist des § 613a VI 1 BGB.[498] Durch diese Voraussetzung will das BAG sicherstellen, dass der Arbeitnehmer ausreichend Zeit hat, dem Übergang seines Arbeitsverhältnisses aus dem vorangegangenen Betriebsübergang zu widersprechen, bevor er mit dem Vollzug des weiteren Betriebsübergangs konfrontiert wird.[499]

II. Analyse zum Meinungsspektrum

Während das BAG hinsichtlich seiner Ansicht zur Unterscheidung zwischen „bisherigem" und „vormaligem" Arbeitgeber auf Kontinuität setzte[500], wurde die Einführung eines neuen Erlöschungsgrundes im Falle von zumindest grundlegenden Informationen von der Literatur in aller Regel als gravierende Änderung begriffen.[501]

1. *Abkehr von den Anforderungen des § 613a V BGB*

Insbesondere könne die Entscheidung des BAG als Abkehr von den allgemeinen Anforderungen an die Vollständigkeit und Richtigkeit des Unterrichtungsschreibens des jeweiligen Betriebsübergangs begriffen werden. Nunmehr seien diese Anforderungen zumindest bei Kettenübergängen nicht mehr einschränkungslos zu prüfen.[502] Gerade diese Abkehr ist aber auch der größte Kritikpunkt. So wird eingewandt, dass an die Unterrichtung selbst vor dem Erlass von § 613a V BGB,

---

496 Dazu BAG, Urt. v. 19.11.2015 – 8 AZR 773/14 = NZA 2016, 647 (Rz. 32 f.).

497 Dazu *Baeck/Winzer/Hies*, NZG 2016, 857 (860).

498 *Moll/Katerndahl*, RdA 2017, 324 (328) m.w.N; dagegen beispielsweise *Baeck/Winzer/Hies*, NZG 2016, 857 (860); *Steffan*, NZA 2016, 608 (613).

499 *Baeck/Winzer/Hies*, NZG 2016, 857 (860).

500 *Moll/Katerndahl*, RdA 2017, 324 (324).

501 Vgl. nur *Moll/Katerndahl*, RdA 2017, 324 (329); *Baeck/Winzer/Hies*, NZG 2016, 857 (860 f.).

502 *Arnold*, FD-ArbR 2016, 378205.

also nach den „richterrechtlichen" Grundsätzen, höhere Anforderungen zu stellen waren, da beispielsweise Angaben zur Tarifsituation zu machen waren. Die Rechtsprechung lasse einen arbeitgeberseitig ohne Zutun des Arbeitnehmers veranlassten weiteren Betriebsübergang genügen, um den Unterrichtungsinhalt auf ein „Minimum" abzusenken, mehrere Übergänge könnten aber eigentlich nicht zu weniger Unterrichtung führen.[503]

Von anderer Seite wird dieser Kritik entgegengehalten, dass sich weder die Anforderungen an eine „grundlegende" noch die Erfordernisse einer „ordnungsgemäßen" Unterrichtung aus dem Gesetz ergebe.[504] Auch bewirke die vom BAG geschaffene Rechtsfigur der grundlegenden Informationen keine allgemeine Modifikation des § 613a V BGB und schaffe somit auch keinen neuen Standard für die ordnungsgemäße Unterrichtung. Vielmehr sei die vorgenommene Kategorisierung bestimmter Unterrichtungspflichten eng an den besonderen Kontext der Kettenübergänge geknüpft, bei dem die Schutzwürdigkeit des Arbeitnehmers in die Betrachtung einbezogen werde.[505]

2. Zeitliche Grenze für das Widerspruchsrecht

Andere Stimmen sahen in der Entscheidung des 8. Senats vor allem eine Fortentwicklung der Rechtsprechung zu den zeitlichen Grenzen eines Widerspruchs. Demnach sei der Ursprung des weiteren Erlöschungsgrundes in einer früheren Entscheidung des BAG zu sehen, welche im Urteil vom 19.11.2015 selbst aber gar nicht erwähnt wird.[506] Die Rechtsprechung vertritt seit 2013 die Ansicht, dass zur Sanktionierung des Verstoßes gegen die Unterrichtungspflichten der Betriebsübergangsrichtlinie ein Widerspruchsrecht *ad infinitum* nicht erforderlich sei.[507] Nachdem diese Überlegung zuvor lediglich im Rahmen der Prüfung des Verwirkungstatbestands angestellt wurde, stelle das BAG nach zum Teil vertretener Ansicht nunmehr in weniger formaler Betrachtungsweise auf die Sanktionsfunktion des Widerspruchsrechts ab. Erstmals sei damit anerkannt worden, dass das Widerspruchsrecht auch völlig unabhängig von dem Rechtsinstitut der Verwirkung aus anderen Gründen nachträglich entfallen könne, selbst wenn die Widerspruchsfrist mangels vollständiger Unterrichtung zu keinem Zeitpunkt ausgelöst worden sei.[508]

503 EK/*Preis*, § 613a BGB Rn. 99.
504 *Moll/Katerndahl*, RdA 2017, 324 (329)
505 *Moll/Katerndahl*, RdA 2017, 324 (330).
506 *Baeck/Winzer/Hies*, NZG 2016, 857 (859).
507 BAG, Urt. v. 17.10.2013 – 8 AZR 974/12 = NJW 2014, 2461 (Rz. 25).
508 *Richter/Grünewald*, RdA 2017, 388 (393).

3. *Betonung der Befriedungsfunktion*

Nach Argumentation des BAG bedürfe das nach deutschem Recht zeitlich grundsätzlich unbegrenzte Widerspruchsrecht demnach neben den allgemeinen Grundsätzen von Treu und Glauben einer weiteren Korrektur, um der dem § 613a VI BGB immanenten Befriedungsfunktion mit den Mitteln der Rechtsklarheit Rechnung zu tragen.[509] Diese Argumentation hat der 8. Senat in einer späteren Entscheidung erneut bestätigt und zusätzlich angeführt, dass der Gesetzgeber die Verwirkung, anders als beispielsweise in § 3 S. 3 MiLoG, nicht ausgeschlossen habe.[510]

4. *Kategorisierung bestimmter Informationen*

Zwar waren sämtliche Bestandteile der vom BAG ausgemachten grundlegenden Informationen bereits bekannt und schon zuvor Gegenstand einer ordnungsgemäßen Unterrichtung. Als Novum erkannten Beobachter aber zum Teil, dass die einzelnen Elemente erstmals zu einer Kategorie innerhalb der Auflistung des § 613a V BGB zusammengefasst wurden.[511]

5. *Indizwirkung*

Auch entnahmen manche Kommentatoren dem Urteil eine Indizwirkung für weitere Entscheidungen. So wurde die Argumentation des 8. Senats zum Teil als Ausgangspunkt verstanden, aus dem sich auch auf Korrekturen bei den allgemeinen Anforderungen an eine ordnungsgemäße Unterrichtung in künftigen Entscheidungen schließen ließe.[512] Die spannendste Frage war in dem Zusammenhang für einige Beobachter, ob der 8. Senat in Folge des Urteils die strengen Anforderungen, die bis dahin für ordnungsgemäße Unterrichtungsschreiben galten, oder die Rechtsfolgen, die aus fehlerhaften Unterrichtungen abgeleitet wurden, lockern würde.[513] Zwar sei dies dem Urteil nicht unmittelbar zu entnehmen, allerdings befand man es für bemerkenswert und neu, dass das BAG das Erlöschen des Widerspruchsrechts auf das Genügen von grundlegenden Informationen stützte, da die Linie des BAG bis dahin immer eine umfassende

---

509 Dazu *Baeck/Winzer/Hies*, NZG 2016, 857 (859); vgl. auch *Richter/Grünewald*, RdA 2017, 388 (393).

510 BAG, Urt. v. 21.12.2017 - 8 AZR 99/17 = NZA 2018, 168 (Rz. 33).

511 So vor allem *Moll/Katerndahl*, RdA 2017, 324 (329).

512 *Arnold*, FD-ArbR 2016, 378205.

513 *Baeck/Winzer/Hies*, NZG 2016, 857 (860).

Information des Arbeitnehmers verlangte.[514] Den Gedanken, dass die Erteilung grundlegender Informationen im Rahmen von Kettenbetriebsübergängen den Arbeitnehmer in die Lage versetzen kann, eine informierte Entscheidung über die Ausübung seines Widerspruchsrechts zu treffen, könnte man nach Auffassung mancher Kommentatoren durchaus auch auf den „einfachen" Betriebsübergang anwenden, da auch hier die Planungs- und Rechtssicherheit eine wichtige Rolle spiele.[515]

III. Stellungnahme

1. Einordnung der als „wesentlich" angesehenen Informationen in den Kanon des § 613a V BGB

Bedeutsam ist zunächst die genauere Analyse der vom BAG als grundlegend erachteten Informationen. Es stellt sich die Frage, inwieweit die Kategorie von den allgemeinen Anforderungen an eine ordnungsgemäße Unterrichtung i.S.d. § 613a V BGB abweicht.

Es fällt auf, dass das BAG den Grund für den Übergang nach Nr. 2 und die hinsichtlich der Arbeitnehmer in Aussicht gestellten Maßnahmen nach Nr. 4 offenbar nicht als grundlegend ansieht.[516] Im Rahmen der rechtlichen, wirtschaftlichen und sozialen Folgen des Übergangs für die Arbeitnehmer nach Nr. 3 wird lediglich die Information über den Arbeitgeberwechsel i.S.d. § 613a I 1 BGB für grundlegend erachtet, während Angaben zu Auswirkungen auf kollektivrechtliche Regelungen nach § 613a I 2 bis 4 BGB sowie sonstige Folgen außen vor bleiben.[517] Wie bereits dargestellt, bleiben demnach drei grundlegende Informationen übrig:

(1) Übergang des Arbeitsverhältnisses
(2) Zeitpunkt oder geplanter Zeitpunkt des Übergangs
(3) Gegenstand des Betriebsübergangs und des Betriebsübernehmers

Die Bestandteile sollen im Folgenden einzeln analysiert werden.

---

514 Vgl. § 10 A.
515 *Baeck/Winzer/Hies*, NZG 2016, 857 (860).
516 So auch *Moll/Katerndahl*, RdA 2017, 324 (329).
517 *Moll/Katerndahl*, RdA 2017, 324 (329).

a) Übergang des Arbeitsverhältnisses

Die Information über den Übergang des Arbeitsverhältnisses kann als Basis der Unterrichtung verstanden werden. Die Unterrichtungspflicht wird überhaupt erst durch den Betriebsübergang ausgelöst. Das BAG postuliert entgegen der hier vertretenen Auffassung die Ansicht, die Unterrichtung diene der informierten Entscheidung über den Widerspruch.[518] Vor diesem Hintergrund ist die Qualifizierung der Information über den Betriebsübergang als „grundlegend" konsequent. Das Widerspruchsrecht lässt sich überhaupt erst dadurch begründen, dass der Übergang des Arbeitsverhältnisses beim Betriebsübergang aus Arbeitnehmersicht neben dem vorteilhaften Schutz des Arbeitsplatzes zunächst einmal eine Einschränkung der sich aus der Berufsfreiheit ergebenden negativen Vertragsfreiheit darstellt.[519] Dies muss sich nach der *These von der ausreichenden Wissensgrundlage* entsprechend auf die Unterrichtungspflicht auswirken.

b) Zeitpunkt oder geplanter Zeitpunkt des Übergangs

Zu den wesentlichen Informationen soll nach Ansicht des BAG ferner die Unterrichtung über den Zeitpunkt oder den geplanten Zeitpunkt des Übergangs des Arbeitsverhältnisses gehören. Auch dies kann mit dem Schutz der negativen Vertragsfreiheit begründet werden. Der Übergang des Arbeitsverhältnisses findet zunächst kraft Gesetzes statt, ohne dass es dafür eines weiteren Zutuns einer betroffenen Partei bedürfte.[520] Daher ist nicht gewährleistet, dass der Arbeitnehmer den Übergang überhaupt unmittelbar bemerkt. Weiß er allerdings nicht, dass sein Arbeitsverhältnis bereits übergegangen ist, so kann er sein Recht auf negative Vertragsfreiheit auch nicht schützen. Die Unterrichtung über den Zeitpunkt oder geplanten Zeitpunkt des Übergangs ist nach der *These von der ausreichenden Wissensgrundlage* ebenfalls notwendigerweise als grundlegende Information zu klassifizieren und konkretisiert die Information, dass das Arbeitsverhältnis im Rahmen des Betriebsübergangs überhaupt mit übergeht.

c) Gegenstand des Betriebsübergangs und des Betriebsübernehmers

Zwar erläutert das BAG nicht näher, was es unter dem „Gegenstand" verstanden haben will. Angesichts der im konkreten Unterrichtungsschreiben des zu entscheidenden Falls enthaltenen Informationen dürfte damit lediglich

518 Vgl. nur BAG, Urt. v. 14.12.2006 – 8 AZR 763/05 = NZA 2007, 682 (Rz. 22, 36); dazu auch schon § 10 A. I.

519 Vgl. § 5 A.

520 Vgl. § 5 D.

eine Nennung des übergehenden Betriebs sowie des Erwerbers und potentiell zukünftigen Arbeitgebers gemeint sein. Zumindest die Nennung des Erwerbers ergibt sich ebenfalls unmittelbar aus dem Schutzzweck des Widerspruchsrechts, welcher sich nach der *These von der ausreichenden Wissensgrundlage* unmittelbar auf die Unterrichtung auswirkt. Das Recht auf negative Vertragsfreiheit soll verhindern, dass dem Arbeitnehmer ein Vertragspartner aufgezwungen wird, den er eigentlich gar nicht möchte.[521] Dazu muss der Arbeitnehmer aber zwangsläufig wissen, wer dieser neue Vertragspartner sein soll.

d) Erweiterung durch Widerspruchsbelehrung?

aa) Herausnahme aus dem Katalog der grundlegenden Informationen

Überraschenderweise macht das BAG nicht zur Voraussetzung, dass der Arbeitnehmer auch über sein Recht zum Widerspruch hingewiesen wird.[522] Die Belehrung über das Widerspruchsrecht wird gemeinhin als Teil der Unterrichtung über die „rechtlichen Folgen" gesehen, aber vom 8. Senat in seiner Zusammenstellung der grundlegenden Informationen nicht erwähnt. Da vielmehr klargestellt wird, es komme nicht darauf an, ob die Unterrichtung im Übrigen den Maßgaben des § 613a V BGB entspreche, kann die Widerspruchsbelehrung hier nur als Teil der sonstigen, „nicht grundlegenden" Informationen gesehen werden.

bb) Kritik

Diese Auffassung ist nicht konsequent. Der Arbeitnehmer konnte aufgrund der bisher dargestellten wesentlichen Informationen lediglich erkennen, dass sein Recht auf negative Vertragsfreiheit durch den Betriebsübergang betroffen ist. Ihm wird aber kein Weg aufgezeigt, wie er diese schützen und den Fortbestand des Arbeitsverhältnisses zum Veräußerer herbeiführen kann.[523] Für einen rechtsunkundigen Adressaten könnte so der Eindruck entstehen, als schreibe das Gesetz den Arbeitgeberwechsel zwingend vor und als gäbe es keine Möglichkeit für den Arbeitnehmer, diese Rechtsfolge zu beeinflussen.[524] Daher ist nicht nachvollziehbar, wieso das BAG die Information über das Widerspruchsrecht

---

521 Vgl. § 4 A., B.

522 In der Weiterentwicklung zur Rspr. über die grundlegenden Informationen wird dies allerdings nachgeholt, vgl. § 13 B.

523 Insbesondere dies fordert das BAG dann in BAG, Urt. v. 21.12.2017 – 8 AZR 99/17 = NZA 2018, 168 (Rz. 26).

524 So auch *Grau*, Unterrichtung und Widerspruchsrecht, S. 173.

nicht in seinen Kanon aufgenommen hat, obwohl die Unterrichtung nach seiner Ansicht eine ausreichende Wissensgrundlage darstellen soll.

2. *Bezug zur Unterscheidung zwischen Vertragsfreiheit und wirtschaftlicher Entscheidungsfreiheit*

Wie in einem früheren Kapitel bereits dargestellt wurde, beinhaltet das verfassungsrechtlich vorgegebene Widerspruchsrecht auch ein Mindestmaß an Information, welches die Entscheidungsfindung überhaupt erst ermöglicht. Dabei käme es ohne gesetzliche Bestimmung aber nur auf die Kenntnis des Arbeitnehmers an.[525] Dieser aus Sicht der Vertragsfreiheit notwendige Informationsteil wurde in Abgrenzung zu dem auf wirtschaftliche Fragen bezogenen materiellen Element als das *personale* Element bezeichnet.[526] Nicht verfassungsrechtlich geboten sind daher Informationen über wirtschaftliche Gesichtspunkte, welche dem Arbeitnehmer eine genaue Risikoabschätzung ermöglichen könnten.

Die vom BAG durch die Rechtsfigur der grundlegenden Informationen geschaffenen „Minimalanforderungen"[527] sind bei genauerer Betrachtung einfach eine Zusammenfassung all derjenigen Elemente der Unterrichtung, die sich konkret auf die Sicherstellung der Vertragsfreiheit des Arbeitnehmers beziehen (also des personalen Elements). Im Umkehrschluss hat das BAG sämtliche Anforderungen ausgeklammert, die die wirtschaftliche Entscheidungsfreiheit betreffen. Dahinter kann eine Wertung des 8. Senats vermutet werden. Die Richter standen vor der Frage, welche Informationen ein Arbeitnehmer erhalten haben muss, um so wenig schutzwürdig zu sein, dass sein Widerrufsrecht infolge des weiteren Betriebsübergangs erlöschen kann. Offenbar knüpften die Richter bei dieser Bewertung an die Ursprünge der Unterrichtung vor ihrer Kodifizierung[528] an und legten den Fokus auf eine „Information zur Selbstinformation", welche hier ausreichend sein sollte.[529] Dies lässt nur den Schluss zu, dass das BAG die wirtschaftliche Entscheidungsfreiheit nicht als Kern des mit dem Widerspruchsrecht intendierten Schutzzwecks betrachtet. Dafür spricht auch die Klarstellung des 8. Senats, der Arbeitnehmer werde *„regelmäßig nicht unverhältnismäßig in seinem (...) Grundrecht auf freie Wahl des Arbeitgebers beeinträchtigt, sofern er (...) über den infolge des letzten und des vorangegangenen Betriebsübergangs*

---

525 Vgl. § 8 B. II. 2.

526 Vgl. § 8 B. II.

527 EK/*Preis*, § 613a BGB Rn. 99.

528 Vgl. § 8 A.

529 I. E. auch *Moll/Katerndahl*, RdA 2017, 324 (332).

gesetzlich angeordneten jeweiligen Übergang seines Arbeitsverhältnisses unter Angabe der (...) grundlegenden Informationen in Textform in Kenntnis gesetzt wurde"[530]. Letztlich wurde also die Unterscheidung zwischen personalem und materiellem Element im Rahmen der Unterrichtung bestätigt.

3. *Beurteilung vor dem Hintergrund der These von der europarechtlichen Determination*

Geht man allerdings davon aus, dass die Unterrichtung nicht dazu dient, eine ausreichende Wissensgrundlage für die Ausübung des Widerspruchsrechts zu schaffen, sondern wegen der quasi-richtlinienkonformen Auslegung des § 613a V BGB für sich steht und das Widerspruchsrecht damit die Funktion eines Ventils zur Durchsetzung dieser Unterrichtungspflicht einnimmt, so kann man die Schlussfolgerungen des BAG nicht restlos teilen.

a) Betonung der Sanktionsfunktion

Ganz grundsätzlich kann aus der Vorgehensweise des 8. Senats geschlossen werden, dass auch die Rechtsprechung die Sanktionsfunktion der Verknüpfung von Unterrichtung und Widerspruchsfrist zunehmend in den Blick nimmt. Die Unterrichtungspflicht wird in einen grundlegenden und einen nicht grundlegenden Teil unterteilt, woraus wiederum Folgen für die zeitliche Begrenzung des Widerspruchsrechts abgeleitet werden. Wie Beobachter teilweise richtig festgestellt haben, führt das BAG damit seine Rechtsprechung weiter, wonach das Widerspruchsrecht des Arbeitnehmers nur so lange aufrechterhalten werden muss, wie es für eine effektive und verhältnismäßige Sanktion der Unterrichtungsfehler notwendig ist.[531] Dass es für die Ausübung des Widerspruchsrechts auch ohne kodifizierte Unterrichtungspflicht darauf ankommt, ob der Arbeitnehmer Kenntnis vom personalen Informationselement hat, zeigt, dass Fehler in diesem Bereich besonders gravierend sind. Demnach sind diese auch entsprechend zu sanktionieren und das Widerspruchsrecht länger aufrechtzuerhalten. Damit wurde die Auffassung von *Sagan*, welche die Sanktionsfunktion des Widerspruchsrechts in den Vordergrund stellt, im Ergebnis bestätigt.[532]

---

530 BAG, Urt. v. 19.11.2015 – 8 AZR 773/14 = NZA 2016, 647 (Rz. 30).

531 Vgl. § 10 D. II. 2. c.

532 Vgl. *Sagan*, ZIP 2011, 1641 (1647).

b) Wertungswidersprüche durch pauschale Kategorisierung

Wie gezeigt, bezieht sich das BAG daneben aber weiterhin auf die „Wurzeln" der Unterrichtungsobliegenheit aus der Rechtsprechung vor der gesetzlichen Normierung. Dabei wird die Unterrichtung starr in den grundlegenden personalen und den nicht grundlegenden materiellen Teil gespalten. Durch die pauschale Kategorisierung treten im Einzelfall allerdings insbesondere Probleme mit dem *Effektivitätsprinzip* auf. Denkt man den Ansatz des BAG konsequent weiter, so könnte im Falle von Kettenübergängen bei Vorliegen der beiden zusätzlichen Voraussetzungen für das Erlöschen des Widerspruchsrechts kein Fehler im Unterrichtungsschreiben des vorangegangenen Übergangs mehr, der nicht als grundlegend eingestuft wurde, durch den Widerspruch des Arbeitnehmers sanktioniert werden. Das Widerspruchsrecht wäre nämlich ohne weitere Abwägungsentscheidung erloschen. Spätestens wenn man sich den Extremfall von vorsätzlich ins Unterrichtungsschreiben eingebauten Fehlern vor Augen führt, wird klar, dass so die Unterrichtungspflicht in Hinblick auf das materielle Element nicht ausreichend durchgesetzt werden kann. Schadensersatzansprüche auf der Sekundärebene stellen nämlich auch keine hinreichend effektive Sanktion dar.[533] Vorzugswürdig wäre es vor diesem Hintergrund gewesen, nicht eine pauschale Kategorisierung von Unterrichtungsfehlern vorzunehmen, um einen zusätzlichen Erlöschungsgrund zu schaffen.[534] Vielmehr hätte auf das flexiblere Instrument der Verwirkung zurückgegriffen werden sollen, um im Einzelfall zu prüfen, ob die jeweiligen Unterrichtungsfehler noch zu sanktionieren sind.[535]

c) Zeitliche Grenze des Widerspruchsrechts

Letztlich hat das BAG eine zeitliche Grenze für das Widerspruchsrecht geschaffen, da es nicht etwa auf das gängige Rechtsinstitut der Verwirkung, sondern auf einen neu geschaffenen Erlöschungsgrund abstellte, welcher explizit unabhängig von der Verwirkung sein sollte.[536] Diese auf den ganz speziellen Fall der Kettenübergänge zugeschnittene Vorgehensweise wurde danach nicht wiederholt, vielmehr nahm das BAG einzelne im Rahmen der Kettenübergänge entwickelten Grundsätze (insbesondere das Rechtsinstitut

---

533 Vgl. § 10 D. II. 2. b.

534 Als „Ergänzung" der bereits bekannten Verwirkungsgrundsätze interpretieren den neu geschaffenen Erlöschungsgrund *Moll/Katerndahl*, RdA 2017, 324 (331).

535 Detaillierter dazu im nächsten Kapitel § 13 B. III.

536 So auch *Moll/Katerndahl*, RdA 2017, 324 (328).

der grundlegenden Informationen) heraus und wendete sie in einem allgemeineren Kontext im Rahmen der Verwirkung an. Diese Übertragung soll im Folgenden untersucht werden.

§ 13 Verwirkung nach sieben Jahren

Die Rechtsprechung zu Kettenübergängen wurde, wie beschrieben, in der Literatur als bedeutsames Novum betrachtet und teilweise als Indikator dafür gesehen, dass auch die Sichtweise zu den allgemeinen Anforderungen an eine ordnungsgemäße Unterrichtung liberalisiert werden könnte.[537] Zumindest in der Rechtspraxis haben derartige Überlegungen bisher keinen Niederschlag gefunden, Unterrichtungsfehler werden grundsätzlich genauso weit gefasst wie vor der Einführung der grundlegenden Informationen. Allerdings hat das BAG seine Kategorisierung von Unterrichtungsfehlern jüngst weiterentwickelt und damit der Rechtsfigur der grundlegenden Informationen eine neue Bedeutung gegeben. Nach neuer Ansicht des 8. Senats soll eine Unterrichtung über die grundlegenden Informationen nun auch dazu führen, dass das Widerspruchsrecht nach in der Regel sieben Jahren widerspruchsloser Weiterarbeit wegen Verwirkung ausgeschlossen ist.[538] Nach der Sonderkonstellation der Kettenübergänge hob das BAG die Rechtsfigur der grundlegenden Informationen damit nun auf eine allgemeinere Stufe und wendete sie im Bereich von § 242 BGB an, welcher eine generelle Grenze des Widerspruchsrechts darstellt.[539]

A. Die Verwirkung

Um die Tragweite einer Anwendung der grundlegenden Informationen auf § 242 BGB zu erfassen, ist es unerlässlich, sich zunächst mit den Grundlagen des Prinzips von Treu und Glauben zu beschäftigen. Aus diesem Grundsatz folgt die Möglichkeit, ein bestehendes Recht unter bestimmten Umständen zu verwirken, sodass dem Rechtsinhaber seine Geltendmachung als unzulässige Rechtsausübung verwehrt bleibt. Diese Konstruktion soll im Folgenden dargestellt werden.

---

537 Vgl. § 12 C. II. 5.

538 BAG, Urt. v. 21.12.2017 – 8 AZR 99/17 = NZA 2018, 168; vom „besonderen Stellenwert" der Verwirkung, der sich schon seit geraumer Zeit herauskristallisiere, sprechen *Greiner/Pionteck*, RdA 2020, 169 (170).

539 MüKo BGB/*Schubert*, § 242 BGB Rn. 424.

I. Grundlagen

1. Prinzip von Treu und Glauben

§ 242 BGB ist als eine zentrale Rechtsnorm zu verstehen, welche das Prinzip von Treu und Glauben festschreibt und damit letztendlich Fairness im Rechtsverkehr einfordert.[540] Ein Instrument ist neben der Neuschöpfung von Rechten und Pflichten auch die Begrenzung subjektiver Rechte, um auf diese Weise sowohl den Willen der Vertragsparteien als auch das Gesetz zu korrigieren.[541] *„Treu und Glauben"* lässt sich in diesem Zusammenhang als Paarformel mit im Wesentlichen synonymen Inhalt begreifen, wobei der Tatbestand denkbar allgemein bleibt.[542] *„Treue"* bezieht sich insbesondere auf die *„Vertragstreue"* und allgemein auf die Redlichkeit als äußerer und innerer Haltung des Schuldners, der für seine Leistungspflicht einstehen soll.[543] *„Glaube"* dagegen spricht eher das Bestehen eines Vertrauensverhältnisses an und fordert die Berücksichtigung schutzwürdigen Vertrauens.[544] Im Gegensatz zum rechtlichen Terminus des *„guten Glaubens"*, der sich auf das Bewusstsein und die subjektive Kenntnis einer Person bezieht, verlangt das Begriffspaar *„Treu und Glauben"* eine objektive Interessenbewertung.[545] Im Ergebnis verkörpert das Prinzip von Treu und Glauben damit ein Grundelement der westlich-abendländischen Rechtstradition, indem es das Leitbild einer Gesellschaft zeichnet, welche auf dem Grundsatz wechselseitigen Vertrauens zwischen den einzelnen Mitgliedern aufgebaut ist.[546]

Wie aufgezeigt, ist der Regelungsgehalt von § 242 BGB sprachlich nicht eindeutig artikuliert, weshalb ein zu entscheidender Einzelfall nur unter Heranziehung zusätzlicher Wertungen subsumiert werden kann.[547] Aufgrund dieser Unbestimmtheit und Wertausfüllungsbedürftigkeit des Begriffspaars *„Treu und Glauben"* wird überwiegend auf die systematische Kasuistik der Rechtsfortbildung zurückgegriffen.[548] Es sollen verallgemeinerungsfähige Wertungsgrundsätze herausgebildet werden, welche „vor die Klammer der einzelnen

540 MüKo BGB/*Schubert*, § 242 BGB Rn. 2.
541 MüKo BGB/*Schubert*, § 242 BGB Rn. 2.
542 Staudinger/*Looschelders/Olzen*, § 242 BGB Rn. 141.
543 Dazu auch Staudinger/*Looschelders/Olzen*, § 242 BGB Rn. 140.
544 MüKo BGB/*Schubert*, § 242 BGB Rn. 8.
545 MüKo BGB/*Schubert*, § 242 BGB Rn. 8.
546 Staudinger/*Looschelders/Olzen*, § 242 BGB Rn. 143.
547 MüKo BGB/*Schubert*, § 242 BGB Rn. 30.
548 MüKo BGB/*Schubert*, § 242 BGB Rn. 4, 28 ff.

Rechtsverhältnisse“ gezogen werden und dabei gleichzeitig die Vorhersehbarkeit der Rechtsentwicklung und damit die Rechtssicherheit verbessern.[549]

2. *Verbot der unzulässigen Rechtsausübung*

a) *Widersprüchliches Verhalten*

Einer dieser verallgemeinerungsfähigen Wertungsgrundsätze zur Konkretisierung des Prinzips von Treu und Glauben ist die Verhinderung einer unzulässigen Rechtsausübung, indem die Ausübung oder Durchsetzung eines Rechts zumindest zeitweise verwehrt wird.[550] Letztlich geht es dabei darum, die zwischen den Parteien bestehende Interessenlage zu würdigen und eine angemessene Rechtsfolge in Abweichung von den einschlägigen Rechtsnormen zu finden.[551] In diesem Zusammenhang wurden Fallgruppen gebildet, welche jeweils eine gut abzugrenzende, atypische Interessenlage beschreiben.[552] Beispielsweise kann ein früheres Verhalten, das an und für sich nicht zu missbilligen ist, die Ausübung eines Rechts trotzdem unzulässig machen, wenn sich im Gesamtbild ein widersprüchliches Verhalten ergibt und die Interessen der Gegenpartei vor diesem Hintergrund als vorrangig schutzwürdig erscheinen (sogenannte Fallgruppe des *venire contra factum proprium*).[553] Widersprüchliches Verhalten ist nach der Rechtsordnung zwar grundsätzlich zulässig, wird aber dann rechtsmissbräuchlich, wenn für den anderen Teil ein Vertrauenstatbestand geschaffen worden ist.[554] Hintergrund ist der Gedanke, dass die Inanspruchnahme einer Rechtsposition trotz der Privatautonomie eine gewisse Konsistenz im Handeln voraussetzt.[555]

b) *Verwirkung durch Zeitablauf*

Situationen, in denen das frühere Verhalten in einem Unterlassen bestand, welches sich über einen gewissen Zeitraum gestreckt und damit einen rechtlich relevanten Vertrauenstatbestand geschaffen hat, werden als Unterfall des *venire*

---

549 MüKo BGB/*Schubert*, § 242 BGB Rn. 6; Staudinger/*Looschelders/Olzen*, § 242 BGB Rn. 122.

550 MüKo BGB*Schubert*, § 242 BGB Rn. 199.

551 MüKo BGB/*Schubert*, § 242 BGB Rn. 200.

552 MüKo BGB/*Schubert*, § 242 BGB Rn. 202.

553 *Feldhusen*, BKR 2018, 284 (288); vgl. auch BGH, Urt. v. 16.7.2014 – IV ZR 88/13 = NJW 2014, 3030 (Rz. 25) sowie MüKo BGB/*Schubert*, § 242 BGB Rn. 314.

554 Vgl. BGH, Urt. v. 16.7.2014 – IV ZR 73/13 = NJW 2014, 2723 (Rz. 33).

555 MüKo BGB/*Schubert*, § 242 BGB Rn. 353.

contra factum proprium klassifiziert und als „Verwirkung infolge Zeitablaufs" (**„Verwirkung"**) bezeichnet.[556] Bei der Verwirkung wird die Geltendmachung von Rechten also aufgrund des Vertrauensschutzes des Schuldners ausgeschlossen.[557] Sinn und Zweck der Verwirkung ist es, dem Schuldner vor allem bei sehr langen Verjährungsfristen in bestimmten Fällen bereits vor deren Ablauf Leistungsfreiheit zu verschaffen.[558] Mit der Verwirkung soll die Diskrepanz zwischen rechtlicher und sozialer Wirklichkeit beseitigt werden, indem die Rechtslage der sozialen Wirklichkeit angeglichen wird.[559]

3. *Auswirkung auf Betriebsübergänge*

a) *Vertrauensschutz im Arbeitsrecht*

Der Vertrauensschutz im Arbeitsrecht wird maßgeblich von der sozialen Schutzwürdigkeit und der persönlichen Abhängigkeit des Arbeitnehmers geprägt.[560] Diese Faktoren lassen es als besonders wichtig erscheinen, dass Arbeitnehmer Vertrauen in ein konsequentes Verhalten des Arbeitgebers setzen können.[561] Eine weitere Besonderheit des Arbeitsverhältnisses mit Auswirkung auf den Vertrauensschutz ist die Möglichkeit des Arbeitgebers, im Rahmen seines Weisungsrechts einseitig Ort, Zeit und Inhalt der Leistungserbringung durch den Arbeitnehmer festzulegen.[562] Die daraus resultierende besondere Bedeutung des Arbeitgeberverhaltens für die Durchführung des Arbeitsverhältnisses zieht auch gesteigerte Relevanz eines etwaigen Vertrauens wegen dieses Verhaltens nach sich.[563]

Dies veranlasste das BAG schon früh, die Verwirkung von Arbeitnehmerrechten im laufenden Arbeitsverhältnis generell in Frage zu stellen. So verwies der 2. Senat darauf, dass ein Arbeitnehmer, der sich mit einem untertariflichen Lohn zufrieden gebe und höhere Ansprüche nicht geltend mache, während der Dauer des Arbeitsverhältnisses regelmäßig unter einem besonderen Druck stehe.[564]

---

556 MüKo BGB/*Schubert*, § 242 BGB Rn. 315; *Kettler*, NZA 2001, 928 (931).

557 BGH, Urt. v. 30.6.1976 – I ZR 63/75 = GRUR 1977, 42 (46); MüKo BGB/*Schubert*, § 242 BGB Rn. 356.

558 BGH, Urt. v. 11.2.1992 – VI ZR 133/91 = NJW 1992, 1755 (1756).

559 BAG, Urt. v. 18.2.1992 – 9 AZR 118/91 = BeckRS 1992, 30740279; *Kittner*, NJW 2012, 1180 (1181).

560 MüKo BGB/*Schubert*, § 242 BGB Rn. 422.

561 *Kettler*, NZA 2001, 928 (928).

562 Allgemein zum Weisungsrecht EK/*Preis*, § 106 GewO Rn. 1 ff.

563 *Kettler*, NZA 2001, 928 (928).

564 BAG, Urt. v. 23.9.1954 – 2 AZR 31/53 = NJW 1955, 157 (159).

Damit müsse der Arbeitgeber rechnen und könne dementsprechend kein Vertrauen darauf bilden, dass Nachforderungen unterbleiben würden. Trotz dieser Zweifel ist die Verwirkung im Arbeitsrecht aber auch für Arbeitnehmerrechte bis heute nicht generell ausgeschlossen.[565] Vielmehr sind die Besonderheiten des Arbeitsverhältnisses im Rahmen der Abwägung zu beachten.

b) Anwendung auf das Widerspruchsrecht

Wie jedes Recht unterliegt auch das arbeitnehmerseitige Widerspruchsrecht nach § 613a VI 1 BGB vor diesem Hintergrund den allgemeinen Grenzen der Verwirkung.[566] Grund für die Rechtseinschränkung ist im Fall von Betriebsübergängen eine „illoyal verspätete Geltendmachung"[567] des Widerspruchsrechts durch den Arbeitnehmer, die ein Vertrauen des Arbeitgebers auf die Nichtausübung des Widerspruchsrechts rechtfertigt. [568] Die aus Arbeitgebersicht unerwartete Ausübung des Widerspruchsrechts steht dem Vertrauenstatbestand entgegen, der durch die länger dauernde Nichtausübung entstanden ist.[569] Wegen der nach § 242 BGB gebotenen objektiven Betrachtungsweise ist typisierend danach zu fragen, ob das Vertrauen des Arbeitgebers angesichts der Umstände objektiv schutzwürdig war.[570] Zwar unterliegt der Widerspruch des Arbeitnehmers nach § 613a VI BGB als Gestaltungsrecht nicht der Verjährung, allerdings schließt das die Verwirkung nicht aus.[571] Das Rechtsinstitut der Verwirkung ist ein das gesamte Recht umspannendes Rechtsprinzip, das grundsätzlich jedes Recht und damit auch Gestaltungsrechte erfassen kann.[572]

Ob ein schutzwürdiges Vertrauen beim Arbeitgeber geschaffen wurde, ist im Rahmen einer Interessenabwägung anhand von zwei Kriterien zu bestimmen: dem *Zeit-* sowie dem *Umstandsmoment*. Maßgeblich ist die Frage, ob der Arbeitgeber aufgrund des Zeitablaufs und den Umständen des Einzelfalls darauf

---

565 MüKo BGB/*Schubert*, § 242 BGB Rn. 374, 422.

566 MüKo BGB/*Schubert*, § 242 BGB Rn. 424.

567 So formuliert erstmals vom BGH, Urt. v. 27.6.1957 – II ZR 15/56 = NJW 1957, 1358 (1358).

568 EK/*Preis*, § 613a BGB Rn. 101.

569 So MüKo BGB/*Schubert*, § 242 BGB Rn. 356.

570 So auch für den Fall der Prozessverwirkung *Kettler*, NZA 2001, 928 (932); weiterführend *Löwisch/Göpfert/Siegrist*, DB 2007, 2538 (2539).

571 Staudinger/*Looschelders/Olzen*, § 242 BGB Rn. 302.

572 *Müggenborg/Horbach*, NJW 2015, 2145 (2145).

vertrauen durfte, dass der Arbeitnehmer sein Recht nicht mehr geltend machen würde.[573]

II. Zeit- und Umstandsmoment als kommunizierende Röhren

Die Verwirkung verfolgt nicht den Zweck, den Schuldner bereits dann von seiner Verpflichtung zu befreien, wenn dessen Gläubiger sein Recht über einen längeren Zeitraum nicht geltend gemacht hat, also das sogenannte **„Zeitmoment"** erfüllt ist. Vielmehr muss der Berechtigte unter Umständen untätig geblieben sein, die beim Verpflichteten den Eindruck erwecken durften, dass er sein Recht nicht mehr geltend machen wolle und damit das **„Umstandsmoment"** hinzutreten.[574] Das Erfordernis des Vertrauensschutzes muss das Interesse des Berechtigten so überwiegen, dass dem Verpflichteten die Erfüllung des Anspruchs unzumutbar wird.[575]

1. Zeitmoment

Die Verwirkung erfordert zum einen, dass das Widerspruchsrecht über eine längere Zeitspanne hinweg nicht ausgeübt wurde. Ein solches „Auseinanderfallen von Recht und Wirklichkeit"[576] bedeutet in der Regel, dass ein Berechtigter sein Recht nicht mehr wahrnehmen wird. Das Zeitmoment beginnt grundsätzlich einen Monat nach der Unterrichtung gem. § 613a V BGB und umfasst die Dauer bis zur Erklärung des Widerspruchs.[577]

Wann das Zeitmoment erfüllt ist, kann nicht generell bestimmt werden. Die grundsätzlich als erste Orientierungshilfe heranzuziehende maßgebliche Verjährungsfrist kann bei Gestaltungsrechten mangels Verjährbarkeit keinen Anhaltspunkt bieten.[578] Die Rechtsprechung vertritt die Ansicht, angesichts der gesetzgeberischen Ablehnung einer absoluten Ausschlussfrist sei es nicht vertretbar, eine starre Zeitspanne im Sinne einer Monatsangabe zu nennen.[579]

---

573 BAG, Urt. v. 2.4.2009 – 8 AZR 262/07 = NZA 2009, 1149 (Rz. 21).

574 BAG, Urt. v. 21.12.2017 – 8 AZR 700/16 = BeckRS 2017, 146233 (Rz. 16).

575 BAG, Urt. v. 17.10.2013 – 8 AZR 974/12 = NZA 2014, 774 (Rz. 26).

576 Müko BGB/*Schubert*, § 242 BGB Rn. 378.

577 APS/*Steffan*, § 613a BGB Rn. 223.

578 MüKo BGB/*Schubert*, § 242 BGB Rn. 381.

579 BAG, Urt. v. 27.11.2008 – 8 AZR 174/07 = NZA 2009, 552 (Rz. 24); an dieser Stelle ist allerdings bereits auf die weiter unten detailliert analysierte Einbeziehung der Rechtsfigur der grundlegenden Informationen in der jüngsten Rspr. zu verweisen, welche nach Auffassung des Autors letztendlich eine absolute Höchstfrist festlegt, vgl. § 19 C.

Vorschläge, eine generelle Höchstfrist für die Ausübung des Widerspruchsrechts aufzunehmen, wurden im Gesetzgebungsverfahren nicht aufgegriffen.[580]

Überwiegend wird daher auf das Interesse der Gegenpartei an baldiger Rechtsklarheit abgestellt.[581] Der Fokus liegt deshalb vor allem auf dem Umstandsmoment und damit zusammenhängend auf dem im konkreten Fall geschaffenen Vertrauen.[582]

2. Umstandsmoment

Wie bereits dargestellt, reicht die Verwirklichung des Zeitmoments alleine nicht aus, um einen ausreichenden Vertrauenstatbestand beim Arbeitgeber zu schaffen. Anderenfalls würde aus dem Rechtsinstitut der Verwirkung eine Art neues Verjährungsrecht entstehen.[583] Hinzutreten müssen hingegen weitere vertrauensbildende Umstände. Diese müssen als prognostisches Element so geartet sein, dass sie den Arbeitgeber in der Auffassung bestärken, dass er auch künftig nicht mit dem Widerspruch des Arbeitnehmers zu rechnen habe und daher die späte Geltendmachung des Widerspruchsrechts als eine mit Treu und Glauben unvereinbare Illoyalität des Arbeitnehmers erscheint.[584] Letztlich bedarf es besonderer Verhaltensweisen sowohl des Berechtigten als auch des Verpflichteten, die es rechtfertigen, die späte Geltendmachung des Rechts als für den Verpflichteten unzumutbar anzusehen.[585] Dabei reicht es aus, wenn entweder dem Veräußerer oder dem Erwerber die vertrauensbildenden Umstände bekannt werden. So kann sich beispielsweise der Veräußerer auf Verwirkungsumstände berufen, sobald dies dem Erwerber möglich wäre, ohne dass er seine subjektive Kenntnis nachweisen müsste.[586] Ausreichend ist, wenn feststeht, dass das vertrauensbildende Arbeitnehmerverhalten wenigstens dem Erwerber bekannt geworden ist.[587]

---

580 Vorgeschlagen wurden drei (BR-Dr 831/1/01, S. 2) wie auch sechs Monate (BT-Dr. 14/8128, S. 4).

581 Vgl. nur MüKo BGB/*Schubert*, § 242 BGB Rn. 381.

582 Im Ergebnis auch *Kittner*, NJW 2012, 1180 (1182).

583 Staudinger/*Looschelders/Olzen*, § 242 BGB Rn. 306.

584 Staudinger/*Looschelders/Olzen*, § 242 BGB Rn. 306; MüKo BGB/*Schubert*, § 242 BGB Rn. 382.

585 Vgl. schon BAG, Urt. v. 25.4.2001 - 5 AZR 497/99 = NZA 2001, 966 (967); Urt. v. 15.3.2012 - 8 AZR 700/10 = NZA 2012, 1097 (Rz. 31).

586 BAG, Urt. v. 24.2.2011 - 8 AZR 699/09 = BeckRS 2011, 72476 (Rz. 33).

587 BAG, Urt. v. 27.11.2008 - 8 AZR 174/07 = NZA 2009, 552 (Rz. 35).

3. *Kommunizierende Röhren*

Zeit- und Umstandsmoment sind nicht isoliert zu betrachten, sondern stehen zueinander in Wechselwirkung.[588] Je länger der Arbeitnehmer mit der Ausübung seines Widerspruchsrechts wartet, desto weniger hohe Anforderungen sind an die vertrauensbildenden Umstände zu stellen.[589] Umgekehrt kann der Anspruch umso schneller verwirken, je stärker das gesetzte Vertrauen bzw. die Umstände wiegen.[590] Bildlich kann von *„kommunizierenden Röhren"*[591] gesprochen werden. Wann Zeit- und Umstandsmoment im Zusammenspiel ein schützenswertes Vertrauen beim Arbeitgeber und damit eine Verwirkung des Widerspruchsrechts des Arbeitnehmers begründen, hängt stets von der Abwägung im Einzelfall ab. Es kann lediglich ein grober Rahmen definiert werden, innerhalb dessen in der Vergangenheit bereits eine Verwirkung bejaht wurde.

a) *Überblick markanter Entscheidungen*

aa) *Sechseinhalb Jahre und Konfliktaustragung mit dem Erwerber*

Ein „besonders schwerwiegendes" Zeitmoment wurde in der Vergangenheit beispielsweise angenommen, als zwischen der fehlerhaften Unterrichtung zum Betriebsübergang und der Erklärung des Widerspruchs sechseinhalb Jahre lagen. Das BAG betont explizit, dass dies alleine durch den Zeitablauf angenommen werden könne.[592] Folglich komme es für das besondere Gewicht des Zeitmoments nicht auf die weiteren Umstände an. Nach sechseinhalb Jahren könne das Umstandsmoment schon dann verwirklicht werden, wenn der Arbeitnehmer sich beim Streit um die Weitergeltung einer Tarifdynamik nach einem Betriebsübergang ausschließlich an die Geschäftsführung des Erwerbers wende und dabei mit keinem Wort andeute, dass im Wege des noch möglichen Widerspruchs der Veräußerer Gegner seiner Ansprüche werden könnte.

bb) *Disposition über das Arbeitsverhältnis*

Aber auch nach 15 Monaten sah die Rechtsprechung das Zeitmoment bereits als erfüllt an.[593] Das BAG betont in der Entscheidung, dass es sich beim Zeitmoment

---

588 Dazu APS/*Steffan*, § 613a BGB Rn. 223.

589 Vgl. BAG, Urt. v. 12.12.2006 – 9 AZR 747/06 = NZA 2007, 396 (Rz. 17).

590 BAG, Urt. v. 15.3.2012 – 8 AZR 700/10 = NZA 2012, 1097 (Rz. 31).

591 Erstmals BAG, Urt. v. 22.6.2011 – 8 AZR 752/09 = NZA-RR 2012, 507 (Rz. 30).

592 BAG, Urt. v. 15.3.2012 – 8 AZR 700/10 = NZA 2012, 1097 (Rz. 33).

593 BAG, Urt. v. 27.11.2008 – 8 AZR 174/07 = NZA 2009, 552 (Rz. 26).

nicht um eine gesetzliche, gerichtliche oder vertraglich vorgegebene Frist handeln würde, für die bestimmte Anfangs- und Endzeitpunkte gelten würden. Vielmehr habe eine Gesamtbetrachtung stattzufinden, bei der das Zeit- und das Umstandsmoment zu berücksichtigen und in Relation zu setzen seien.[594] Daraus ergebe sich, dass bei „schwierigen Sachverhalten" die Rechte des Arbeitnehmers möglicherweise erst nach einer längeren Untätigkeit verwirken können.[595] Die fünfzehnmonatige Untätigkeit ließ das BAG ausreichen, da der Arbeitnehmer durch den Abschluss eines Aufhebungsvertrags über sein Arbeitsverhältnis disponiert hatte und das Umstandsmoment so erfüllt worden war.[596]

Die für die Erfüllung des Zeitmoments notwendige Spanne von 15 Monaten bei gleichzeitiger Disposition über das Arbeitsverhältnis hat das BAG in einer späteren Entscheidung nochmals deutlich verkürzt. Der Senat ging nunmehr davon aus, dass durch den Abschluss eines Aufhebungsvertrags ein „besonders gewichtiges Umstandsmoment" gesetzt werde. In diesen Fällen würde auch schon eine Frist von siebeneinhalb Monaten für die Verwirklichung des Zeitmoments ausreichen.[597] In der Urteilsbegründung wurde sogar angedeutet, dass eine Disposition des Arbeitnehmers in jedem Fall ausreichen würde, um die Verwirkung nach Ablauf der Monatsfrist auszulösen. So wurde argumentiert, das Zeitmoment sei erfüllt, da der Arbeitgeber durch die Unterrichtung über den Betriebsübergang grundsätzlich zu erkennen geben würde, dass er mit dieser die Widerspruchsfrist von einem Monat in Gang setzen wolle und nach Fristablauf die Erklärung von Widersprüchen nicht mehr erwarten würde. Dies gelte auch bei einer nicht ordnungsgemäßen Unterrichtung.[598]

Konsequenterweise wurden in Folgeentscheidungen auch Zeiträume von vierzehneinhalb[599] bzw. neun Monaten[600] Untätigkeit i.V.m. einer Disposition über das Arbeitsverhältnis für ausreichend erachtet.

594 BAG, Urt. v. 27.11.2008 – 8 AZR 174/07 = NZA 2009, 552 (Rz. 24, 27).

595 So auch schon BAG, Urt. v. 27.1.2000 – 8 AZR 106/99 = BeckRS 2000, 30782776.

596 BAG, Urt. v. 27.11.2008 – 8 AZR 174/07 = NZA 2009, 552 (Rz. 33).

597 BAG, Urt. v. 2.4.2009 – 8 AZR 220/07 = BeckRS 2009, 72151 (Rz. 28).

598 BAG, Urt. v. 2.4.2009 – 8 AZR 220/07 = BeckRS 2009, 72151 (Rz. 28); bestätigt u.a. in BAG, Urt. v. 23.7.2009 – 8 AZR 357/08 = NZA 2010, 393 (Rz. 41 f.).

599 BAG, Urt. v. 23.7.2009 – 8 AZR 357/08 = NZA 2010, 393 (Rz. 42).

600 BAG, Urt. v. 24.2.2011 – 8 AZR 699/09 = BeckRS 2011, 72476 (Rz. 29).

cc) Anwaltsschreiben und zweieinhalb Monate

Bei in ihrer Gesamtheit besonders stark ins Gewicht fallenden Umständen entsteht aber über die Disposition hinaus der Eindruck, die Rechtsprechung stelle an das Zeitmoment im Grunde genommen gar keine eigenständigen Anforderungen. So sollen auch zweieinhalb Monate ausreichen, wenn der Anwalt eines übergegangenen Arbeitnehmers Sozialplanansprüche nur vom Erwerber geltend macht.[601]

b) Stellungnahme

Es zeigt sich nach alledem, dass es für den Rechtsanwender bislang extrem schwierig gewesen ist, zuverlässig vorauszusehen, wann die Kombination aus Umständen und Zeitablauf ausreichend für eine Verwirkung ist. Eine abstrakte Prognose war für die Praxis nach diesen Grundsätzen in der Regel nicht möglich.[602] Lediglich bei Umständen, die in ihrem vertrauensschaffenden Gehalt mit Dispositionen über das Arbeitsverhältnis oder Erklärungen eines Anwalts vergleichbar waren, sowie nach sechseinhalb Jahren Zeitablauf erhöhte sich zumindest die Wahrscheinlichkeit einer Verwirkung.

Dass die Voraussetzungen für die Verwirkung des Widerspruchsrechts so hoch angesetzt sind, wird zum Teil mit einer glossenhaft als „*Schweinehund-Theorie*" bezeichneten Herangehensweise begründet, nach der gefragt werden muss, wer im konkreten Fall der schuldige „Schweinehund" ist.[603] Da es die Arbeitgeber seien, die es durch ordnungsgemäße Information in der Hand gehabt hätten, für Rechtssicherheit zu sorgen, sollten sie auch das Risiko einer fehlerhaften Unterrichtung tragen.[604]

III. Zulässigkeit der Verwirkung nach der These von der europarechtlichen Determination

Zur effektiven Sanktionierung von Verstößen gegen die Unterrichtungspflicht ist es nach Auffassung von *Sagan* nicht erforderlich, ein zeitlich vollkommen unbeschränktes Widerspruchsrecht bei jedem Unterrichtungsfehler zu gewährleisten.

---

601 BAG, Urt. v. 24.7.2008 – 8 AZR 205/07 = NZA 2008, 1294 (Rz. 36).
602 W/H/S/S/*Willemsen*, Umstrukturierung und Übertragung von Unternehmen, S. 863.
603 *Bauer/Ernst*, NZA 2018, 1243 (1244 f.); im Dunstkreis des § 242 BGB verortet diese Herangehensweise auch *Streyl*, NZM 09, 261 (262).
604 *Bauer/Ernst*, NZA 2018, 1243 (1245).

Daher bestünden aus europarechtlicher Sicht auch keine Bedenken gegen die Anwendung der allgemeinen Regeln der Verwirkung.[605]

Dem ist zuzustimmen. Eine „ewige“ Sanktionierung von jedwedem Unterrichtungsfehler würde Gefahr laufen, gegen den Verhältnismäßigkeitsgrundsatz zu verstoßen. Daher bedarf es einer Möglichkeit, Sanktionen für verschiedene Unterrichtungsfehler flexibel auslaufen zu lassen. Dahingehend eignet sich das im deutschen Recht etablierte Rechtsinstitut der Verwirkung. Für dessen Anwendung spricht auch das Äquivalenzgebot, welches eine Sanktionierung nach den allgemeinen schuldrechtlichen Regeln und damit auch nach den Schranken fordert, die im deutschen Recht für die Ausübung von Gestaltungsrechten gelten.[606]

IV. Widerspruchslose Weiterarbeit

Wie bereits angerissen, schließt die überwiegende Ansicht die Verwirkung des Widerspruchsrechts nach einer festgelegten Frist ohne Hinzutreten weiterer Umstände aus, da dies einer absoluten Ausschlussfrist gleichkäme und ein solche vom Gesetzgeber explizit nicht gewollt wurde. Vor diesem Hintergrund stellt sich die Frage, ob die widerspruchslose Weiterarbeit des Arbeitnehmers über einen gewissen Zeitraum das Umstandsmoment erfüllen kann. Dies liefe auf ein rein faktisch vergleichbares Ergebnis hinaus, da das Widerspruchsrecht ohne ein von der normalen Arbeitserbringung abweichendes Verhalten des Arbeitnehmers verwirken könnte. Daher wird die Erfüllung des Umstandsmoments durch die bloße widerspruchslose Weiterarbeit beim Erwerber von der überwiegenden Meinung in Rechtsprechung und Literatur unter Hinweis auf das Verbot einer absoluten Ausschlussfrist weitgehend abgelehnt.[607]

1. Vertrauensbildende Umstände als Voraussetzung

Nach den Grundsätzen der Verwirkung kommt es aber allein darauf an, ob die Umstände geeignet sind, ein schutzwürdiges Vertrauen beim Schuldner zu begründen. Zunächst sind Anhaltspunkte, auf die sich das Vertrauen des

---

605 So *Sagan*, ZIP 2011, 1641 (1647).

606 Mit dem Äquivalenzgebot argumentiert auch *Sagan*, ZIP 2011, 1641 (1647).

607 APS/*Steffan*, § 613a BGB Rn. 223; MüKo BGB/*Müller-Glöge*, § 613a BGB Rn. 121; anders LAG München, Urt. v. 25.11.2015 – 5 Sa 478/15 = BeckRS 2016, 68438 (Rz. 41); unter Hinweis auf BAG, Urt. v. 24.8.2017 – 8 AZR 265/16 = NZA 2018, 168 kommt EK/*Preis*, § 613a BGB Rn. 102 zum Ergebnis, i.V.m. den wesentlichen Informationen reiche die widerspruchslose Weiterarbeit nunmehr aus; weitere Nachweise bei W/H/S/S/*Willemsen*, Umstrukturierung und Übertragung von Unternehmen, S. 953.

Schuldners stützen kann und die daher das Umstandsmoment erfüllen, vor allem in Handlungen des Gläubigers zu erkennen.[608] Paradebeispiel ist die Disposition des Arbeitnehmers über sein Arbeitsverhältnis. Ebenso wirkt die längere Inanspruchnahme eines Rechts, obwohl der Gläubiger eigentlich beabsichtigt, das Rechtsverhältnis durch Ausübung eines Gestaltungsrechts zu vernichten, vertrauensbildend.[609] Das bloße Unterlassen löst ein schutzwürdiges Vertrauen an sich nicht aus, es sei denn, der Schuldner durfte dieses als bewusst und planmäßig ansehen.[610] Dies insbesondere dann, wenn vom Berechtigten gerade die aktive Verfolgung seiner Rechte erwartet werden durfte, falls er auf ihnen beharren wollte.[611] Für diese Sichtweise spricht unter anderem auch die in der Regelung des § 15 S. 1 StVG erkennbare Wertung, wonach ein Recht nach dem StVG verwirken kann, wenn der Berechtigte einen Unfall nicht innerhalb einer bestimmten Frist anzeigt.[612]

a) Unterlassener Widerspruch

Geht der Arbeitnehmer nun widerspruchslos auch nach dem Betriebsübergang weiterhin zur Arbeit, so könnte man in diesem Unterlassen der Widerspruchsausübung nach den oben beschriebenen Grundsätzen einen vertrauensbildenden Umstand sehen. Der Arbeitgeber (wobei nicht zwischen Veräußerer und Erwerber differenziert werden muss[613]) rechnet nämlich in der Regel damit, dass er mit seiner Unterrichtung die einmonatige Widerspruchsfrist in Gang setzt und erwartet nach deren Ablauf grundsätzlich nicht mehr den Widerspruch eines übergegangenen Arbeitnehmers.[614] Ein solcher Vertrauensaufbau durch Unterlassen wäre von einer Verwirkung durch bloßen Zeitablauf zu trennen, auch wenn das Ergebnis in der Praxis vergleichbar wäre. Im Unterschied zum reinen Zeitablauf unterlässt es der Arbeitnehmer hier, sein Widerspruchsrecht geltend zu machen, während er andauernd Leistung erbringt.

---

608 MüKo BGB/*Schubert*, § 242 BGB Rn. 399.

609 Staudinger/*Looschelders/Olzen*, § 242 BGB Rn. 307.

610 MüKo BGB/*Schubert*, § 242 BGB Rn. 383.

611 MüKo BGB/*Schubert*, § 242 BGB Rn. 400.

612 So auch Staudinger/*Looschelders/Olzen*, § 242 BGB Rn. 307.

613 Vgl. § 9 A. III.

614 BAG, Urt. v. 2.4.2009 - 8 AZR 220/07 = BeckRS 2009, 72151 (Rz. 28); *Sagan*, ZIP 2011, 1641 (1649); vgl. schon § 10 D. II. 2.

b) Weiterarbeit als Inanspruchnahme von Rechten

Man könnte also auch noch einen Schritt weiter gehen und davon ausgehen, dass in der Erbringung von Arbeitsleistung durch den übergegangenen Beschäftigten beim Erwerber selbst eine vertrauensschaffende Handlung zu sehen sei. Der Beschäftigte nimmt seine Rechte als Arbeitnehmer bei der Erbringung der Arbeitsleistung (Lohn etc.) nämlich kontinuierlich in Anspruch, was im Widerspruch dazu stünde, das damit verknüpfte Arbeitsverhältnis durch Ausübung des Widerspruchsrechts im Nachhinein wieder zu beseitigen.

2. Sorge vor einer betriebsbedingten Kündigung als Motiv

Da die Verwirkung für den Rechtsanwender letztendlich auf eine Prüfung des beim Schuldner aufgebauten Vertrauens hinausläuft, kommt es insbesondere darauf an, wie das Verhalten des Gläubigers objektiv zu interpretieren ist.[615] Aus dem Unterlassen des Widerspruchs durch den übergegangenen Arbeitnehmer müsste man als Veräußerer oder Erwerber schließen können, dass auch künftig kein Interesse an der Ausübung dieses Rechts bestehen würde. Allerdings sind auch die subjektiven Aspekte nicht gänzlich zu vernachlässigen, sofern sie sich auf das Vertrauen auswirken.[616] Könnte man das Verhalten also auf eine Weise nachvollziehen, die ein solches Vertrauen nicht unterstützt, so spräche das gegen die Annahme einer Verwirkung durch bloßen Zeitablauf.

Eine ebensolche Erklärung könnte darin gesehen werden, dass der Arbeitnehmer lediglich aus Furcht vor dem Verlust seines Arbeitsverhältnisses infolge des Widerspruchs über einen längeren Zeitraum auf sein Recht verzichten würde. Der Arbeitgeber könnte dann von der bloßen widerspruchslosen Weiterarbeit nicht darauf schließen, der Arbeitnehmer würde auch künftig nicht widersprechen.[617]

a) Verbot der Kündigung wegen des Übergangs

Der Übergang eines Arbeitsverhältnisses auf einen Erwerber infolge eines Betriebsübergangs ist als solcher schon dem Wortsinn nach kein „betriebsbedingtes Ausscheiden“ und keine „betriebsbedingte Beendigung des Arbeitsverhältnisses“. Vielmehr wird die Beendigung des Arbeitsverhältnisses oder das

---

615 BeckOK BGB/*Sutschet*, § 242 BGB Rn. 147.

616 MüKo BGB/*Schubert*, § 242 BGB Rn. 383, wonach beispielsweise das tatsächliche Vertrauen des Schuldners ein gewichtiges subjektives Element darstelle.

617 Vgl. *Kittner*, NJW 2012, 1180 (1182).

Ausscheiden aus dem Betrieb bei einem Betriebsübergang durch § 613a I 1 BGB gerade zwingend verboten.[618] Dieser Bestandsschutz würde aber ausgehöhlt werden, wenn die Arbeitsverhältnisse zwar per Gesetz auf den Erwerber übergingen, der einzelne Arbeitnehmer jedoch wegen des Betriebsübergangs mit einer Kündigung rechnen müsste.[619]

Der Arbeitnehmerschutz im Rahmen von Betriebsübergängen konkretisiert sich daher unter anderem darin, dass nach § 613a IV 1 BGB eine Kündigung durch den Veräußerer oder den Erwerber „wegen des Übergangs" unzulässig ist.[620] Das Kündigungsverbot kann dabei als deutlichste Ausprägung der Sicherung des sozialen Besitzstands eines Arbeitnehmers bezeichnet werden, welche eines der Hauptziele des § 613a BGB ist.[621] Die Regelung soll verhindern, dass der in § 613a I BGB angeordnete Bestandsschutz durch eine Kündigung unterlaufen wird und hat damit nur eine Komplementärfunktion.[622] Insoweit kann § 613a IV 1 BGB auch als spezialgesetzliche Konkretisierung des allgemeinen Umgehungsverbotes gewertet werden.[623] Es soll präventiv verhindert werden, dass sich insbesondere der Erwerber den Betriebsübergang zunutze macht, um sich bestimmter Arbeitnehmer zu entledigen.[624] Aus diesem Grund wurde bereits vor der Einführung von § 613a IV BGB überwiegend angenommen, dass eine aus Anlass des Betriebsübergangs ausgesprochene Kündigung unwirksam sei.[625]

b) Betriebsbedingte Kündigung nach Ausübung des Widerspruchsrechts

aa) Widerspruch zu § 613a IV BGB?

Aus dem Zusammenspiel von § 613a IV 1 und 2 BGB ergibt sich nach Auffassung der Rechtsprechung, dass nur der Betriebsübergang als solcher kein Kündigungsgrund sein darf. Eine Kündigung ist also nicht schon dann rechtsunwirksam, wenn der Betriebsübergang für selbige ursächlich war, vielmehr muss dieser Beweggrund und Motiv gewesen sein. Die Kündigung muss also

618 BAG, Urt. v. 11.11.2010 – 8 AZR 392/09 = NZA 2011, 763.

619 EK/*Preis*, § 613a BGB Rn. 153; BeckOK ArbR/*Gussen*, § 613a BGB Rn. 115.

620 So schon BAG, Urt. v. 26.5.1983 – AZR 477/81 = NJW 1984, 627.

621 BeckOK ArbR/*Gussen*, § 613a BGB Rn. 115; vgl. auch § 3 B.

622 EK/*Preis*, § 613a BGB Rn. 154; BAG, Urt. v. 26.5.1983 – AZR 477/81 = NJW 1984, 627 (629).

623 BeckOK ArbR/*Gussen*, § 613a BGB Rn. 115.

624 APS/*Steffan*, § 613a BGB Rn. 173.

625 APS/*Steffan*, § 613a BGB Rn. 171.

wesentlich durch den Betriebsinhaberwechsel bedingt worden sein. Zu prüfen ist daher stets, ob es neben dem Betriebsübergang noch einen sachlichen Grund gibt, der „aus sich heraus" die Kündigung rechtfertigen kann, da dann der Übergang zwar äußerer Anlass, nicht aber tragendes Motiv der Kündigung gewesen ist.[626]

Nach der ständigen Rechtsprechung des BAG ist eine Kündigung durch den Veräußerer wegen fehlender Weiterbeschäftigungsmöglichkeit oder wegen Stilllegung des Betriebs vor diesem Hintergrund unbeschadet der Vorschrift des § 613a BGB zulässig, wenn der Arbeitnehmer dem Übergang seines Arbeitsverhältnisses auf den Erwerber widersprochen hat.[627] In diesen Fällen sei die Kündigung nämlich durch die dringenden betrieblichen Erfordernisse bedingt, nicht durch den Übergang als solchen.[628] Tragendes Motiv ist, dass der Veräußerer keine Verfügungsmacht mehr über den bisher von dem Widersprechenden innegehabten Arbeitsplatz in der übertragenen Einheit hat.[629] Es handelt sich demnach um eine Kündigung „aus einem anderen Grund" gem. § 613a IV 2 BGB.[630]

bb) Sonstige Voraussetzungen

Indem er sein Widerspruchsrecht ausübt, hält der Arbeitnehmer sein *Arbeitsverhältnis* zum Veräußerer zwar aufrecht, sein *Arbeitsplatz* hingegen ist auf den Erwerber übergegangen. Dies hat zur Folge, dass der Veräußerer in der Regel eine betriebsbedingte Kündigung in Erwägung ziehen wird. Diese hat sich grundsätzlich vollumfänglich nach den Vorgaben des § 1 II KSchG zu richten.[631]

Der Veräußerer ist daher zur Prüfung verpflichtet, ob er den Arbeitnehmer an einem anderen Arbeitsplatz weiterbeschäftigten kann.[632] Zu berücksichtigen sind nicht nur mögliche freie Arbeitsplätze in demselben Betrieb (bei einem

---

626 Dazu BAG, Urt. v. 26.5.1983 – AZR 477/81 = NJW 1984, 627 (629).

627 Vgl. BAG, Urt. v. 27.9.1984 – 2 AZR 309/83 = NZA 1985, 493 (494); Urt. v. 30.10.1986 – 2 AZR 696/85 = NZA 1987, 382 (383); Urt. v. 29.3.2007 – 2 AZR 31/06 = NZA 2007, 855 (Rz. 35).

628 BAG, Urt. v. 27.9.1984 – 2 AZR 309/83 = NZA 1985, 493 (494).

629 *Grau*, Unterrichtung und Widerspruchsrecht, S. 393.

630 BeckOK ArbR/*Gussen*, § 613a BGB Rn. 125 f.

631 APS/*Steffan*, § 613a BGB Rn. 225.

632 BAG, Urt. v. 7.4.1993 – 2 AZR 449/91 = NZA 1993, 795 (798).

Teilbetriebsübergang), sondern auch in anderen Betrieben des Arbeitgebers.[633] Ist eine solche Weiterbeschäftigungsmöglichkeit gegeben, wäre die betriebsbedingte Kündigung unverhältnismäßig.[634] Nach einer hochumstritten[635] Entscheidung des BAG soll der Veräußerer sogar verpflichtet sein, einen freien Arbeitsplatz in einem anderen Betrieb seines Unternehmens, der eine mögliche Weiterbeschäftigungsmöglichkeit darstellt, so lange freizuhalten, wie er mit dem Widerspruch von an einen Erwerber übergegangenen Arbeitnehmern rechnen musste.[636] Dies müsse der Veräußerer so lange, wie die Widerspruchfrist noch nicht abgelaufen wäre. Der Senat deutet in seiner Urteilsbegründung zumindest an, dass die Vollständigkeit der Unterrichtung nicht maßgeblich sei, sondern der Veräußerer in jedem Fall nur bis Ablauf der Monatsfrist mit einem Widerspruch zu rechnen brauche. Innerhalb dieses Zeitraums führt die Entscheidung allerdings faktisch zu einem Einstellungsstopp für alle freien und etwaig vergleichbaren Arbeitsplätze im ganzen Unternehmen.[637]

Ist beim Veräußerer kein anderer Arbeitsplatz frei, liegen die Voraussetzungen für eine betriebsbedingte Kündigung grundsätzlich vor. Zwar ist der widersprechende Arbeitnehmer im Falle eines Teilbetriebsübergangs in die Sozialauswahl miteinzubeziehen, jedoch schließt auch das nicht aus, dass er letztendlich betriebsbedingt gekündigt wird.[638]

c) Zwischenergebnis

Ein dem Übergang seines Arbeitsverhältnisses widersprechender Arbeitnehmer sieht sich demnach dem Risiko einer betriebsbedingten Kündigung durch den Veräußerer ausgesetzt.[639] Die Furcht vor einem Verlust des Arbeitsplatzes stellt einen starken Anreiz dar, zunächst einfach „wie gewohnt" beim Erwerber weiterzuarbeiten. Entscheidet der Arbeitnehmer dies auf Basis einer unzureichenden Informationslage wegen der fehlerhaften Unterrichtung, wird ein treuwidrig widersprüchliches Verhalten teilweise abgelehnt. Der Arbeitgeber müsse damit

---

633 Allgemein zu § 1 II KSchG: BAG, Urt. v. 27.7.2017 – 2 AZR 476/16 = NZA 2018, 234 (Rz. 26 ff.); BeckOK ArbR/*Rolfs*, § 1 KSchG Rn. 380; speziell zum Betriebsübergang insbesondere: APS/*Steffan*, § 613a BGB Rn. 225; *Lunk/Möller*, NZA 2004, 9 (9).

634 Vgl. MüKo BGB/*Hergenröder*, § 1 KSchG Rn. 360, 366.

635 Zur Kritik vgl. nur *Lunk/Möller*, NZA 2004, 9 (10 f.); *Pomberg*, DB 2003, 2177 (2178).

636 BAG, Urt. v. 15.8.2002 – 2 AZR 195/01 = NZA 2003, 430 (431).

637 *Lunk/Möller*, NZA 2004, 9 (11).

638 Vgl. zur Sozialauswahl § 16 B.

639 BAG, Urt. V. 21.2.2013 – 8 AZR 877/11 = NZA 2013, 617 (Rz. 48); APS/*Steffan*, § 613a BGB Rn. 226.

rechnen, dass die bloße Weiterarbeit nicht unbedingt so zu verstehen sei, dass der übergegangene Beschäftigte beim Erwerber arbeiten will.[640] Vielmehr würde der Arbeitnehmer lediglich seine vertraglichen Pflichten gegenüber dem Erwerber erfüllen wollen, der bis zum Zeitpunkt des Widerspruchs nach der objektiven Rechtslage ja auch tatsächlich Gläubiger der Arbeitsleistung sei.[641]

Dieser Ansicht ist allerdings entgegenzuhalten, dass Arbeitnehmer auch ohne einen Betriebsübergang laufend mit unternehmerischen Entscheidungen rechnen müssen, die ihren Arbeitsplatz gefährden, was auch als „allgemeines Arbeitsvertragsrisiko" bezeichnet werden kann.[642] Demnach spricht die Furcht vor dem Verlust des Arbeitsplatzes als mögliches Motiv für die Nichtausübung der Kündigung vor diesem Hintergrund nicht grundsätzlich dagegen, dass sich beim Arbeitgeber ein schutzwürdiges Vertrauen aufbauen kann.

3. *Stellungnahme*

Letztlich muss also jedes arbeitnehmerseitige Verhalten, welches Vertrauen beim Arbeitgeber aufbauen kann, bei der Verwirkung berücksichtigt werden. Insbesondere die widerspruchslose Weiterarbeit kann grundsätzlich auch das Umstandsmoment verwirklichen. Käme man zu einem anderen Ergebnis, würde das zu einer systemwidrigen Erheblichkeitsschwelle führen.[643] Die Systematik der Verwirkung lässt es nämlich zu und verlangt sogar, eher schwache vertrauensbildende Umstände im Rahmen der Wechselwirkung mit dem Zeitmoment zu berücksichtigen. Wie das BAG mehrfach argumentiert hat, geht der Arbeitgeber auch bei einer fehlerhaften Unterrichtung davon aus, die Widerspruchsfrist in Gang gesetzt zu haben.[644] Somit ist ein Vertrauensaufbau bei der widerspruchslosen Weiterarbeit möglich, je nach den Umständen ist einfach nur ein längerer Zeitraum nötig, um zur Verwirkung zu führen.[645] Dafür spricht

---

640 *Kittner*, NJW 2012, 1180 (1182).

641 BAG, Urt. v. 24.8.2017 – 8 AZR 265/16 = NZA 2018, 168 (Rz. 48): unter Hinweis auf die Bedeutung des regelmäßigen Einkommens für den Arbeitnehmer bestätigend *Hofmann*, Rechtsmissbrauch und Verwirkung, S. 119.

642 *Kittner*, NJW 2012, 1180 (1182).

643 *Sagan*, ZIP 2011, 1641 (1647).

644 BAG, Urt. v. 2.4.2009 – 8 AZR 220/07 = BeckRS 2009, 72151 (Rz. 28); Urt. v. 12.11.2009 – 8 AZR 530/07 = NZA 2010, 761 (Rz. 27).

645 In eine ähnliche Richtung geht *Dzida*, NZA 2009, 641 (645), der eine Verwirkung zumindest nach sehr langer, möglicherweise mehrjähriger Weiterarbeit annehmen will, dabei allerdings noch auf Ebene des Umstandsmoments argumentiert.

auch die Rechtsprechung in der Zeit vor Einführung der § 613a V und VI BGB. Damals vertrat das BAG die Sichtweise, die Fortsetzung des Arbeitsverhältnisses beim Erwerber in Kenntnis des Betriebsübergangs führe sogar zu einer Zustimmung des Arbeitnehmers zum Arbeitgeberwechsel, da aus dem Schweigen hier im Regelfall das Einverständnis geschlossen werden könne.[646]

Wenn in der Literatur darauf hingewiesen wird, das „Hineininterpretieren" einer konkludenten Willenserklärung in Bezug auf das Wahlrecht, welches der Widerspruch dem Arbeitnehmer gebe, sei nicht zu vertreten, so ist dies nicht überzeugend.[647] Das Vertrauen des Arbeitgebers erwächst nicht dahingehend, der Arbeitnehmer hätte eine konkludente Wahlentscheidung getroffen, sondern in Bezug auf das Anlaufen der Widerspruchsfrist. Dieses Vertrauen steht in wechselseitigem Verhältnis zu einem entsprechend längeren Zeitmoment und wird umso schutzwürdiger, je näher das Unterrichtungsschreiben den gesetzlichen Vorgaben kommt.[648] Dies entspricht auch der hier vertretenen Sanktionsfunktion des Nichtanlaufens der Widerspruchsfrist. Indem das BAG mittlerweile selbst davon ausgeht, die Aufrechterhaltung des Widerspruchsrechts sei nur so lange geboten, wie es eine effektive und verhältnismäßige Sanktion für Unterrichtungsfehler erfordere, entzieht es dem Bedürfnis nach einer Erheblichkeitsschwelle im Rahmen der Verwirkung selbst den Boden.[649]

V. Differenzierung nach der Art des Unterrichtungsfehlers

Zum Teil wurde in der Vergangenheit daher von verschiedener Seite die Auffassung vertreten, die widerspruchslose Weiterarbeit könne zwar grundsätzlich zur Verwirkung führen, allerdings sei auf die Art des Unterrichtungsfehlers abzustellen.[650]

Die Schwere des Unterrichtungsfehlers könnte zum einen bereits im Rahmen der Frage berücksichtigt werden, ob die bloße Weiterarbeit des Arbeitnehmers überhaupt das Umstandsmoment erfüllt. Dafür spricht, dass der Rechtsanwender im Rahmen der Prüfung, ob ein bestimmtes Verhalten das Umstandsmoment erfüllt, eine Wertungsentscheidung vorzunehmen hat. Angesichts dessen

---

646 So bereits BAG, Urt. v. 2.10.1974 - 5 AZR 504/73 = NJW 1975, 1378 (1378); daran anknüpfend BAG, Urt. v. 17.11.1977 - 5 AZR 618/76 = NJW 1978, 1653 (1654).

647 Mit dieser Begründung die Verwirkung durch widerspruchslose Weiterarbeit ablehnend *Hofmann*, Rechtsmissbrauch und Verwirkung, S. 118 f.

648 Zum Einbezug der Schwere des Unterrichtungsfehlers vgl. folgend §§ 15, 16.

649 Vgl. § 10 D. II. 2.; i.E. auch *Sagan*, ZIP 2011, 1641 (1648).

650 Insb. *Sagan*, ZIP 2011, 1641; *Kittner*, NJW 2012, 1180.

stellt sich die Frage, ob es nicht einen Unterschied macht, welcher Unterrichtungsfehler zum Nichtanlaufen der Widerspruchsfrist geführt hat. So wäre es aus Schutzgesichtspunkten nicht gerechtfertigt, einem Arbeitnehmer, der gar nicht unterrichtet wurde und möglicherweise nur zufällig vom Betriebsübergang erfahren hat, sein Widerspruchsrecht im Wege der Verwirkung zu nehmen. Ein solcher Arbeitnehmer kann gar keine Entscheidung bilden und deshalb auch durch sein Nichtstun keinen Vertrauenstatbestand schaffen. Eine Differenzierung könnte aber im Falle einer lediglich fehlerhaften Unterrichtung angebracht sein.[651]

Zum anderen könnte die Verwirklichung des Umstandsmoments durch widerspruchslose Weiterarbeit über einen gewissen Zeitraum grundsätzlich bejaht, die Schwere des Unterrichtungsfehlers dann aber im Rahmen der nachgelagerten Prüfung berücksichtigt werden, ob das beim Arbeitgeber geschaffene Vertrauen auch schutzwürdig ist.[652] Die Schutzwürdigkeit hängt nämlich in erster Linie davon ab, wie sicher die Arbeitgeber davon ausgehen können, den Anforderungen der Unterrichtungspflicht gerecht geworden zu sein. Dies wiederum könnte im Zusammenhang mit der Schwere des Unterrichtungsfehlers stehen.[653]

1. Ebene des Umstandsmoments

a) Subjektive Kausalität

Vereinzelt wird gefordert, dass die bloße Weiterarbeit dann einen Vertrauenstatbestand schaffen müsse, wenn der Unterrichtungsfehler keinen Einfluss auf die Entscheidung des widersprechenden Arbeitnehmers gehabt habe.[654]

Neben den grundsätzlichen Bedenken gegen eine Kausalität im Rahmen des Widerspruchsrechts[655] ist dieser Ansatz aber vor allem deshalb problematisch, weil versucht wird, eine Wertungsentscheidung mit einem Kausalitätskriterium aus unterschiedlichen Perspektiven zu verbinden: der Vertrauenstatbestand (*Wertung aus Perspektive des Arbeitgebers*) werde dann durch bloße Weiterarbeit geschaffen, wenn der Unterrichtungsfehler keinen Einfluss auf die Entscheidung des Arbeitnehmers hatte (*subjektive Kausalität aus Sicht des Arbeitnehmers*). Dabei wird nicht ersichtlich, wieso die subjektive Motivlage Einfluss auf die

651 Dazu *Kittner*, NJW 2012, 1180 (1182 f.).

652 Vgl. zur Schutzwürdigkeit auch § 13 A. I. 3. b.

653 Diesen Ansatz wählt *Sagan*, ZIP 2011, 1641 (1649).

654 So *Kittner*, NJW 2012, 1180 (1183).

655 Vgl. § 15 A. IV.

Vertrauensbildung einer außenstehenden Person haben sollte, die von diesen Motiven keine Kenntnis haben kann.

Logisch stringenter wäre es daher, das vertrauensbildende Umstandsmoment dann durch bloße Weiterarbeit erwachsen zu lassen, wenn aus einer *objektiven Sicht* ein Einfluss des Unterrichtungsfehlers auf die Entscheidung des Arbeitnehmers als nicht nachvollziehbar erscheint.[656] Ein objektiv betrachteter Lebenssachverhalt ist eher dazu geeignet, Vertrauen zu schaffen, als eine subjektive Kausalität.

b) Einbeziehung der täglichen Erfahrung

Teilweise wurde deshalb schon angeregt, die Kenntnisse, die der Arbeitnehmer aus seiner täglichen Erfahrung bei der Arbeit beim Erwerber erlangt, mit in die Abwägungsentscheidung einfließen zu lassen.[657] Das Umstandsmoment könne demnach dann durch die bloße Weiterarbeit erfüllt werden, wenn der Arbeitnehmer eine informierte Entscheidung auf Basis des Unterrichtungsschreibens sowie seiner Erfahrungen aus der täglichen Arbeit treffen könne. Dies sei in der Regel spätestens nach drei Monaten der Fall. Im Ergebnis könnten nach dieser Ansicht also leichtere Unterrichtungsfehler mit der Zeit durch die Erfahrungen des Arbeitnehmers ausgeglichen werden und dessen bloße Weiterarbeit das notwendige Vertrauen beim Arbeitgeber herstellen.

2. Stellungnahme

a) Keine Berücksichtigung auf Ebene des Umstandsmoments

Auf ein subjektives Kausalitätskriterium abzustellen, ist schon deshalb abzulehnen, weil Vertrauen aus Perspektive des Arbeitgebers nicht von der subjektiven Motivlage des Arbeitnehmers abhängig gemacht werden darf. Zwar sind subjektive Elemente zu berücksichtigen, allerdings nicht, wenn sie allein in der Sphäre des Gläubigers bleiben und keine Auswirkung auf das tatsächliche Vertrauen des Schuldners haben.[658]

---

656 Zu den Problemen bei der Bestimmung einer objektiven Kausalität vgl. § 15 A. III.

657 So vertreten von *Bauer/v. Steinau-Steinrück*, ZIP 2002, 457 (464); verneinend *Kittner*, NJW 2012, 1180 (1183) unter Hinweis auf BAG, Urt. v. 20.3.2008 - 8 AZR 1016/06 = NZA 2008, 1354, wonach die bloße Weiterarbeit ganz allgemein kein Vertrauen schaffen könne, der deswegen an die subjektive Kausalität des Unterrichtungsfehlers anknüpfen will.

658 Vgl. § 13 A. I. 3. b.

Der Einbezug der täglichen Arbeitserfahrung hat demgegenüber den Vorteil, dass er objektiv bestimmt werden kann. Es kommt nicht darauf an, was die Entscheidung des Arbeitnehmers subjektiv beeinflussen konnte, sondern darauf, welche Erkenntnisse jemand in einer längeren Beschäftigungszeit gewinnen kann. Insoweit wäre der Ansatz auch praktisch handhabbar. Die Frist könnte danach bestimmt werden, welcher Fehler im Unterrichtungsschreiben gemacht wurde und wie lange es üblicherweise dauert, bis der Arbeitnehmer die entsprechende Information durch seine tägliche Arbeit beim Erwerber selbst erlangt. Ab dem so bestimmten Zeitpunkt würde das Vertrauen des Arbeitgebers durch die Weiterarbeit des Arbeitnehmers dann sukzessive aufgebaut.

Dieser Ansatz stünde dann aber vor dem Problem, dass die Bestimmung, wann der Arbeitnehmer Kenntnis von den zunächst nicht vorhandenen Informationen erlangt hat, nur aus einer *ex post*-Perspektive heraus gelingen kann. Bis zur Ausübung des Widerspruchsrechts weiß der Arbeitgeber oft gar nicht, dass es ein Informationsdefizit gibt. Weiß er dies doch, so ist sein Vertrauen von vornherein nicht schutzwürdig. Bestimmt man den Zeitpunkt, ab dem die bloße Weiterarbeit ein Vertrauen begründen kann, aber rückblickend, so leuchtet nicht ein, wie der Arbeitgeber ohne Kenntnis von diesem Zeitpunkt Vertrauen aufgebaut haben sollte. Gegen eine Berücksichtigung der täglichen Erfahrung im Rahmen des Umstandsmoments spricht auch, dass es eine systemwidrige Erheblichkeitsschwelle darstellen würde, vertrauensbildende Verhaltensweisen, seien sie auch nur schwach, überhaupt nicht zu berücksichtigen. Vielmehr muss das entsprechend schwache Umstandsmoment zu höheren Anforderungen beim Zeitmoment führen. Würde man die Vertrauensbildung aber davon abhängig machen, ob der Unterrichtungsfehler beim Arbeitnehmer durch seine tägliche Erfahrung beim Erwerber kompensiert wurde, so hätte man ebenfalls eine Erheblichkeitsschwelle geschaffen. Nach zutreffender Ansicht geht der Arbeitgeber mit der Unterrichtung davon aus, die Widerspruchsfrist in Gang gesetzt zu haben und hat damit ein je nach Schwere des Unterrichtungsfehlers schutzwürdiges Vertrauen aufgebaut, welches eines entsprechend längeren Zeitmoments bedarf.

b) Berücksichtigung auf Ebene der Schutzwürdigkeit des Vertrauens

Letztlich hängt der Eintritt der Verwirkung nach vorzugswürdiger Auffassung zwar insbesondere vom Verhältnis zwischen dem vom Arbeitnehmer geschaffenen Vertrauenstatbestand und dem Gewicht des Unterrichtungsfehlers ab, allerdings wirkt sich dies erst auf Ebene der Schutzwürdigkeit des gesetzten

Vertrauens aus.[659] Zum Teil wird auch vertreten, schwere Unterrichtungsfehler würden das Vertrauen des Arbeitgebers weniger schutzwürdig machen, wohingegen leichte Unterrichtungsfehler die Schutzwürdigkeit des Arbeitnehmers senken, nicht aber die des Arbeitgebers erhöhen würden. Begründet wird dies damit, dass der Arbeitgeber durch die fehlerhafte Unterrichtung selbst die Ursache für die Untätigkeit des Arbeitnehmers setzen würde.[660] Dies überzeugt allerdings bereits deshalb nicht, weil das Vertrauen eines Arbeitgebers darauf, dass er die Widerspruchsfrist zum Laufen gebracht hätte, umso stärker ist, je gewissenhafter er informiert hat und je näher sich das Unterrichtungsschreiben an den Vorgaben des § 613a V BGB bewegt.[661]

Die Differenzierung nach der Schwere des Unterrichtungsfehlers im Rahmen der Schutzwürdigkeit des arbeitgeberseitigen Vertrauens entspricht auch dem europarechtlich gebotenen Verhältnismäßigkeitsgrundsatz, der die Sanktionierung von Unterrichtungsfehlern (auch nach Ansicht des BAG[662]) einschränkt.[663] Die Schwere eines Unterrichtungsfehlers kann zusammengefasst anhand von zwei Kriterien bestimmen[664]:

(1) Grad der Sorgfaltspflichtverletzung
(2) Interesse des Arbeitnehmers an der ordnungsgemäßen Information

---

659 Vertreten wird diese Ansicht insbesondere von *Sagan*, ZIP 2011, 1641 (1649); bestätigend auch jüngst *Greiner/Pionteck*, RdA 2020, 169 (170 f.), welche das schutzwürdige Vertrauen des Arbeitgebers in Hinblick auf die Nichtausübung des Widerspruchsrechts für schwerwiegender halten, wenn das Unterrichtungsschreiben bestimmte wesentliche Informationen beinhalte (krit. aber in Bezug auf die pauschale Kategorie der grundlegenden Informationen, vgl. § 13 B. I. 2. c.).

660 So MüKo BGB/*Schubert*, § 242 BGB Rn. 426.

661 Dafür, dass das Vertrauen umso stärker ist, je näher sich das Unterrichtungsschreiben an den gesetzlichen Vorgaben orientiert hat, spricht auch, dass der Arbeitgeber nach Auffassung des BAG mit der Unterrichtung zum Ausdruck bringt, er wolle die Widerspruchsfrist zum Laufen bringen und dies „auch" für die fehlerhafte Unterrichtung gelte, vgl. beispielsweise BAG, Urt. v. 2.4.2009 – 8 AZR 220/07 = BeckRS 2009, 72151 (Rz. 28); Urt. v. 12.11.2009 – 8 AZR 530/07 = NZA 2010, 761 (Rz. 27). Das BAG geht also grundsätzlich davon aus, der Arbeitgeber wolle eine ordnungsgemäße Unterrichtung durchführen.

662 BAG, Urt . v. 7.10.2013 – 8 AZR 974/12 = NJW 2014, 2461 (Rz. 25).

663 *Sagan*, ZIP 2011, 1641 (1649).

664 Auf diese Parameter berufen sich *Greiner/Pionteck*, RdA 2020, 169 (171); *Sagan*, ZIP 2011, 1641 (1649); *Hohenstatt/Grau*, NZA 2007, 13 (18); *Grau*, RdA 2005, 367 (375); i.E. auch *Löwisch/Göpfert/Siegrist*, DB 2007, 2538 (2539).

aa) Grad der Sorgfaltspflichtverletzung

Die Berücksichtigung des Grads der Sorgfaltspflichtverletzung schließt aus, dass das Widerspruchsrecht etwa bei vorsätzlichen Unterrichtungsfehlern verwirken kann.[665] Dies führt den Sanktionszweck konsequent fort, da ein Arbeitgeber, dem nur versehentlich ein Unterrichtungsfehler unterlaufen wird, dadurch nicht mit einem vorsätzlich täuschenden Arbeitgeber gleichgestellt wird. Könnte sich letzterer auf die Verwirkung berufen und sein Verstoß gegen die Unterrichtungspflicht nicht mehr durch das Widerspruchsrecht sanktioniert werden, könnte nicht mehr von einer in ausreichendem Maße abschreckenden und effektiven Sanktion gesprochen werden.

bb) Interesse des Arbeitnehmers an der Information

Durch die Berücksichtigung des Interesses des Arbeitnehmers an der Information erfolgt eine qualitative Abstufung der Unterrichtungsfehler. Das Interesse bezieht sich dabei auf eine fakultative Anhörung und wird im Zeitpunkt der Unterrichtung bestimmt.[666]

Unbeantwortet blieb bislang allerdings die Frage, ob das Interesse objektiv zu bestimmen ist, oder sich nach den subjektiven Vorstellungen des konkreten Arbeitnehmers richtet. Die Berücksichtigung des Unterrichtungsfehlers erfolgt im Rahmen der Schutzwürdigkeit des gesetzten Vertrauens. Da sich das Vertrauen beim Arbeitgeber aufbaut, liegt die Perspektive dabei also grundsätzlich auch bei ihm. Ein gesetztes Vertrauen aufgrund subjektiver Vorstellungen weniger schutzwürdig zu machen, wäre mit dem Gebot einer verhältnismäßigen Sanktion nicht vereinbar. Deutlich wird dies in krassen Fällen, in denen es beispielsweise um die Verwechslung des Vornamens („Jochen" statt „Joachim"[667]) geht. Selbst wenn der Arbeitnehmer subjektiv Relevanz in dieser Information erkennt, lässt sich aus objektiver Sicht kein Bezug zur fakultativen Anhörung erkennen. Somit würde dieser Unterrichtungsfehler die Schutzwürdigkeit nicht negativ beeinflussen. Wie sich das Interesse handhabbar abstufen lässt, soll in einem späteren Kapitel erläutert werden.[668]

---

665 *Sagan*, ZIP 2011, 1641 (1649).

666 *Sagan*, ZIP 2011, 1641 (1649); auf die Relevanz in Bezug auf die Entscheidung zum Unterrichtungsschreiben abstellend hingegen MüKo BGB/*Schubert*, § 242 BGB Rn. 426; zum Zweck der fakultativen Anhörung vgl. § 10 B. IV.

667 Dass dies einen Fehler darstellen könnte, hat das BAG bereits angedeutet, vgl. BAG, Urt. v. 13.7.2006 – 8 AZR 305/05 = NZA 2006, 1268 (Rz. 23).

668 Vgl. § 16 B. III. 2.

B. Anwendung der grundlegenden Informationen auf die Verwirkung

Im Jahr 2017 entschied das BAG nun in zwei Fällen, dass die widerspruchslose Weiterarbeit unter bestimmten Umständen zu einer Verwirkung führen könne.[669] Zum einen müsse der Arbeitnehmer im Rahmen einer Unterrichtung nach § 613a V BGB zumindest die grundlegenden Informationen erhalten. Zum anderen müsse er dann über einen Zeitraum von mindestens sieben Jahren, der frühestens mit dem Betriebsübergang beginne, beim Erwerber tätig gewesen sein.

I. Auswirkungen auf das Umstandsmoment

1. Widerspruchslose Weiterarbeit weiter kein Umstandsmoment

In der Urteilsbegründung vom 24.8.2017 betonen die Richter, sie wollten weiterhin daran festhalten, dass die bloße widerspruchslose Weiterarbeit nicht ausreiche, um das Umstandsmoment zu erfüllen.[670] Damit stellt sich das BAG der Auffassung der Vorinstanz explizit entgegen.

a) Aktives Verhalten nicht in jedem Fall notwendig

Das LAG München hatte die Ansicht vertreten, für die Annahme eines Umstandsmoments sei nicht in jedem Falle ein aktives Verhalten notwendig.[671] Denkbar sei auch, dass dem bloßen Untätigbleiben unter bestimmten Umständen bei objektiver Betrachtung ein schutzwürdiges Vertrauen entnommen werden könne. Die Annahme des Umstandsmoments bedeute nicht, dass die Inanspruchnahme des Rechts als missbilligenswertes Verhalten erscheinen müsse.[672] Ausreichend sei, dass die Untätigkeit einen Vertrauenstatbestand beim Verpflichteten geschaffen habe, oder aus anderen Gründen die spätere Rechtsausübung mit der früheren Untätigkeit unvereinbar erscheine.[673] Bei der Beurteilung solle es nicht nur auf den *subjektiven Blickwinkel* der Beteiligten ankommen, sondern vor allem auch darauf, ob sich der Verpflichtete bei *objektiver Beurteilung* darauf einrichten

---

669 BAG, Urt. v. 24.8.2017 – 8 AZR 265/16 = NZA 2018, 168; bestätigt durch BAG, Urt. v. 21.12.2017 – 8 AZR 99/17 = BeckRS 2017, 146233.

670 BAG, Urt. v. 24.8.2017 – 8 AZR 265/16 = NZA 2018, 168 (Rz. 25).

671 LAG München, Urt. v. 25.11.2015 – 5 Sa 478/15 = BeckRS 2016, 68438 (Rz. 39).

672 LAG München, Urt. v. 25.11.2015 – 5 Sa 478/15 = BeckRS 2016, 68438 (Rz. 32).

673 So auch MüKo BGB/*Schubert*, § 242 BGB Rn. 383.

durfte, dass er mit der Rechtsausübung durch den Berechtigten nicht mehr zu rechnen brauche.[674]

Die Richter des LAG München verweisen in der Urteilsbegründung auf die Rechtsprechung des BAG, nach der allein der widerspruchslosen Weiterarbeit kein Erklärungswert im Sinne eines Umstandsmoments beigemessen werden könne.[675] Sie stellen sich dieser Rechtsauffassung aber entgegen, insoweit sie beinhalten sollte, dass die Erfüllung des Umstandsmoments stets ein aktives Verhalten des Arbeitnehmers voraussetze, mit dem er zu erkennen gebe, er habe den Übergang seines Arbeitsverhältnisses akzeptiert. Insbesondere habe das BAG in einem Sachverhalt außerhalb des Widerspruchsrechts selbst vertreten, dass eine nahezu zweijährige widerspruchslose Kooperation ein unmissverständliches Zeichen dafür gewesen sei, dass der Arbeitnehmer eine personelle Entscheidung hingenommen habe und diese nicht mehr angreifen werde.[676]

Das LAG München führt weiter aus, es mache einen Unterschied, ob man die Prüfung der Verwirkung systematisch falsch allein auf das Zeitmoment reduziere, oder ob man im Ergebnis auf die bloße widerspruchslose Weiterarbeit abstelle.[677] Ein schutzwürdiges Vertrauen des Arbeitgebers sei hier bereits deswegen entstanden, weil die Arbeitnehmerin ihr Arbeitsverhältnis über einen Zeitraum von sieben Jahren hinweg ohne das geringste Anzeichen, sie werde das Widerspruchsrecht noch ausüben, beim Erwerber fortgesetzt habe.[678] Eine andere Auffassung, wonach die bloße widerspruchslose Weiterarbeit unabhängig

---

674 Das LAG München führt insbesondere den BGH, Beschl. v. 30.11.2010 – VI ZB 30/10 = NJOZ 2011, 1409 an, da das Gericht dort die Bedeutung der objektiven Sichtweise im Rahmen von § 242 BGB besonders betont hatte, vgl. LAG München, Urt. v. 25.11.2015 – 5 Sa 478/15 = BeckRS 2016, 68438 (Rz. 33).

675 U.a. mit Bezug auf BAG, Urt. v. 9.12.2010 – 8 AZR 592/08 = BeckRS 2011, 70668, vgl. LAG München, Urt. v. 25.11.2015 – 5 Sa 478/15 = BeckRS 2016, 68438 (Rz. 38).

676 Dies wurde im Falle einer Versetzung so entschieden, BAG, Urt. v. 12.12.2006 – 9 AZR 747/06 = NZA 2007, 396, vgl. LAG München, Urt. v. 25.11.2015 – 5 Sa 478/15 = BeckRS 2016, 68438 (Rz. 40).

677 Auch hier stellt sich das LAG München einer früheren Entscheidung des BAG entgegen, in der üblichen Vertragsanpassungen der Erklärungswert einer bloßen widerspruchslosen Weiterarbeit zugemessen wurde, welcher auch bei einem gravierenden Zeitmoment nicht die Bedeutung eines Umstandsmoments zukomme, vgl. LAG München, Urt. v. 25.11.2015 – 5 Sa 478/15 = BeckRS 2016, 68438 (Rz. 41) unter Bezugnahme auf BAG, Urt. v. 15.3.2012 – 8 AZR 700/10 = NZA 2012, 1097.

678 LAG München, Urt. v. 25.11.2015 – 5 Sa 478/15 = BeckRS 2016, 68438 (Rz. 42).

von ihrer Dauer unter keinen Umständen als Umstandsmoment in Betracht käme, liefe auf ein zeitlich unbegrenztes Widerspruchsrecht hinaus.[679]

Nach Auffassung des BAG sei dem LAG München zwar nun insoweit rechtzugeben, als dass die widerspruchslose Weiterarbeit in der Tat nach einer gewissen Zeit zur Verwirkung führen könne. Allerdings seien dafür zusätzliche Voraussetzungen (grundlegende Informationen und Weiterarbeit über sieben Jahre) nötig.[680]

b) Stellungnahme

Wie bereits ausgeführt, muss jedes Verhalten des Arbeitnehmers, welches geeignet ist, Vertrauen beim Arbeitgeber zu schaffen, dazu führen, dass das Umstandsmoment verwirklicht werden kann. Dazu gehört auch die widerspruchslose Weiterarbeit. Das LAG München erkennt im Ergebnis richtig, dass die bloße Beachtung des Zeitmoments nicht mit den Grundsätzen der Verwirkung vereinbar wäre. Dem ist zuzustimmen, soll das Instrument der Verwirkung doch nicht die verspätete Geltendmachung eines Rechts als solche sanktionieren, sondern das sich auf zusätzliche Umstände stützende Vertrauen des Schuldners schützen. Ebenfalls zustimmungswürdig ist die Feststellung, dass die Beachtung der widerspruchslosen Fortsetzung des Arbeitsverhältnisses nicht mit der Ausklammerung des Umstandsmoments gleichzusetzen ist. Der Arbeitgeber kann nach der hier vertretenen Ansicht grundsätzlich damit rechnen, mit seiner Unterrichtung die Widerspruchsfrist zum Anlaufen gebracht zu haben. Wird der Widerspruch nicht ausgeübt, so schafft dies Vertrauen, welches allerdings nicht besonders schwer wiegt und daher eines längeren Zeitmoments bedarf. Ob das Vertrauen dann auch schutzwürdig ist, muss sodann anhand der Schwere des Unterrichtungsfehlers bestimmt werden.

Insoweit versucht das BAG seiner bisherigen Linie treu zu bleiben und in seiner Entscheidung keine wesentliche Neuerung in Bezug auf die widerspruchslose Weiterarbeit einzuführen. Letztlich führt die Entscheidung aber dennoch dazu, dass sich das Umstandsmoment nunmehr auch aus der widerspruchslosen Weiterarbeit ergeben kann.[681]

2. Wirkung der grundlegenden Informationen

Als „grundlegend" erachtet das BAG eben den Informationskatalog, der schon im Rahmen der Kettenübergänge aufgeführt wurde.[682] Grundlegend sei demnach die

---

679 LAG München, Urt. v. 25.11.2015 – 5 Sa 478/15 = BeckRS 2016, 68438 (Rz. 43).

680 BAG, Urt. v. 24.8.2017 – 8 AZR 265/16 = NZA 2018, 168 (Rz. 24).

681 Dies merkt zutreffend an EK/*Preis*, § 613a BGB Rn. 102.

682 Vgl. § 12 C. I. 1.

Unterrichtung über den mit dem Betriebsübergang verbundenen Übergang des Arbeitsverhältnisses unter Mitteilung des Zeitpunktes oder des geplanten Zeitpunktes sowie des Gegenstands des Betriebsübergangs und des Betriebsübernehmers in Textform.[683] Nunmehr fügt der 8. Senat aber richtigerweise auch die Belehrung über das Widerspruchsrecht nach § 613a VI BGB hinzu.[684]

a) Besondere Umstände

Das BAG geht davon aus, dass der Arbeitnehmer ohne das Hinzutreten weiterer Umstände durch das Erbringen der vertraglich geschuldeten Arbeitsleistung für den Erwerber noch nicht zu erkennen gebe, dass er an der Vertragsbeziehung mit dem Erwerber nicht mehr festhalten wolle und sein Widerspruchsrecht nicht mehr ausüben werde. Die grundlegenden Informationen würden aber gerade solche besonderen Umstände darstellen. Sie könnten dafür sorgen, dass die verspätete Geltendmachung des Widerspruchsrechts als mit Treu und Glauben unvereinbar und für den Arbeitgeber als unzumutbar anzusehen seien.[685]

Nach dieser Argumentationsstruktur ginge die widerspruchslose Weiterarbeit des Arbeitnehmers über ein bloßes Unterlassen hinaus, wenn der Arbeitnehmer vorher die grundlegenden Informationen erhalten habe. Einer solchen Unterrichtung könne nämlich hinreichend deutlich entnommen werden, dass der Veräußerer als vormaliger Arbeitgeber seine Position infolge des Betriebsübergangs kraft Gesetzes verlieren werde und sich der Erwerber sodann als „neuer Arbeitgeber“ sehe. Durch die Belehrung über das Widerspruchsrecht werde dem Arbeitnehmer außerdem ein Weg aufgezeigt, um den Fortbestand des Arbeitsverhältnisses zum Veräußerer herbeizuführen. Arbeite der Arbeitnehmer in Kenntnis dieser Umstände weiter, habe seine widerspruchslose Weiterarbeit eine andere Qualität als das schlichte Untätigbleiben.[686]

b) Kritik

Das Umstandsmoment der Verwirkung gründet somit letztlich auf der Weiterarbeit trotz Kenntnis vom Widerspruchsrecht. Auf diesen Punkt konzentriert sich auch die wesentliche Kritik. Zum Teil wird postuliert, die Unkenntnis vom Widerspruchsrecht würde die Anforderungen an das Umstandsmoment zwar

683 BAG, Urt. v. 24.8.2017 – 8 AZR 265/16 = NZA 2018, 168 (Rz. 24).

684 Die Widerspruchsbelehrung wurde im Rahmen der Kettenübergänge unverständlicherweise herausgenommen, vgl. § 12 C. III. 1. d.

685 BAG, Urt. v. 24.8.2017 – 8 AZR 265/16 = NZA 2018, 168 (Rz. 25 f.).

686 Zu diesem Abschnitt BAG, Urt. v. 24.8.2017 – 8 AZR 265/16 = NZA 2018, 168 (Rz. 26).

erhöhen, umgekehrt solle aber die Kenntnis des Arbeitnehmers nicht zur Folge haben, dass die bloße Vertragserfüllung bereits ein schutzwürdiges Vertrauen auslöse.[687] Positivere Stellungnahmen bemerken, im Ergebnis schaffe der 8. Senat durch die Anwendung der Rechtsfigur grundlegender Informationen eine verbindliche Untergrenze für die Erzeugung des Umstandsmoments und trage so zur Rechtssicherheit bei.[688]

c) Stellungnahme

Erstmals berücksichtigt die Rechtsprechung in diesem Urteil die Art des Unterrichtungsfehlers im Rahmen der Verwirkung. Dies kann als Schritt in die richtige Richtung bezeichnet werden.[689] Nach der hier vertretenen Auffassung sind allerdings zwei Kritikpunkte zu nennen:

Zum einen stellt es eine systemwidrige Erheblichkeitsschwelle für die Verwirklichung des Umstandsmoments dar, wenn das BAG davon ausgeht, Vertrauen auf Arbeitgeberseite könne nur durch das Hinzutreten besonderer Umstände aufgebaut werden. Insoweit ist auch die Kritik aus der Literatur abzulehnen, insoweit sie aus der widerspruchslosen Weiterarbeit weiterhin keinerlei Vertrauen ableiten will. Vorzugswürdig wäre es, auch die bloße Weiterarbeit als vertrauensbildenden Umstand anzuerkennen und Korrekturen sodann auf Ebene der Schutzwürdigkeit dieses Vertrauens vorzunehmen. Auch durch ein entsprechend längeres Zeitmoment könnte ein schwaches Vertrauen ausgeglichen werden. Insoweit der 8. Senat die besonderen Umstände aber in der Unterrichtung erkennt, so ist dies im Ergebnis richtig, da der Arbeitgeber nur dann davon ausgehen kann, die Widerspruchsfrist in Gang gesetzt zu haben, wenn er den Arbeitnehmer überhaupt über den Betriebsübergang unterrichtet hat. Letztlich ist dem BAG insbesondere dahingehend zuzustimmen, als die Art des Unterrichtungsfehlers im Rahmen der Verwirkung Berücksichtigung finden muss.

---

687 MüKo BGB/*Schubert*, § 242 BGB Rn. 431; dagegen *Greiner/Pionteck*, RdA 2020, 169 (170), wonach die widerspruchslose Weiterarbeit des Arbeitnehmers „größere Aussagekraft" habe, wenn der Arbeitnehmer über die wesentlichen Gegebenheiten des Betriebsübergangs im Bilde sei.

688 Mit dieser Einschätzung auch *Bauer/Ernst*, NZA 2018, 1243 (1245).

689 Dass die Unterscheidung zwischen verschiedenen Unterrichtungsfehlern im Rahmen des Umstandsmoments *prima facie* einleuchte, stellen auch *Greiner/Pionteck*, RdA 2020, 169 (170) fest.

Zum anderen steht die pauschale Kategorisierung der Unterrichtungsfehler in Konflikt zur Sanktionsfunktion des Widerspruchs.[690] Selbst absichtlich in Unterrichtungsschreiben eingebaute Fehler würden nach der Argumentation des Senats nach Ablauf von sieben Jahren zur Verwirkung führen, sofern die grundlegenden Informationen vorgelegen haben. Vorzugswürdig wäre es deshalb, die Art der Unterrichtungsfehler differenzierter unter Berücksichtigung des Grads der Sorgfaltspflichtverletzung und des Interesses des Arbeitnehmers an der jeweiligen Information zu bestimmen.

II. Anforderungen an das Zeitmoment

1. Kommunizierende Röhren

Die widerspruchslose Weiterarbeit trotz vorheriger Unterrichtung über die grundlegenden Informationen ist nach Auffassung des BAG aber trotzdem kein gewichtiges Umstandsmoment. Der Arbeitnehmer gebe zwar zu erkennen, dass er den Erwerber als seinen neuen Arbeitgeber ansehe, dies entspreche aber nur der zum Zeitpunkt der Tätigkeit bestehenden objektiven Rechtslage. Mit der Weiterarbeit erfülle der Arbeitnehmer daher nur die ihm obliegenden Vertragspflichteten aus dem Arbeitsverhältnis. Deshalb seien an das Zeitmoment höhere Anforderungen zu stellen. Die Verwirkung könne erst eintreten, wenn die widerspruchslose Weiterarbeit über einen erheblichen Zeitraum erfolge.[691]

2. Siebenjahresfrist

Der 8. Senat verortet die erforderliche Zeitspanne, ab der das Zeitmoment verwirklicht wird, bei sieben Jahren.

a) Herleitung

In der Urteilsbegründung wird zunächst auf zwei dem Zivilrecht bereits bekannte Fristen verwiesen, welche eine Unter- sowie eine Obergrenze markieren sollen, aber jeweils nicht direkt anwendbar seien.[692] Sodann wird versucht, das im konkreten Fall erforderliche Zeitmoment innerhalb der so festgelegten Skala zu bestimmen. Als Untergrenze solle die Verjährungsfrist von drei Jahren nach

---

690 Für „bei weitem zu wenig ausdifferenziert" halten auch *Greiner/Pionteck*, RdA 2020, 169 (170) die schematische Unterscheidung zwischen grundlegenden und nicht grundlegenden Informationen.

691 Zu diesem Abschnitt BAG, Urt. v. 24.8.2017 – 8 AZR 265/16 = NZA 2018, 168 (Rz. 27).

692 Dazu auch MüKo BGB/*Schubert*, § 242 BGB Rn. 431.

§ 195 BGB gelten. Diese sei nicht direkt anzuwenden, da sie nur für Ansprüche und damit nicht für das Widerspruchsrecht als Gestaltungsrecht gelte. Als Obergrenze legt das BAG die Zehnjahresfrist für die Anfechtung einer Willenserklärung nach § 121 II BGB fest. Auch diese Frist sei nicht unmittelbar anwendbar, da die Anfechtung im Gegensatz zum Widerspruchsrecht einen Anfechtungsgrund erfordere und darüber hinaus keine vorangehende Unterrichtung kenne.

Dennoch können die in §§ 195 und 121 II BGB festgelegten Fristen nach Auffassung des 8. Senats eine Orientierungshilfe bieten. Der Zeitraum müsse deutlich mehr als drei und deutlich weniger als zehn Jahre betragen. Das Zeitmoment wird sodann pauschal auf sieben Jahre festgelegt.

b) Stellungnahme

Wenn das BAG das Zeitmoment unter Hinzuziehung der Orientierungshilfen von drei bzw. zehn Jahren bestimmen will, erklärt sich nicht, wie die Richter im Ergebnis auf sieben Jahre kommen. Die mathematisch korrekte Mitte wären sechseinhalb Jahre gewesen. Die Abweichung von sechs Monaten wird nicht erklärt. Die Anwendung eines starren Kriteriums im Rahmen der Verwirkung, die eigentlich auf den konkreten Einzelfall abstellt, ist schon grundsätzlich problematisch.[693] Die willkürliche Festlegung auf sieben Jahre wirkt allerdings angesichts des zu Grunde liegenden Sachverhalts reichlich konstruiert. Insbesondere wurde ein Zeitraum von sechseinhalb Jahren in der bisherigen BAG-Rechtsprechung als „besonders gewichtiges Zeitmoment" erachtet.[694] Im mit Urteil vom 24. August 2017 entschiedenen Fall hatte die Arbeitnehmerin ihr Widerspruchsrecht nach einem Zeitraum von nur geringfügig weniger als sieben Jahren ausgeübt. Hätte sich der 8. Senat auf die rechnerische Mitte von sechseinhalb Jahren festgelegt, so wäre der Widerspruch hier verwirkt gewesen. Zum Teil wird daher sogar unterstellt, das BAG hätte zwar für mehr Rechtssicherheit sorgen, den konkreten Widerspruch aber gezielt noch durchgehen lassen wollen.[695]

---

693 *Bauer/Ernst*, NZA 2018, 1243 (1245); inwieweit diese Vorgehensweise mit einer absoluten Ausschlussfrist gleichzusetzen ist, soll an späterer Stelle behandelt werden, vgl. § 19 C.

694 BAG, Urt. v. 15.3.2012 – 8 AZR 700/10 = NZA 2012, 1097 (Rz. 33); vgl. schon § 13 A. II. 3. a. aa.

695 Mit der Phrase *„Ein Schelm, wer Böses dabei denkt?"* kommentieren das Urteil *Bauer/Ernst*, NZA 2018, 1243 (1245); i. E. ebenso *Löw*, BB 2018, 506 (511).

III. Analyse in Bezug zu den Kettenübergängen

1. Die Verwirkung bei Kettenübergängen

Zunächst stellt sich die Frage, weswegen das BAG es sich bei der Entscheidung zu den Kettenübergängen nicht einfach gemacht und (systematisch auf der sichereren Seite) das bereits etablierte Rechtsinstitut der Verwirkung angewendet hat. Im Ergebnis sorgen letztlich beide Methoden dafür, das wegen des Nichtanlaufens der Frist zeitlich zunächst unbegrenzte Widerspruchsrecht einzuschränken. Aufgrund ihrer vormals strengen Voraussetzungen hatte die Beschränkung allein über die Verwirkung die Möglichkeit von „Kettenwidersprüchen" allerdings zu einer realen Möglichkeit gemacht.[696] Der 8. Senat hatte es in der Vergangenheit abgelehnt, das erforderliche Umstandsmoment in Bezug auf den vorangegangenen Übergang vom vormaligen Arbeitgeber auf den Ersterwerber bereits darin zu erkennen, dass der Arbeitnehmer zunächst dem weiteren Übergang vom Ersterwerber auf den Nacherwerber widersprochen hat.[697] Als Argument könnte man anführen, dass ein Arbeitnehmer nach der (hier nicht geteilten) Auffassung des BAG mehrere Betriebsübergänge nur sukzessive in umgekehrt chronologischer Reihenfolge beseitigen kann.[698] Daraus könnte geschlossen werden, dass es kein vertrauensschaffendes Verhalten in Bezug auf den vorangegangen Betriebsübergang darstellen kann, wenn der Arbeitnehmer entsprechend dieser Vorgaben zunächst dem weiteren Betriebsübergang widerspricht.

Mit der Rechtsfigur grundlegender Informationen stellt sich dies jedoch anders dar. Weiß der Arbeitnehmer zumindest über das personale Element des vorangegangenen Betriebsübergangs und erhält er diese grundlegenden Informationen zusätzlich für den weiteren Übergang, so können vormaliger Arbeitgeber und Ersterwerber darauf vertrauen, dass der Arbeitnehmer zumindest im Rahmen der üblichen Monatsfrist seinen Widerspruch ausübt, wenn er den vorangegangenen Übergang beseitigen will. Mit der widerspruchslosen Hinnahme des weiteren Betriebsübergangs auf den Nacherwerber macht der Arbeitnehmer deutlich, dass er nicht mehr auf das Arbeitsverhältnis mit dem vormaligen Arbeitgeber besteht, sondern sich nicht nur angesichts des vorangegangenen, sondern auch angesichts des weiteren Übergangs mit den rechtlichen

---

696 *Moll/Katerndahl*, RdA 2017, 324 (328).

697 BAG, Urt. v. 26.5.2011 – 8 AZR 18/10 = BeckRS 2011, 75483 (Rz. 30 ff.) mit dem alleinigen Abstellen auf die nicht vorliegende Disposition über das Arbeitsverhältnis.

698 Vgl. § 12 B. I.

und tatsächlichen Änderungen abgefunden hat.[699] Wie die Urteilsbegründung richtig anmerkt, stellt sich die Frage des Vertragspartners für den Arbeitnehmer hier „in besonderer Schärfe"[700]. Mit den Voraussetzungen, die das BAG an den neu geschaffenen Erlöschungstatbestand angelegt hat, hätte man also durchaus auch die Verwirkung annehmen können.[701]

Auch mit der hier vertretenen *These von der europarechtlichen Determination* wäre ein solches Ergebnis zu vereinbaren. Demnach sind sämtliche vertrauensbildenden Umstände unter Berücksichtigung eines entsprechenden Zeitmoments grundsätzlich geeignet, eine Verwirkung herbeizuführen. Im Rahmen der Schutzwürdigkeit des Vertrauens ist sodann auf das Verhältnis der Schwere des Unterrichtungsfehlers zum vom Arbeitnehmer geschaffenen Vertrauenstatbestand abzustellen, um eine effektive und verhältnismäßige Sanktion des Verstoßes gegen die Unterrichtungspflicht zu gewährleisten. Die Nichtausübung des Widerspruchsrechts auch unter Ansehung eines weiteren Betriebsübergangs ist insbesondere im Vergleich zur bloßen widerspruchslosen Weiterarbeit als besonders gewichtiges Umstandsmoment anzusehen, da zusätzlich zum ohnehin bestehenden Vertrauen des Arbeitgebers, bereits die Widerspruchsfrist im Rahmen des vorangegangenen Betriebsübergangs ausgelöst zu haben, durch die Untätigkeit trotz Kenntnis über den weiteren anstehenden Übergang noch der Eindruck kommt, der Arbeitnehmer erkenne den Ersterwerber als seinen Arbeitgeber an. Dieses gewichtige Vertrauen dürfte in der Regel trotz der Unterrichtungsfehler im Ergebnis der Abwägung schutzwürdig sein. Voraussetzung wäre aber ebenfalls, dass der Arbeitnehmer zumindest über das personale Element des vorangegangenen sowie des weiteren Betriebsübergangs weiß.

---

699 So auch ArbG Bonn, Urt. v. 14.11.2013 – 3 Ca 1945/13 = BeckRS 2014, 65164, wobei das Gericht im Rahmen seiner Wertung ebenfalls ausdrücklich auf die Unterrichtung verweist; vgl. dazu MüKo BGB/*Schubert*, § 242 BGB Rn. 433.

700 BAG, Urt. v. 19.11.2015 – 8 AZR 773/14 = NZA 2016, 647 (Rz. 33).

701 MüKo BGB/*Schubert*, § 242 BGB Rn. 433 teilt die Kritik am Erlöschungsgrund, stellt i.R.d. § 242 BGB aber auf die Ausübung des Widerspruchsrechts in Bezug auf den zweiten Übergang ab, wobei entscheidend sei, ob der Arbeitnehmer aufgrund der Unterrichtung wisse, „worüber er disponiert". Konsequenterweise nimmt er dann keine Verwirkung infolge Zeitablaufs, sondern ein widersprüchliches Verhalten bei nachträglicher Ausübung des ersten Widerspruchsrechts an.

2. *Spezifische Regelung statt allgemein anwendbare Rechtsprechungsänderung*

Offenbar hat sich der 8. Senat zu diesem früheren Zeitpunkt aber noch nicht an den allgemein anwendbaren Grundsatz der Verwirkung „herangetraut", sondern bevorzugte es, einen sehr spezifischen Erlöschungstatbestand nur für den Sonderfall der Kettenübergänge zu schaffen. Für diese Analyse spricht bereits, dass die Voraussetzungen für den Erlöschungsgrund zum Teil nur bei mehreren Betriebsübergängen erfüllt werden können (Unterrichtung über den weiteren „und" den vorangegangenen Übergang sowie Beginn der Monatsfrist mit Unterrichtung über den weiteren Übergang).[702] Auch die inhaltliche Begründung erfolgt sehr spezifisch: Das BAG stellt darauf ab, die Frage, ob der Arbeitnehmer den vormaligen Arbeitgeber als seinen Vertragspartner behalten wolle, stelle sich insbesondere durch die Unterrichtung über den weiteren Übergang in besonderem Maße.[703] In der Literatur wurde die Einführung des neuen Erlöschungsgrundes daher auch nicht als allgemeingültige Modifikation der Standards in § 613a V BGB interpretiert, sondern als nur im besonderen Kontext mehrerer Betriebsübergänge anzuwendende Berücksichtigung der Schutzwürdigkeit des Arbeitnehmers.[704]

Die in diesem konkreten Rahmen entwickelte Rechtsfigur der grundlegenden Informationen verselbstständigte sich sodann aber trotzdem und bereitete den Boden für eine Rechtsprechungsänderung, die nunmehr auch außerhalb von Kettenübergängen auf die Art des Unterrichtungsfehlers Rücksicht zu nehmen begann. Umgekehrt war die Rechtsprechung zur Verwirkung nämlich nur auf Grundlage der Entscheidung zu den Kettenübergängen möglich, ohne dass das BAG seine Sichtweise auf das Umstandsmoment komplett hätte ändern müssen. Der 8. Senat verweist in seiner Urteilsbegründung konkret auf die vorangegangene Rechtsprechung zu den Kettenübergängen.[705] Die Annahme einer regelmäßigen Verwirkung nach einer bestimmten Frist war nur unter Heranziehung des neu geschaffenen Konstrukts der grundlegenden Informationen zu begründen. Ansonsten hätte man davon ausgehen müssen, dass das Umstandsmoment allein durch die widerspruchslose Weiterarbeit verwirklicht werden kann, was der 8. Senat jedoch weiterhin ablehnt.

---

702 Vgl. § 12 C. I.

703 BAG, Urt. v. 19.11.2015 – 8 AZR 773/14 = NZA 2016, 647 (Rz. 33).

704 *Moll/Katerndahl*, RdA 2017, 324 (330).

705 BAG, Urt. v. 21.12.2017 – 8 AZR 99/17 = NZA 2018, 168 (Rz. 24).

3. *Einschränkung des Widerspruchrechts nach „harten" Kriterien*

Insofern stellt sich die Frage, ob die Übernahme der im Rahmen der Kettenübergänge geschaffenen Rechtsfigur die einzige Verbindung ist. Auf den ersten Blick werden die grundlegenden Informationen unterschiedlich verwendet. Während sie bei den Kettenübergängen einen eigenen, neu geschaffenen Erlöschungsgrund begründen, stellen sie bei Anwendung auf die Verwirkungsgrundsätze besondere Umstände dar, die i.V.m. der widerspruchslosen Weiterarbeit das Umstandsmoment begründen können. Betrachtet man diese beiden Anwendungsfelder aber mit etwas Abstand, so fällt auf, dass der 8. Senat offenbar ein Instrument gesucht hat, mit dem er trotz der harten Anforderungen an eine ordnungsgemäße Unterrichtung das Widerspruchsrecht in verschiedenen Fällen einschränken kann. Dies wird jeweils unter Hinzuziehung „harter" und damit planbarer Kriterien durchgesetzt.[706] Ob es mehrere Betriebsübergänge hintereinander gab, ist ebenso exakt festzustellen wie eine widerspruchslose Weiterarbeit über sieben Jahre.[707] Im Ergebnis wird die Rechtsfigur grundlegender Informationen also zur weiteren Einschränkung des Widerspruchsrechts und gleichzeitig zur Schaffung zusätzlicher Rechtssicherheit verwendet.

Letztlich ist der besondere Erlöschungsgrund aber bereits deswegen abzulehnen, weil das vom BAG verfolgte Ziel einer Beschränkung des Widerspruchsrechts auch durch das etablierte Rechtsinstitut der Verwirkung hätte erreicht werden können. Für den nicht im Gesetz angelegten Erlöschungstatbestand bestand daher kein Bedürfnis. Vielmehr ist er als Zwischenschritt anzusehen, die Art des Unterrichtungsfehlers nunmehr auch im Rahmen der Verwirkung zu beachten. Durch Anwendung der grundlegenden Informationen im Rahmen der Verwirkung wäre letztlich also in Zukunft auch der Sonderfall der Kettenübergänge zu behandeln.

---

706 Auch *Greiner/Pionteck*, RdA 2020, 169 (170) analysieren, dass es dem BAG noch nicht gelungen wäre, im Zusammenhang mit der Verwirkung eine konsistente Kasuistik zu entwickeln, es aber dem Praxisproblem der Unbestimmtheit des Verwirkungstatbestands mit den Entscheidungen zur Anwendung der grundlegenden Informationen auf den Verwirkungstatbestand begegnen wolle.

707 Von einer „klaren Regel" sprechen *Greiner/Pionteck*, RdA 2020, 169 (170).

§ 14 Zusammenfassung

(1) Neben der Verwirkung hat das BAG in einem wegweisenden Urteil erst im Jahr 2014 einen neuen Erlöschungsgrund für das Widerspruchsrecht des Arbeitnehmers bei Kettenübergängen entwickelt. Wesentliche Voraussetzung ist, dass das Unterrichtungsschreiben zumindest die grundlegenden Informationen enthielt. Das Besondere an dieser Entscheidung ist, dass damit die Unterrichtungspflicht erstmals in einen wesentlichen bzw. grundlegenden und in einen unwesentlichen Teil ausdifferenziert wurde. Die Analyse des neu geschaffenen grundlegenden Teils der Unterrichtungspflicht zeigt, dass diejenigen Informationen ausgeklammert wurden, welche die wirtschaftliche Entscheidungsfreiheit des Arbeitnehmers betrafen. Übrig blieben die Informationen, die der Sicherstellung der negativen Vertragsfreiheit dienen, also das bereits bekannte personale Element.

(2) Letztlich konnte aber gezeigt werden, dass die Einführung eines im Gesetz nicht angelegten Erlöschungsgrundes nicht erforderlich war und bereits deshalb abzulehnen ist. Vielmehr hätte das BAG das Widerspruchsrecht bei mehreren Betriebsübergängen über das Rechtsinstitut der Verwirkung einschränken können. Hat ein Arbeitnehmer die wesentlichen Informationen sowohl über den vorangegangenen, also auch über den nachfolgenden Betriebsübergang erhalten und widerspricht dem Übergang seines Arbeitsverhältnisses auf den Ersterwerber auch in Ansehung des anstehenden weiteren Übergangs nicht, so kann darin die Erfüllung eines besonders starken Umstandsmoments gesehen werden. Dies führt jedenfalls so lange zur Verwirkung, wie das Erfordernis einer effektiven Sanktionierung des konkreten Unterrichtungsfehlers dem nicht entgegensteht. Letztlich kann angenommen werden, dass das BAG die neu geschaffene Rechtsfigur der grundlegenden Informationen zunächst nur auf den sehr spezifischen Fall der Kettenübergänge anwenden wollte, um keine allgemeingültige Grenze zu schaffen.

(3) Später wurde den grundlegenden Informationen aber eine wesentlich größere Bedeutung zugesprochen, indem das BAG sie nunmehr auch im Rahmen der Verwirkung anwendet. Bislang ging die Rechtsprechung davon aus, dass das Vertrauen des Arbeitgebers nicht durch die bloße widerspruchslose Weiterarbeit des Arbeitnehmers beim Erwerber erfüllt werden könne. Nunmehr soll das notwendige Umstandsmoment aber dann erfüllt sein können, wenn der Arbeitnehmer trotz Kenntnis der grundlegenden Informationen

über sieben Jahre widerspruchslos beim Erwerber tätig wird. Arbeite der Arbeitnehmer in Kenntnis dieser Umstände weiter, habe das eine andere Qualität als das schlichte Untätigbleiben. Diese „besonderen Umstände" würden es rechtfertigen, das Umstandsmoment als erfüllt anzusehen.

(4) Dem BAG ist insoweit zuzustimmen, als es erstmalig verschiedene Arten von Unterrichtungsfehlern (grundlegende und nicht grundlegende) im Rahmen der Verwirkung unterscheidet. Vorzugswürdig wäre es aber gewesen, keine systemwidrige Erheblichkeitsschwelle in Bezug auf das Umstandsmoment einzufordern und auch die bloße Weiterarbeit als vertrauensbildenden Umstand anzuerkennen. Der Arbeitgeber glaubt auch nach Ansicht des BAG, mit der Unterrichtung die Widerspruchsfrist in Gang zu setzen. Dies begründet einen eher schwachen Vertrauenstatbestand, der durch ein entsprechend längeres Zeitmoment ausgeglichen wird. Die Schwere des Unterrichtungsfehlers wäre nach der hier vertretenen Auffassung sodann im Rahmen der Schutzwürdigkeit des Vertrauens zu berücksichtigen. Dies entspräche auch der Sanktionsfunktion des Nichtanlaufens der Widerspruchsfrist, da der Arbeitnehmer bei einem schweren Unterrichtungsfehler mangels schutzwürdigen Vertrauens des Arbeitgebers entsprechend länger widersprechen könnte.

(5) Nachdem die grundlegenden Informationen nunmehr sowohl einen zusätzlichen Erlöschungstatbestand bei Kettenübergängen als auch die Erfüllung des Umstandsmoments bei der widerspruchslosen Weiterarbeit erfüllen können, lässt sich die dahingehende Rechtsfigur noch besser verstehen. In beiden Fällen nutzt die Rechtsprechung die Differenzierung des Unterrichtungsinhalts in einen grundlegenden und einen nicht grundlegenden Teil, um das Widerspruchsrecht einzuschränken und i.V.m. anderen „harten Faktoren" (mehrere Übergänge hintereinander bzw. sieben Jahre Weiterarbeit) für voraussehbarere Entscheidungen zu sorgen.

Fünfter Abschnitt: Unterscheidung verschiedener Unterrichtungsfehler für den Fristbeginn

§ 15 Die indirekte Wirkung grundlegender Informationen – Abgrenzung zum Kausalitätskriterium

Im vorangegangenen Abschnitt wurde untersucht, wie die Rechtsfigur grundlegender Informationen hergeleitet wird und welche Auswirkungen dies auf das Widerspruchsrecht nach § 613a VI BGB hat. Wie festgestellt wurde, hat die Rechtsprechung die Unterrichtungspflicht des Arbeitgebers nach § 613a V BGB im Ergebnis gespalten und einen grundlegenden sowie einen nicht grundlegenden Teil herausgearbeitet.

Bevor die Zulässigkeit dieser Herangehensweise detailliert behandelt wird, ist es sinnvoll, die Vorgehensweise des BAG, verschiedene Unterrichtungsfehler zu unterscheiden und den gesetzlich vorgeschriebenen Katalog in § 613a V BGB aufzuspalten, in einen breiteren Kontext zu stellen. Dazu soll sie mit ähnlichen Ansätzen aus der Literatur verglichen werden, da es bereits vor der Rechtsprechung zu Kettenübergängen Überlegungen gab, die Verknüpfung zwischen Widerspruchsrecht und Unterrichtungspflicht anhand der Unterrichtungsfehler auszudifferenzieren.

Ein weit verbreiteter Ansatz, die Auswirkungen einer fehlerhaften Unterrichtung auf den Beginn der Widerspruchsfrist differenziert zu betrachten, ist die Einführung eines Kausalitätskriteriums. Als Kausalität bezeichnet man die Ursächlichkeit eines bestimmten Ereignisses (*Ursache*) für ein anderes Ereignis (*Wirkung*).[708] Bezogen auf Unterrichtung und Widerspruch im Rahmen von Betriebsübergängen kann mit Hilfe der Kausalität also beschrieben werden, ob das Informationsdefizit, das der Arbeitnehmer aufgrund eines Unterrichtungsfehlers hatte, die Ursache für seine Entscheidung über die Ausübung oder Nichtausübung des Widerspruchsrechts war.

---

708 *https://www.duden.de/rechtschreibung/Kausalitaet* (Abrufdatum: 11.1.2020).

A. Kausalität im Rahmen des Widerspruchsrechts

I. Willkürliche Gestaltungsrechte

Nach der Grundkonzeption von Gestaltungsrechten kann ein Berechtigter aus „eigener Machtvollkommenheit" im Wege der Selbsthilfe durch einseitige, empfangsbedürftige Willenserklärung mit Wirkung gegenüber dem Erklärungsempfänger eine Rechtslage erzeugen, die ohne diese Erklärung nicht bestehen würde. Der Berechtigte ist bei seinem Bestreben, eine Änderung der Rechtslage gemäß seinen legitimen Interessen zu erreichen, von der Mitwirkung des Gegners unabhängig. Er vermag es, eine fremde Rechtssphäre durch sein eigenes rechtliches Können zu gestalten.[709] Insoweit kann das Gestaltungsrecht auch als ein Akt privater Zwangsvollstreckung bezeichnet werden, der sich von der Durchsetzung eines Anspruchs dadurch unterscheidet, dass er nicht mehr auf den staatlichen Vollstreckungsapparat angewiesen ist.[710] Das Rechtsinstitut der Gestaltungsrechte kann als Besonderheit des deutschen Rechts betrachtet werden, da viele andere Länder eine einseitige Änderung der materiellen Rechtslage durch eine Vertragspartei ohne vorherige Klageerhebung nicht kennen.[711]

Die dem Willen des Berechtigten ausgelieferte Stellung des Gegners schafft das Bedürfnis nach Gegengewichten, welche die Machtausübung des Berechtigten beschränkt.[712] Die Entstehung eines Gestaltungsrechts bedarf daher grundsätzlich einer Rechtfertigung, entweder durch explizit gesetzliche Anordnung (z. B. Anfechtung in § 142 BGB) oder durch vertragliche Einräumung. Aus der Rechtfertigung ergibt sich auch, ob es für die Ausübung des Gestaltungsrechts eines Grundes bedarf.[713] Ist ein solcher nicht vorausgesetzt, kann von einem „willkürlichen Gestaltungsrecht" gesprochen werden.

---

709 *Hanau*, Der Grundsatz der Verhältnismäßigkeit, S. 9.

710 Dazu *Becker*, AcP 1988, 24 (28).

711 So bedurfte es beispielsweise im französischen Recht lange entweder des wechselseitigen Konsenses der Vertragsparteien oder einer Erhebung der auf die jeweilige Rechtsfolge gerichteten Klage, vgl. *Becker*, AcP 1988, 24 (26). In den letzten Jahren erfolgte allerdings die stückweise Annäherung an die Idee von „Gestaltungsrechten", wie z.B. durch den Rücktritt vom Vertrag durch Erklärung einer Vertragspartei in *Art. 1224 Code civil*.

712 Beispielsweise durch § 242 BGB, vgl. auch *Becker*, AcP 1988, 24 (25).

713 *Becker*, AcP 1988, 24 (28).

II. Anforderungen des § 613a VI BGB

1. Widerspruch als gewillkürtes Gestaltungsrecht

Der Gesetzgeber hat die Ausübung des Widerspruchsrechts des Arbeitnehmers ausweislich des Gesetzestextes nicht von einem bestimmten Grund abhängig gemacht. Anders als etwa bei der Anfechtung kann der Arbeitnehmer deshalb jedwede Motivation zum Anlass nehmen, von seinem Widerspruchsrecht Gebrauch zu machen. Es handelt sich demnach um ein willkürliches Gestaltungsrecht, das nach den eben dargestellten Grundsätzen nicht von bestimmten Gründen abhängig gemacht werden darf.

2. Kausalität im Rahmen des Fristbeginns

a) Gedankliche Trennung

Gedanklich ist allerdings zu trennen zwischen der Möglichkeit, das Widerspruchsrecht grundlos ausüben zu können, und der Frage, ob der Fristbeginn nach § 613a VI 1 BGB durch jeden Unterrichtungsfehler gehemmt wird, unabhängig davon, ob er kausal für die Entscheidung über die Nichtausübung des Widerspruchsrechts war. Die Ausübung des Widerspruchsrechts erfordert nach der Gesetzeskonzeption keine Begründung. Daraus wird teilweise geschlossen, auf die Frage, ob der Arbeitnehmer sofort widersprochen hätte, wenn er ordnungsgemäß über bestimmte Umstände unterrichtet worden wäre, komme es nicht an. Das Gesetz sehe keine Kausalität zwischen der fehlerhaften Information und der Ausübung des Widerspruchsrechts vor.[714] Dabei wird aber nicht ausreichend zwischen der Frage, ob die „Ausübung des Widerspruchs“ weiterer Voraussetzungen wie einer Begründung bedarf, und dem Problem, ob die Widerspruchsfrist bei jedwedem Unterrichtungsfehler nicht anläuft, getrennt.

Mit anderen Worten verbietet es sich zwar, die Ausübung eines gewillkürten Gestaltungsrechts von den Motiven des Berechtigten abhängig zu machen, die hier zu behandelnde Frage bezieht sich aber auf die Verknüpfung zwischen der Unterrichtungspflicht und dem Fristbeginn. Es kommt aus diesem Grunde weniger darauf an, ob das Widerspruchsrecht als solches von der Motivlage des

---

714 So argumentiert insbesondere die ständige Rspr., vgl. BAG, Urt. v. 14.12.2006 – 8 AZR 763/05 = NZA 2007, 682 (Rz. 42); Urt. v. 24.7.2008 – 8 AZR 73/07 = BeckRS 2009, 58465 (Rz. 39); Urt. v. 24.8.2017 – 8 AZR 265/16 = NZA 2018, 168 (Rz. 13); zustimmend *Hung*, Widerspruchsrecht, S. 87 ff.; *Hoffmann*, Unterrichtungspflicht und Widerspruchsrecht, S. 296, 299; dagegen *Hofmann*, Rechtsmissbrauch und Verwirkung, S. 49 ff.

Arbeitnehmers abhängig gemacht werden dürfte, sondern vielmehr darauf, ob der vom Gesetzgeber gewollten Verbindung zwischen der Monatsfrist und dem Vorliegen einer ordnungsgemäßen Unterrichtung ein Kausalitätserfordernis hinzugefügt werden kann.

b) Wirkungsweisen

Das Kausalitätserfordernis könnte auf zwei unterschiedliche Arten wirken. Zum einen wäre es denkbar, ein Unterrichtungsschreiben von vornherein nur dann als fehlerhaft zu erachten, wenn das Informationsdefizit für den konkret betroffenen Arbeitnehmer entscheidungsrelevant war. Hatten die Unterrichtungsfehler keinen Einfluss auf die Ausübung des Widerspruchsrechts, so wäre die Unterrichtung folglich ordnungsgemäß und die Widerspruchsfrist würde anlaufen. Dieser Ansatz würde demnach auf Ebene des Katalogs von Unterrichtungspflichten nach § 613a V BGB wirken. Zum anderen könnte man eine Fehlerhaftigkeit zwar annehmen, die Widerspruchsfrist dann aber trotzdem anlaufen lassen, wenn der Fehler keine Auswirkung auf die konkrete Entscheidung des Arbeitnehmers hatte. Die Konsequenzen würden sich hier also erst auf Ebene der gesetzlichen Verknüpfung des Fristbeginns mit dem Unterrichtungsschreiben nach § 613a VI 1 BGB auswirken.

III. Bisherige Ansätze zur praktischen Handhabung

1. Beispielsfälle

Die Bestimmung der Kausalität kann nur am Einzelfall erfolgen, da es darum geht, ob ein bestimmter Fehler die Entscheidung eines konkreten Arbeitnehmers beeinflusst hat. Dennoch wurden in der Literatur bereits Beispiele für Unterrichtungsfehler herausgegriffen, in denen ein kausaler Zusammenhang mehr oder weniger wahrscheinlich sein soll.[715]

So soll beispielsweise die fehlerhafte Information über die Identität des Erwerbers in der Regel nicht kausal für die Entscheidung des Arbeitnehmers sein, das Widerspruchsrecht auszuüben. *Lindemann/Wolter-Roßteutscher* beziehen sich dabei insbesondere auf Ungenauigkeiten wie die fehlerhafte Bezeichnung des Vornamens des Geschäftsführers oder der Anschrift, welche nur bei konkreter Verwechslungsgefahr für die Entscheidung des Arbeitnehmers ursächlich sein

715 Die folgenden Beispiele führen *Lindemann/Wolter-Roßteutscher*, BB 2007, 938 (942) an.

könnten.[716] Ansonsten seien die in § 613a V BGB geforderten Informationen stets daraufhin zu überprüfen, ob sie sich konkret auf das Arbeitsverhältnis auswirken würden.[717] So seien die Gründe für den Übergang in der Regel nur dann relevant, wenn sich damit unmittelbar eine konkret geplante Betriebsänderung verbindet. Als Paradebeispiel für eine Information, bei der die Kausalität vermutet wird, könne die Insolvenzgefährdung des Erwerbers angeführt werden, da dies „ohne jede Diskussion" für die Arbeitnehmer von entscheidender Bedeutung sei und zur Ausübung des Widerspruchsrechts führen könne.[718]

2. *Stellungnahme*

Zunächst ist zu konstatieren, dass die starke Fokussierung auf abstrakt aufgestellte Regeln im Rahmen von Beispielsfällen das Kausalitätskriterium zwar besser handhabbar macht, jedoch stets Gefahr läuft, zu einer objektiven Wesentlichkeitsschwelle zu werden, die dann aber vor ganz eigenen Herausforderungen und Problemen stünde.[719] Spricht man betroffenen Arbeitnehmern ab, bestimmte Informationen zur Grundlage ihrer Entscheidung über die Ausübung des Widerspruchsrechts zu machen (z.B. den Vornamen des Geschäftsführers beim Erwerber), so mag dies zwar „dem gesunden Menschenverstand" entsprechen, verneint im konkreten Einzelfall aber eine womöglich faktisch vorliegende Kausalität unter Hinweis auf objektiv nachvollziehbare Motive.

Selbst wenn man die Aufstellung von Beispielsfällen für zulässig erachtet, so lässt sich über die daraus jeweils folgende Vermutungswirkung trefflich streiten. So ist es wenig überzeugend, gerade die Anforderungen an die Information über die Identität des Erwerbers aufzuweichen, ist doch der Übergang des Arbeitsverhältnisses auf einen bestimmten Erwerber Kern der Problematik eines Betriebsübergangs.[720]

---

716 *Lindemann/Wolter-Roßteutscher*, BB 2007, 938 (942).

717 Teilweise werden daher solche Unterrichtungsfehler als für den Fristbeginn irrrelevant qualifiziert, die im Rahmen eines Musterschreibens für verschiedene Arbeitnehmer und Arbeitnehmergruppen nur für einen Teil zuträfen, für den konkreten Arbeitnehmer aber keine Auswirkungen hätten, vgl. *Gaul/Niklas*, DB 2009, 452 (455).

718 *Lindemann/Wolter-Roßteutscher*, BB 2007, 938 (942).

719 Vgl. § 16 B. III.

720 Vgl. § 3.

IV. Dogmatische Herleitung

1. Aus dem Zweck der Unterrichtungspflicht

Nach der *These von der ausreichenden Wissensgrundlage* soll das Unterrichtungsschreiben dazu dienen, dem Arbeitnehmer eine Entscheidung über die Ausübung des Widerspruchsrechts zu ermöglichen.[721] Ausgehend von diesem Zweck kann argumentiert werden, dass eben auch nur solche Informationen geschuldet seien, die für die Entscheidung des Arbeitnehmers im konkreten Fall auch tatsächlich relevant sind. Die Verknüpfung der Information mit der Entscheidung des Arbeitnehmers spräche danach gerade für die Kausalität.[722] Nach dieser Begründung würde das Kausalitätskriterium also bereits den Umfang des Unterrichtungsschreibens nach § 613a V BGB beschränken. Oftmals wird die Beschränkung der Informationspflicht in der bisherigen Literatur allerdings mit der Ebene des Anlaufens der Widerspruchsfrist nach § 613a VI 1 BGB vermischt.[723]

Aber auch auf Ebene der Verknüpfung zur Widerspruchsfrist wird argumentiert. Nach § 613a VI 1 BGB endet die Widerspruchsfrist einen Monat nach Zugang der „Unterrichtung nach Abs. 5“. Aus diesem Wortlaut ließe sich nach zum Teil vertretener Ansicht nicht schließen, dass die Widerspruchsfrist nur dann zu laufen beginne, wenn dem Arbeitnehmer eine in jedem Punkt vollständige Unterrichtung zuteilgeworden ist. Vielmehr rechtfertige der unklare Wortlaut eine eng am Gesetzeszweck orientierte Auslegung. Die Widerspruchsfrist beginne also nur dann nicht zu laufen, wenn die Umstände, die für den Arbeitnehmer maßgeblich waren, nicht oder unzutreffend dargestellt wurden.[724]

---

721 Vgl. § 10 D. II.

722 *Hofmann*, Rechtsmissbrauch und Verwirkung, S. 49 f.; dazu auch *Lindemann/Wolter-Roßteutscher*, BB 2007, 938 (940 f.).

723 So z.B. *Lindemann/Wolter-Roßteutscher*, BB 2007, 938 (941), die mit dem Gesetzeszweck einerseits die Beschränkung der Unterrichtungspflicht und andererseits gleichzeitig eine einschränkende Auslegung der Verknüpfung zwischen Widerspruchsfrist und Unterrichtungsfehlern begründen.

724 Zu diesem Abschnitt *Lindemann/Wolter-Roßteutscher*, BB 2007, 938 (941), soweit diese allerdings Umstände für ausreichend erachten, die für die Entscheidung des Arbeitnehmers maßgeblich sein können, meint dies nicht mehr ein Kausalitätskriterium, sondern eine objektive Wesentlichkeitsschwelle, vgl. dazu § 16.

2. *Beseitigung eines ausgeübten Widerspruchs*

Die bisherigen Überlegungen beziehen sich vor allem auf den Fall, dass der Arbeitnehmer wegen eines Informationsdefizits keinen Gebrauch von seinem Widerspruchsrecht gemacht hat und damit auf die Frage, ob er dieses auch noch lange nach dem Übergang ausüben kann. Im Zusammenhang mit den Einschränkungen durch ein Kausalitätskriterium ist aber ebenfalls von Interesse, was beim umgekehrten Fall gilt, wenn der Arbeitnehmer wegen eines Informationsdefizits also dem Übergang widersprochen hat und diesen Widerspruch nun rückgängig machen will.[725] Irrelevant für den Arbeitnehmer ist in diesen Fällen, ob der Unterrichtungsfehler Einfluss auf die Widerspruchsfrist hatte, da er seinen Widerspruch ja gerade beseitigen will. Ist der Widerspruch wirksam erklärt worden, kann er nicht mehr zurückgenommen oder widerrufen werden.[726] Ist er gem. § 130 BGB wirksam geworden, kann ein Vertragsübergang auf den Erwerber daher grundsätzlich nur noch durch Zustimmung aller Beteiligten erreicht werden.[727] Ebenfalls die Zustimmung aller Beteiligten bedarf die vertragliche Rücknahme eines ausgeübten Widerspruchs, da die Vereinbarung bloß zwischen Veräußerer und Arbeitnehmer einen unzulässigen Vertrag zu Lasten des Erwerbers darstellen würde.[728]

Um ein ausgeübtes Gestaltungsrecht rückgängig zu machen, bleibt dem Berechtigten daneben aber noch die rechtliche Möglichkeit der Anfechtung. Die Erklärung des Widerspruchs ist eine Willenserklärung nach §§ 104 ff. BGB und damit der Anfechtung zugänglich.[729] Der Arbeitnehmer muss seinen Widerspruch also mittels eines weiteren Gestaltungsrechts wieder beseitigen. Die Anfechtung bedarf stets eines Anfechtungsgrundes.[730] In Betracht kämen bei der fehlerhaften Unterrichtung insbesondere eine Anfechtung wegen arglistiger Täuschung nach § 123 BGB oder wegen eines Eigenschaftsirrtums nach § 119 II BGB.[731] In beiden Fällen ist zwingende Voraussetzung, dass der

---

725 *Lindemann/Wolter-Roßteutscher*, BB 2007, 938 (941); ausführlich *Haas/Salamon/Hoppe*, NZA 2011, 128 (128 ff.), die von einer „spiegelbildlichen Situation" sprechen.

726 MüKo BGB/*Müller-Glöge*, § 613a BGB Rn. 115.

727 APS/*Steffan*, § 613a BGB Rn. 224.

728 BAG, Urt. v. 30.10.2003 – 8 AZR 491/02 = NZA 2004, 481 (483); MüKo BGB/*Müller-Glöge*, § 613a BGB Rn. 115.

729 BAG, Urt. v. 15.12.2011 – 8 AZR 220/11 = NZA 2012, 1101 (Rz. 12); MüKo BGB/*Müller-Glöge*, § 613a BGB Rn. 115; BeckOK ArbR/*Gussen*, § 613a BGB Rn. 158.

730 Schaub/Koch/*Koch*, Anfechtung.

731 *Lindemann/Wolter-Roßteutscher*, BB 2007, 938 (941); *Haas/Salamon/Hoppe*, NZA 2011, 128 (129 ff.).

Anfechtungsgrund ursächlich für die Abgabe der Willenserklärung war.[732] Ist dies nicht der Fall, so bleibt der Arbeitnehmer an seinen Widerspruch gebunden.

Geht man nun davon aus, dass die Schutzwürdigkeit in beiden Fällen gleichrangig ist und ein Arbeitnehmer, der aufgrund einer Fehlinformation sein Widerspruchsrecht ausgeübt hat, ebenso schutzwürdig ist, wie einer, der auf die Ausübung verzichtet hat, so erschiene es nicht gerechtfertigt, wieso es nicht in beiden Fällen einer Kausalität bedürfen sollte.[733]

3. *Stellungnahme*

a) *Gesetzeszweck*

Nach der hier vertretenen Auffassung dient die Unterrichtung nicht dem Widerspruchsrecht.[734] Letzteres ist umgekehrt das Vehikel, um die Durchsetzung der Unterrichtungspflicht zu gewährleisten. Demnach gibt es keinen Zweck des § 613a V BGB, eine ausreichende Wissensgrundlage zu schaffen. Somit kann ein Kausalitätskriterium auch nicht aus dem Telos des Gesetzes hergeleitet werden. Vielmehr steht die Eigenständigkeit und europarechtliche Determination der Unterrichtungspflicht der Einführung eines Kausalitätserfordernisses bereits auf Ebene der ordnungsgemäßen Unterrichtung entgegen. Die Unterrichtung soll einer fakultativen Anhörung dienen, daher wäre es zweckwidrig, das Unterrichtungsschreiben nur dann als ungenügend anzusehen, wenn der Fehler kausal für die Entscheidung des Arbeitnehmers über sein Widerspruchsrecht war.

Die Berücksichtigung der Kausalität im Rahmen des Fristbeginns ist allerdings nicht von vornherein ausgeschlossen, sofern diese Vorgehensweise auch anders als durch den Gesetzeszweck begründet werden könnte. Sicherzustellen wäre dann allerdings die effektive und ordnungsgemäße Sanktionierung von Verstößen gegen die Unterrichtungspflicht.

---

732 Im Rahmen der Anfechtung wegen arglistiger Täuschung nach § 123 BGB ist sogar eine doppelte Kausalität erforderlich: Der Getäuschte muss durch die Täuschungshandlung in einen Irrtum versetzt und damit zur Abgabe der Willenserklärung bestimmt worden sein, MüKo BGB/*Armbrüster*, § 123 BGB Rn. 21 ff. Beim Eigenschaftsirrtum nach § 119 II BGB gilt, dass der Irrtum „erheblich" gewesen sein muss. Voraussetzung dafür ist die Kausalität zwischen dem Irrtum und der Abgabe der Willenserklärung, vgl. MüKo BGB/*Armbrüster*, § 119 BGB Rn. 146 ff.

733 Diese Argumentation anführend beispielsweise *Hofmann*, Rechtsmissbrauch und Verwirkung, S. 50 sowie *Lindemann/Wolter-Roßteutscher*, BB 2007, 938 (941).

734 Vgl. § 10 D. III. 7.

b) Vergleich zur Anfechtung

Auch der Vergleich mit einem Arbeitnehmer, der ein ausgeübtes Widerspruchsrecht wieder beseitigen will, überzeugt allerdings nicht. Die Beseitigung eines bereits ausgeübten Widerspruchsrechts durch Anfechtung dient nicht mehr der Sanktionierung des Unterrichtungsfehlers. Durchsetzungsvehikel ist allein das Nichtanlaufen der Widerspruchsfrist. Zweck der Anfechtung ist vielmehr, dass derjenige Arbeitnehmer, der sein Widerspruchsrecht aufgrund von Fehlinformationen ausgeübt hat, dieses zunächst wirksame Gestaltungsrecht durch Ausübung der Anfechtung wieder beseitigen können soll.[735]

Ein solches Bedürfnis nach Beseitigung eines einmal ausgeübten Gestaltungsrechts besteht nur, wenn die Fehlvorstellung überhaupt ursächlich für die Ausübung war. Umgekehrt soll das Nichtanlaufen der Frist Unterrichtungsfehler sanktionieren. Es ist nicht der Zweck der Unterrichtung, eine informierte Entscheidung über die Ausübung des Widerspruchsrechts zu ermöglichen. Diese unterschiedlichen Zielrichtungen einer Anfechtung des ausgeübten Widerspruchs auf der einen und dem Nichtanlaufen der Widerspruchsfrist auf der anderen Seite stehen einer Übertragung des Kausalitätserfordernisses entgegen.

B. Rückbezug zur Rechtsfigur grundlegender Informationen

Ruft man sich die zu untersuchende Rechtsfigur grundlegender Informationen wieder ins Gedächtnis, so lassen sich deren Grundsätze in Abgrenzung zum Kausalitätserfordernis noch klarer erkennen. Zunächst fällt auf, dass die Unterscheidung zwischen einem wesentlichen und einem unwesentlichen Teil des Unterrichtungsschreibens im Rahmen der grundlegenden Informationen durch das BAG zunächst auf Ebene des § 613a V BGB zu verorten ist. Das BAG differenziert den dort gestellten Anforderungskatalog selbstständig aus. Im Vergleich zum Kausalitätskriterium entspricht dies also dem Ansatz, einen ursächlichen Zusammenhang zwischen dem Unterrichtungsfehler und der Entscheidung über das Widerspruchsrecht durch den Arbeitnehmer bereits bei der Prüfung zu fordern, ob ein Unterrichtungsschreiben überhaupt fehlerhaft ist.

Die Folgen wären bei der Kausalität sodann bereits darin zu sehen, dass eine Unterrichtung erst gar nicht für fehlerhaft erachtet wird. Darin besteht aber auch der wesentliche Unterschied zum Ansatz des BAG: Die tatsächliche Auswirkung grundlegender Informationen entsteht erst auf Ebene des

---

735 Zum Normzweck BeckOK BGB/*Wendtland*, § 143 BGB Rn. 1.

Widerspruchsrechts, indem ein zusätzlicher Erlöschungsgrund bei Kettenübergängen sowie eine regelmäßige Verwirkung nach sieben Jahren widerspruchsloser Weiterarbeit ausgelöst werden. Das BAG betont unmissverständlich, dass es nicht die Anforderungen an eine ordnungsgemäße Unterrichtung herabsetzen will, sondern es vielmehr ansonsten nicht darauf ankomme, ob die Vorgaben des § 613a V BGB eingehalten wurden.[736]

Vor diesem Hintergrund ähneln die grundlegenden Informationen in mancher Hinsicht dem Ansatz, ein Kausalitätserfordernis erst bei der Frage anzunehmen, ob die einmonatige Widerspruchsfrist durch eine Unterrichtung „nach Abs. 5" angelaufen ist. Auch hier bestehen aber bedeutsame Unterschiede: Zum einen wirken die grundlegenden Informationen nur indirekt im Rahmen der Verwirkung oder als Erlöschungsgrund beim Sonderfall mehrerer Übergänge. Das Kausalitätskriterium hingegen macht seine Folgen direkt an der Verknüpfung zwischen Widerspruchsfrist und Unterrichtungsfehlern fest. Zum anderen sind die grundlegenden Informationen objektiv bestimmbar. Während die Kausalität danach fragt, ob ein Unterrichtungsfehler in der konkreten Situation und damit aus der subjektiven Sicht des Arbeitnehmers relevant geworden ist, wird durch eine objektive Prüfung (offenbar anhand des Schutzes der negativen Vertragsfreiheit[737]) pauschal festgelegt, welche Informationen als grundlegend einzustufen sind und damit Auswirkungen auf Ebene des Widerspruchsrechts entfalten können. Der objektivierte Ansatz entspricht einer Strömung, die auch schon länger in der Literatur zu finden ist – der Wesentlichkeitsschwelle.

Im Ergebnis wird im Vergleich zum Kausalitätskriterium nach alledem deutlich, dass die grundlegenden Informationen eine Rechtsfigur sind, die Hilfestellung bieten soll, ohne dabei in die Grundlagen einzugreifen: Weder werden die Anforderungen an eine ordnungsgemäße Unterrichtung angetastet, noch ändert sich die Verknüpfung zwischen Widerspruchsfrist und Unterrichtungspflicht unmittelbar. Ob diese Feststellung ausreicht, um Bedenken hinsichtlich der Grenzen zulässiger Auslegung aus dem Weg zu räumen, bleibt einer gesonderten, detaillierten Prüfung vorbehalten.[738]

---

736 BAG, Urt. v. 19.11.2015 – 8 AZR 773/14 = NZA 2016, 647 (Rz. 32).

737 Vgl. § 12 C. III. 2.

738 Vgl. § 19 C.

§ 16 Wesentlichkeitsschwelle

Wie im vorangegangenen Kapitel festgestellt, ist objektiv bestimmbar, welche Informationen das BAG als grundlegend erachtet, auf den konkreten Einzelfall kommt es im Gegensatz zum Kausalitätskriterium nicht an. Bereits bevor das BAG diese Rechtsfigur entwickelt hat, wurde in der Literatur zum Teil eine objektiv differenzierte Betrachtung verschiedener Unterrichtungsfehler vorgenommen. Vertreter dieses Ansatzes sprechen sich für eine sogenannte „Wesentlichkeitsschwelle" aus.

A. Gedanklicher Hintergrund

Die Annahme einer Wesentlichkeitsschwelle geht davon aus, dass bestimmte, aus objektiver Sicht geringfügige Fehler nicht dazu führen sollten, dass die Widerspruchsfrist nicht anläuft. Dabei wird entweder an die Verbindung zwischen Beginn der Widerspruchsfrist und dem Schreiben „nach Abs. 5" angeknüpft[739], oder auch an die Anforderungen an ein ordnungsgemäßes Unterrichtungsschreiben als solches.[740]

Deutlich unterrepräsentiert ist im Schrifttum bislang allerdings die Frage, nach welchen Kriterien bestimmt werden soll, ab welchem Punkt die Schwelle für die Wesentlichkeit eines Unterrichtungsfehlers überschritten wird. Nicht immer handelt es sich nämlich um "eindeutige" Fälle wie die falsche Schreibweise oder Verwechslung eines Vornamens, welche für keine objektiv nachvollziehbaren Motive relevant sein können.[741] Hilfreich ist dabei die Betrachtung einer anderen Rechtsfrage, bei der zu prüfen war, ab wann die Erklärung des Widerspruchs objektiv nachvollziehbar sein kann. Diese Prüfung war nach früher geltender Rechtslage nötig, um zu bestimmen, ob ein widersprechender Arbeitnehmer im Falle der betriebsbedingten Kündigung auf die Sozialauswahl berufen konnte.

---

739 *Grobys*, NJW-Spezial 2007, 321 (322).

740 Von „übertrieben formalistischen Anforderungen der höchstrichterlichen Rspr. an Unterrichtungsschreiben" sprechen beispielsweise *Nebeling/Kille*, NZA-RR 2013, 1 (5).

741 So hat das BAG angedeutet, die Verwechslung des Vornamens des Geschäftsführers beim Erwerber (*Jochen/Joachim*) im Rahmen der Unterrichtung könne bereits zur Fehlerhaftigkeit führen, vgl. BAG, Urt. v. 13.7.2006 – 8 AZR 305/05 = NZA 2006, 1268 (Rz. 23); angeführt von *Grobys*, NJW-Spezial 2007, 321 (322).

Obgleich die Unterrichtung nach der hier vertretenen Ansicht nicht dem Widerspruchsrecht, sondern vielmehr einer fakultativen Anhörung dient, können die so aufgestellten Grundsätze ein genaueres Bild von einer möglichen Schwellengrenze liefern. Die Unterrichtung in Bezug auf die Anhörung stimmt nämlich in großen Teilbereichen mit den bei der Ausübung des Widerspruchsrechts relevanten Informationen überein.[742] Durch die Anhörung soll der Arbeitnehmer die Auswirkungen des Betriebsübergangs in eine Richtung, die seinen Interessen entspricht, lenken können.[743] Letztlich sind objektiv nachvollziehbare Motive, die einen Widerspruch auslösen können, daher in der Regel auch für die Anhörung relevant.

B. Einbezug in die Sozialauswahl?

Zwar liegen die Voraussetzungen für eine betriebsbedingte Kündigung bei fehlender Weiterbeschäftigungsmöglichkeit grundsätzlich vor.[744] Es stellt sich jedoch die Folgefrage, ob die Kündigung zwangsläufig auch den widersprechenden Arbeitnehmer trifft, oder ob eine Sozialauswahl nach § 1 III KSchG durchgeführt werden muss. Sofern dies bejaht wird, ist zu entscheiden, ob und gegebenenfalls wie der Widerspruch in der Abwägungsentscheidung zu berücksichtigen ist. Diese Fragen wurden im arbeitsrechtlichen Schrifttum lange Zeit kontrovers diskutiert.[745]

I. Grundsätze der Sozialauswahl

Anders als bei der personen- oder verhaltensbedingten Kündigung liegt der Kündigungsgrund bei der betriebsbedingten Kündigung nicht in der Person des Arbeitnehmers, sondern in der des Arbeitgebers. Daher muss der Arbeitnehmer, der durch die Kündigung seinen Arbeitsplatz verlieren soll, noch bestimmt werden.[746] Bei der Sozialauswahl werden vor diesem Hintergrund vergleichbare Arbeitnehmer gem. § 1 III KSchG nach sozialen Gesichtspunkten in eine nach Punkten sortierte Reihenfolge gebracht und die Kündigung dann gegenüber den Arbeitnehmern mit den wenigsten Punkten ausgesprochen.[747] Würde der

742 *Sagan*, ZIP 2011, 1641 (1644).
743 Vgl. § 10. B. IV.
744 Vgl. § 13 A. IV. 2.
745 Eine Übersicht der Meinungsstände findet sich bei *Lunk*, NZA 1995, 711 (712).
746 MüKo BGB/*Hergenröder*, § 1 KSchG Rn. 399.
747 APS/*Kiel*, § 1 KSchG Rn. 592.

widersprechende Arbeitnehmer durch eine solche Sozialauswahl geschützt, so müsste man ihn mit denjenigen Arbeitnehmern vergleichen, auf deren Arbeitsplätze ihn der Veräußerer einseitig versetzen könnte.[748] Die Sozialauswahl ist – anders als die anderweitige Beschäftigungsmöglichkeit – betriebsbezogen durchzuführen, weshalb sie überhaupt nur nach dem Widerspruch eines übergangenen Arbeitnehmers im Rahmen eines Teilübergangs möglich sein kann.[749]

Liegt aber ein Teilübergang vor, so wäre es grundsätzlich möglich, dass ein Arbeitnehmer, der dem Übergang seines Arbeitsverhältnisses auf den Erwerber seines Betriebsteils widersprochen hat, nach den festgelegten Kriterien der Sozialauswahl im Ergebnis schutzwürdiger erscheint, als ein unbeteiligter Arbeitnehmer, der in einem nicht vom Betriebsübergang betroffenen Betriebsteil beschäftigt ist. Er könnte demnach letztlich sein Widerspruchsrecht auf Kosten eines anderen Arbeitnehmers ausüben, der keine Weiterbeschäftigungsmöglichkeit beim Erwerber hatte.[750] Die vom Betriebsübergang nicht betroffenen Arbeitnehmer sehen sich dadurch mit einer oft ungeahnten Arbeitsplatzgefährdung konfrontiert.[751] Dies deshalb, weil der Veräußerer nach der Sozialauswahl dem dann weniger schutzwürdigen unbeteiligten Arbeitnehmer eine betriebsbedingte Kündigung aussprechen müsste.[752]

Im Ergebnis käme es so zu einem „Verdrängungswettbewerb“ zwischen den Arbeitnehmern des alten Restbetriebs beim Veräußerer und denen, die dem Übergang ihres Arbeitsverhältnisses auf den Erwerber widersprochen haben.[753] Lange Zeit war es wegen dieser problematischen Konstellation umstritten, ob der widersprechende Arbeitnehmer überhaupt in die Sozialauswahl aufgenommen werden soll.[754]

---

748 *Meyer*, NZA 2005, 9 (12).

749 MüKo BGB/*Hergenröder*, § 1 KSchG Rn. 400, 408; APS/*Steffan*, § 613a BGB Rn. 226.

750 *Lunk/Möller*, NZA 2004, 9 (12).

751 *Hofmann*, Rechtsmissbrauch und Verwirkung, S. 54.

752 *Hung*, Widerspruchsrecht, S. 245.

753 *Hofmann*, Rechtsmissbrauch und Verwirkung, S. 54.

754 Vgl. u.a. *Lipinski*, DB 2002, 1214 (1216) und Staudinger/*Annuß*, § 613a BGB Rn. 316 f. für einen pauschalen Ausschluss; dagegen u.a. BAG, Urt. v. 7.4.1993 – 2 AZR 449/91 = NZA 1993, 795 (798) und *Annuß*, FS Arbeitsgemeinschaft Arbeitsrecht, S. 563 (586) für eine Berücksichtigung des Widerspruchmotivs.

II. Pauschaler Ausschluss des widersprechenden Arbeitnehmers

1. Betriebsbezogenheit der Sozialauswahl

Zum Teil wurde ein pauschaler Ausschluss des widersprechenden Arbeitnehmers aus der Sozialauswahl deshalb befürwortet, da dem Erwerber bei einer Betriebsteilveräußerung stets ein aus diesem Teil gebildeter, neuer und selbstständiger Betrieb übertragen werde. Erkläre ein vom Übergang betroffener Arbeitnehmer nun seinen Widerspruch, gehöre er infolgedessen weder dem übergegangenen noch dem beim Veräußerer verbliebenen Restbetrieb an, eine Zuordnung des Arbeitnehmers könne nur durch den Veräußerer erfolgen. Ohne betriebsbezogene Zuordnung scheide die Durchführung der Sozialauswahl jedoch aus.[755]

Diese Ansicht verkennt jedoch, dass die Erklärung des Widerspruchs zurückwirkt und das Arbeitsverhältnis zum Veräußerer nahtlos fortbesteht.[756] Der Arbeitnehmer wird demnach grundsätzlich dem beim Veräußerer verbliebenen Betrieb zugeordnet. Selbst, wenn eine solche Zuordnung im Einzelfall nicht ohne weiteres möglich sein sollte (z.B. weil der Restbetrieb aus Teilbetrieben besteht), muss oder kann der Veräußerer eine zumindest konkludente Zuordnungsentscheidung treffen.[757]

2. Fehlender innerer Grund der Sozialauswahl

Unbefriedigend erscheint der Einbezug des widersprechenden Arbeitnehmers in die Sozialauswahl manchen Stimmen in der Literatur vor allem aus Wertungsgesichtspunkten.[758] Der am Betriebsübergang unbeteiligte Beschäftigte, der nach der Sozialauswahl letztendlich seinen Arbeitsplatz verliert, hat im Gegensatz zum widersprechenden Arbeitnehmer keine Chance, seine ersatzweise Weiterbeschäftigung durch den Erwerber des anderen Betriebsteils durchzusetzen.[759] Die vom Gesetz angedachten Gerechtigkeitserwägungen, die der Sozialauswahl zugrunde liegen, würden daher durch einen Einbezug des widersprechenden Arbeitnehmers zunichte gemacht. Dieser könne sich durch Ausübung seines Widerspruchsrechts selbst wieder im alten Betrieb einstellen und dürfe daher keinesfalls die Möglichkeit bekommen, einen unbeteiligten Arbeitnehmer von

---

755 *Lipinski*, DB 2002, 1214 (1216); dazu auch *Hung*, Widerspruchsrecht, S. 247.

756 Vgl. § 6 C. I. 1.

757 Ebenso *Hung*, Widerspruchsrecht, S. 247 f.

758 Vgl. *Hung*, Widerspruchsrecht, S. 245.

759 *Gaul*, NZA 2005, 730 (733).

dessen Arbeitsplatz zu verdrängen.[760] Die betriebsbedingte Kündigung, die der Arbeitnehmer durch seinen Widerspruch erst heraufbeschworen hat, liege bei genauerer Betrachtung nicht in der Sphäre des Arbeitgebers, sondern in der des widersprechenden Arbeitnehmers. Daher sei der innere Grund für die Sozialauswahl nicht gegeben.[761]

Dieser Auffassung ist entgegenzuhalten, dass der Gesetzgeber den Betriebsübergang ohne Besonderheiten bei der nachgelagerten Sozialauswahl geregelt hat, wobei ihm die offensichtlichen Wertungsschwierigkeiten bewusst gewesen sein müssen.[762]

3. *Teleologische Reduktion der Widerspruchsfolgen*

Zum Teil wird aufgrund der Wertungsgesichtspunkte vor diesem Hintergrund auch eine teleologische Reduktion der Widerspruchsfolgen favorisiert. Der widersprechende Arbeitnehmer könne seinen Verbleib im Restbetrieb grundsätzlich nicht durch Verdrängung eines anderen Arbeitnehmers durchsetzen, da eine solche „Opferung" eines unbeteiligten Arbeitnehmers dem Schutzzweck des § 613a BGB sowie der Betriebsübergangsrichtlinie entgegenstehe.[763] Demnach könne die Sozialauswahl nur zwischen mehreren widersprechenden Arbeitnehmern durchgeführt werden.[764]

Diese Ansicht überzeugt nicht. Der den Widerspruch regelnde § 613a VI BGB hat keinen unmittelbaren Bezug zur Frage nach der Durchführung einer Sozialauswahl zwischen dem widersprechenden Arbeitnehmer und den vom Betriebsübergang nicht betroffenen Mitarbeitern.[765] Die Beantwortung der Frage nach der grundsätzlichen Einbeziehung in die Sozialauswahl ist vielmehr im Rahmen des § 1 III KSchG zu verorten.[766] Hinzu kommt, dass eine teleologische Reduktion dahingehend, den Verbleib des Arbeitnehmers beim Veräußerer einzuschränken, gerade gegen den Schutzzweck des Widerspruchsrechts spricht. § 613a VI BGB stellte eine Kodifizierung des verfassungsrechtlich gebotenen

---

760 *Eichler*, Widerspruchsrecht, S. 193 m.w.N.

761 Staudinger/*Annuß*, § 613a BGB Rn. 316 f.

762 *Hofmann*, Rechtsmissbrauch und Verwirkung, S. 54.

763 Beispielsweise im Rahmen einer Analogie das Kündigungsverbot auf die nicht vom Betriebsübergang betroffenen Arbeitnehmer erstreckend *Commandeur*, NJW 1996, 2537 (2546).

764 Dazu *Hung*, Widerspruchsrecht, S. 254.

765 *Hung*, Widerspruchsrecht, S. 255.

766 Ebenso *Hung*, Widerspruchsrecht, S. 255.

Schutzes der negativen Vertragsfreiheit dar.[767] Dass es dazu eines Widerspruchsrecht bedarf und die Möglichkeit zur außerordentlichen Kündigung nicht ausreicht, liegt nur daran, dass der Arbeitnehmer eine Weiterbeschäftigungschance beim Veräußerer hat. Dadurch wird einer teleologischen Reduktion der Widerspruchsfolgen durch eine Herausnahme aus der Sozialauswahl anhand des Schutzzwecks der Boden entzogen.

4. *Stellungnahme: Maßregelungsverbot*

Gegen den pauschalen Ausschluss des widersprechenden Arbeitnehmers spricht auch der Grundsatz, dass der Arbeitgeber gem. § 612a BGB bei einer Maßnahme keinen Arbeitnehmer deshalb benachteiligen darf, weil er zulässigerweise seine Rechte ausübt.[768] Das Maßregelungsverbot regelt spezielle Fälle der Sittenwidrigkeit und des rechtsmissbräuchlichen Verhaltens nach § 242 BGB, ohne dabei aber von den Voraussetzungen dieser Tatbestände abhängig zu sein.[769] Das Verbot umfasst jede Maßnahme oder Vereinbarung des Arbeitgebers, die sich als unmittelbare Reaktion auf die Wahrnehmung der Rechte des Arbeitnehmers darstellt. Geschützt wird die Willensfreiheit des Arbeitnehmers, der nicht aus Angst vor negativen Konsequenzen davon abgehalten werden soll, seine Rechte auszuüben.[770] Nachgelagerter Zweck ist damit auch der Schutz der durch die Rechtsordnung eingeräumten Rechte und damit die Rechtsordnung selbst.[771]

Ein pauschaler Ausschluss des widersprechenden Arbeitnehmers aus der Sozialauswahl wäre eine unmittelbare Reaktion auf die Wahrnehmung der Arbeitnehmerrechte und würde daher eine Sanktionierung der Widerspruchsausübung darstellen.[772] Nach der heute herrschenden Auffassung ist daher auch dann eine Sozialauswahl durchzuführen, wenn eine betriebsbedingte Kündigung infolge eines Widerspruchs ausgesprochen wird.[773]

---

767 Vgl. § 13 A. IV. 2. a.

768 EK/Preis, § 612a BGB Rn. 2.

769 MüKo BGB/*Müller-Glöge*, § 612a BGB Rn. 2; vgl. auch BAG, Urt. v. 22.5.2003 – 2 AZR 426/02 = BeckRS 2003, 41157.

770 BAG, Urt. v. 21.9.2011 – 7 AZR 150/10 = NZA 2012, 317 (Rz. 32).

771 MüKo BGB/*Müller-Glöge*, § 612a BGB Rn. 2.

772 *Gaul*, NZA 2005, 730 (731); *Eichler*, Widerspruchsrecht, S. 192.

773 BAG, Urt. v. 31.5.2007 – 2 AZR 276/06 = NZA 2008, 33 (Rz. 50 f.); APS/*Steffan*, § 613a BGB Rn. 228 m.w.N.

III. Berücksichtigung des Widerspruchs im Rahmen der Auswahl

Das führt allerdings zur Folgefrage, inwieweit sich der Widerspruch auf das Ergebnis der Sozialauswahl auswirkt. Zum einen könnte der Widerspruch generell als für den betroffenen Arbeitnehmer negatives Kriterium herangezogen werden, das seine Schutzwürdigkeit herabsetzt. Zum anderen könnte auch differenzierend auf die Motive für die Widerspruchsausübung abgestellt werden.

1. Generell negatives Kriterium

Zum Teil wurde in der Vergangenheit vertreten, den Widerspruch generell zum Nachteil des betroffenen Arbeitnehmers auszulegen.[774] Dies scheitert aber ebenfalls am Maßregelungsverbot nach § 612a BGB, da es eine unmittelbare Reaktion auf den Widerspruch darstellt, wenn der Arbeitgeber diesen grundsätzlich negativ im Rahmen einer Wertungsentscheidung berücksichtigt, die auch durch andere Faktoren beeinflusst wird. Das Maßregelungsverbot ist umfassend zu verstehen, unzulässige Vereinbarungen können beispielsweise auch kollektivrechtlich vereinbarte Sozialpläne sein. Auch der Begriff der Maßnahme ist weit auszulegen, erfasst wird jedes tatsächliche, geschäftsähnliche oder rechtsgeschäftliche Verhalten des Arbeitgebers.[775] Wenn kollektivrechtlich vereinbarte Sozialpläne vom Schutzbereich des § 612a BGB erfasst werden, so gilt das erst recht bei einem vom Arbeitgeber einseitig aufgestellten Sozialplan.[776] Dies entspricht auch dem Normzweck, die Willensfreiheit des Arbeitnehmers zu schützen, da dieser von der Ausübung seiner Widerspruchsrechts abgehalten werden könnte, wenn er sich im Falle einer betriebsbedingten Kündigung durch den Veräußerer von vornherein im Nachteil sieht.[777]

Die pauschal negative Berücksichtigung des Widerspruchs im Rahmen der Sozialauswahl ist daher nicht mit dem Maßregelungsverbot vereinbar.[778]

---

774 Näher dazu BAG, Urt. v. 7.4.1993 – 2 AZR 449/91 = NZA 1993, 795 (798); *Neef*, NZA 1994, 97 (101 f.).

775 MüKo BGB/*Müller-Glöge*, § 612a BGB Rn. 13.

776 Vgl. zum Umfang des Begriffs der Vereinbarung BeckOK ArbR/*Joussen*, § 612a BGB Rn. 6.

777 Zum Normzweck insbesondere EK/*Preis*, § 612a BGB Rn. 1 ff.; MüKo BGB/*Müller-Glöge*, § 612a BGB Rn. 2.

778 In diese Richtung auch EK/*Preis*, § 612a BGB Rn. 14, wonach eine Kollision mit § 612a BGB grundsätzlich möglich wäre.

2. *Bewertung der Motive*

Eine weitere Möglichkeit, den Widerspruch im Rahmen der Sozialauswahl zu berücksichtigen, wäre es, die soziale Schutzwürdigkeit des widersprechenden Arbeitnehmers dann für weniger schwerwiegend zu erachten, wenn dieser seine Weiterbeschäftigungsmöglichkeit beim Erwerber ohne objektiven Grund aufgegeben hat.[779] Ist die Motivlage für den Widerspruch aus objektiven Gesichtspunkten nicht nachvollziehbar, so könnte die Schutzwürdigkeit der übrigen, unbeteiligten Arbeitnehmer höher gewichtet werden als diejenige des Widersprechenden.[780] Begründet wird dieser Ansatz insbesondere mit den Grundsätzen von Treu und Glauben nach § 242 BGB. Setze ein Arbeitnehmer seinen Arbeitsplatz beim Erwerber freiwillig aufs Spiel und verlange dann, auf einem anderweitig besetzten Arbeitsplatz weiterbeschäftigt zu werden, so sei dies als unzulässige Rechtsausübung zu werten.[781] Eine sachliche Rechtfertigung wäre demnach ein Schutzmechanismus zugunsten der nicht am Betriebsübergang beteiligten, aber potentiell von der betriebsbedingten Kündigung betroffenen Arbeitnehmer, der diesen eine möglichst umfassende Möglichkeit zugesteht, auf den ungerechtfertigten Widerspruch hinzuweisen.[782]

a) *Bestimmung objektiver Kriterien*

Diese Herangehensweise steht vor der Herausforderung, wie objektive Kriterien bestimmt werden sollen. Teilweise wird darauf abgestellt, ob der Grund für die Notwendigkeit der Kündigung in der Sphäre des Arbeitnehmers oder in der des Arbeitgebers wurzelt: Nur dann, wenn der Arbeitnehmer gewissermaßen zum Widerspruch provoziert worden sei, könne der Ursprung der betriebsbedingten Kündigung bei wertender Betrachtung dem Arbeitgeber zugerechnet werden.[783] Als sachliche Gründe in diesem Sinne kämen daher nur solche Umstände in Frage, die der Unternehmensebene zuzuordnen wären. Für objektiv nicht nachvollziehbar erachtete das BAG beispielsweise die Begründung eines Arbeitnehmers, er habe die Vorteile des bisherigen Arbeitgebers „zu schätzen gelernt".[784]

---

779 Höchstrichterlich wird auf die objektiven Gründe erstmals abgestellt in BAG, Urt. v. 7.4.1993 – 2 AZR 449/91 = NZA 1993, 795 (798).

780 I.E. zuletzt BAG, Urt. v. 22.4.2004 – 2 AZR 244/03 = NZA 2004, 1389 (1392).

781 *Eichler*, Widerspruchsrecht, S. 197 f. m.w.N.

782 *Lunk*, NZA 1995, 711 (713).

783 *Annuß*, FS Arbeitsgemeinschaft Arbeitsrecht, S. 563 (586).

784 BAG, Urt. v. 21.3.1996 – 2 AZR 559/95 = NZA 1996, 974 (978).

Sinnvoll erscheint es indes, Fallgruppen zu bilden und diese auf ihre objektive Nachvollziehbarkeit hin zu überprüfen.[785] Auf diese Weise soll der Versuch unternommen werden, eine Skala zu bestimmen, die es ermöglicht, Einzelfälle entweder der Gruppe nachvollziehbarer oder nicht nachvollziehbarer Motive zuzuordnen.

aa) Unteres Ende der Skala: Subjektive Empfindungen

Am unteren Ende der Skala, d.h. als objektiv am wenigsten nachvollziehbar, dürften rein subjektive Empfindungen des widersprechenden Arbeitnehmers einzuordnen sein.[786] Persönliche Vorbehalte gegenüber dem Erwerber oder die Einlassung des Arbeitnehmers, es habe ihm beim Veräußerer schlichtweg besser gefallen, sind menschlich nachvollziehbar. Im Verhältnis zum Interesse der Arbeitnehmer des Restbetriebs beim Veräußerer am Erhalt ihres Arbeitsplatzes sind diese subjektiven Empfindungen aber als am wenigsten schutzwürdiges Motiv zu bewerten.[787] Sie sind demnach nicht objektiv nachvollziehbar im Sinne der Sozialauswahl.[788]

bb) Oberes Ende der Skala: Nachvollziehbare wirtschaftliche Interessen

Demgegenüber stehen Fälle, in denen eine objektive Nachvollziehbarkeit eindeutig gegeben scheint. Sieht sich der übergegangene Arbeitnehmer mit einem illiquiden, gewerblich unzuverlässigen oder gar insolvenzgefährdeten Arbeitgeber konfrontiert, so ist die Erklärung des Widerspruchs nicht bloß einer subjektiven Abneigung geschuldet. Vielmehr ist das Arbeitsverhältnis des übergegangenen Arbeitnehmers beim Veräußerer gefährdet und damit der arbeitsrechtliche Bestandsschutz als grundlegender Schutzzweck des § 613a BGB betroffen.[789] Es wäre ebenso widersprüchlich, die Arbeitsplatzkontinuität durch den Übergang des Arbeitsverhältnisses auf den Erwerber einerseits zu schützen, den Arbeitnehmer nach erfolgtem Widerspruch aber andererseits generell aus der Sozialauswahl auszuschließen, wie das Motiv, das eigene Arbeitsverhältnis zu erhalten, negativ in der Sozialauswahl zu berücksichtigen. Die Erklärung des Widerspruchs ist in Fällen, in denen das Arbeitsverhältnis konkret gefährdet ist, daher eindeutig objektiv nachvollziehbar.[790]

---

785 So auch *Lunk*, NZA 1995, 711 (716).

786 Vgl. *Lunk*, NZA 1995, 711 (716).

787 I.E. BAG, Urt. v. 21.3.1996 - 2 AZR 559/95 = NZA 1996, 974 (978).

788 *Lunk*, NZA 1995, 711 (716).

789 Vgl. § 3 B.

790 *Lunk*, NZA 1995, 711 (716).

cc) Zwischenfälle

Lunk schlägt vor, nach der Bestimmung von eindeutig nicht nachvollziehbaren und eindeutig nachvollziehbaren Motiven einige prägnante Zwischenstufen zu identifizieren und zuzuordnen, letztlich aber im Einzelfall zu entscheiden.[791]

b) Stellungnahme

aa) Praktische Probleme

Problematisch erscheint vor allem, wie das Motiv des widersprechenden Arbeitnehmers im Verhältnis zu den anderen sozialen Faktoren gewichtet werden sollte. So ist es in konkreten Fällen äußerst schwierig, beispielsweise einen sachlich begründeten Widerspruch im Verhältnis zu einer Betriebszugehörigkeitsdifferenz von zehn Jahren zu bewerten.[792] Die Berücksichtigung der Motive im Rahmen der Sozialauswahl birgt aufgrund des Abwägungscharakters daher grundsätzlich immer auch die Gefahr der Rechtsunsicherheit. Eine „Schwarzweiß-Lösung", die eine Sozialauswahl entweder ausschließen oder normal anwendbar macht, könnte dagegen allen Beteiligten mehr Planungssicherheit geben.[793]

bb) Neufassung des § 1 III KSchG

Vor allem aber steht die Neufassung des § 1 III KSchG zum 1. Januar 2004 gegen die Berücksichtigung der Motive des Widerspruchs im Rahmen der Abwägungsentscheidung bei der Sozialauswahl. Nachdem das BAG ursprünglich das Motiv für die Ausübung des Widerspruchsrechts im Rahmen der Sozialauswahl berücksichtigte, hat die Gesetzesnovellierung zu einer Rechtsprechungsänderung geführt.[794] Nachdem der Gesetzgeber nunmehr die in die Sozialauswahl einzubeziehenden Kriterien abschließend aufgezählt habe, könne die Widerspruchsausübung keine Berücksichtigung mehr für die Wertungsentscheidung finden.[795]

Ob die in § 1 III KSchG aufgezählten Kriterien tatsächlich abschließend sind, ist allerdings umstrittener, als es die Begründung des BAG vermuten lässt. Aus dem Gesetzeswortlaut ergibt sich jedenfalls nur, dass der Arbeitgeber keine

---

791 *Lunk*, NZA 1995, 711 (716).

792 I. E. auch *Lunk*, NZA 1995, 711 (714).

793 *Gaul*, NZA 2005, 730 (732).

794 Insbesondere BAG, Urt. v. 31.5.2007 – 2 AZR 276/06 = NZA 2008, 33 (Rz. 51 f.).

795 Dazu auch EK/*Preis*, § 613a BGB Rn. 108; APS/*Steffan*, § 613a BGB Rn. 228.

anderen Kriterien berücksichtigen *muss*, ob der dies freiwillig *darf*, wird dagegen nicht eindeutig beantwortet.[796] Nach der Begründung des Fraktionsentwurfs sollen unbillige Härten im Einzelfall dennoch Beachtung finden können, wobei zusätzlich einbezogene Tatsachen aber in unmittelbarem Zusammenhang mit den Grunddaten „Lebensalter, Betriebszugehörigkeit, Unterhaltspflichten" stehen müssen.[797] Aus der Forderung nach einem unmittelbaren Zusammenhang wird teilweise geschlossen, dass die in die Sozialauswahl einzubeziehenden Faktoren im Ergebnis doch auf die vier im Gesetz aufgelisteten Kriterien beschränkt sei. Dafür spreche insbesondere die gesetzgeberische Intention, die Sozialauswahl möglichst rechtssicher zu gestalten.[798]

Insbesondere lässt sich aber aus dem Gesetzeszweck schließen, die Kriterien als abschließend zu betrachten. Würde man Arbeitgebern bei der Auswahl der Sozialkriterien vollkommen freie Hand lassen, könnte das Ergebnis der Sozialauswahl durch ausgewählte Einbeziehung anderer sozialrelevanter Faktoren stark beeinflusst werden. Dies widerspräche dem Ziel der Neuformulierung des § 1 II KSchG, nämlich der Schaffung von Rechtssicherheit.[799]

cc) Einfluss auf die Gewichtung der Sozialkriterien?

Zum Teil wird aber darauf verwiesen, dass sonstige Lebensumstände die gesetzlich vorgeschriebenen Kriterien schwerwiegender machen oder in ihrer Relevanz schmälern könnten.[800] Voraussetzung dafür sei lediglich ein unmittelbarer Zusammenhang zwischen dem sonstigen Umstand und einem gesetzlichen Sozialkriterium. So könne beispielsweise die Eigenschaft als Alleinerziehender der Unterhaltspflicht besonderes Gewicht verleihen.[801] Übertragen auf den hier behandelten Fall bedeutete dies, dass sich der Widerspruch als sonstiger Lebensumstand auf die Gewichtung des Merkmals „Betriebszugehörigkeit" auswirken könne.[802]

Dem ist allerdings nicht zuzustimmen. Nach der hier vertretenen Auffassung wirkt der Widerspruch zurück und beseitigt den Übergang des

---

796 So auch MüKo BGB/*Hergenröder*, § 1 KSchG Rn. 433.

797 BAG, Urt. v. 12.8.2010 – 2 AZR 945/08 = NZA 2011, 460; Begr. Fraktionsentwurf, BT-Dr. 15/1204, S. 11.

798 Für alle APS/*Kiel*, § 1 KSchG Rn. 653.

799 I. E. APS/*Kiel*, § 1 KSchG Rn. 653.

800 APS/*Kiel*, § 1 KSchG Rn. 653.

801 *Däubler*, NZA 2004, 177 (181).

802 Allg. zur Berücksichtigung weiterer sozialer Gesichtspunkte APS/*Kiel*, § 1 KSchG Rn. 653.

Arbeitsverhältnisses *ex tunc*. Die Betriebszugehörigkeit kann daher nicht unterbrochen worden sein. Auch sonst ist nicht ersichtlich, wie sich ein grundloser Widerspruch auf das Kriterium der Betriebszugehörigkeit auswirken sollte.

C. Kein Widerspruchsrecht ohne vernünftigen Grund?

Andere Stimmen suchen die Lösung nicht erst auf Ebene der (ohnehin schon mit Rechtsunsicherheit beladenen) Sozialauswahl, sondern schon auf Ebene des Widerspruchsrechts.[803] Auf der einen Seite dürfe die Sozialauswahl nach Widerspruch und Kündigung nicht per se ausgeschlossen werden, auf der anderen Seite solle aber eine Verdrängung anderer Arbeitnehmer des Restbetriebs verhindert werden, wenn die Ausübung des Widerspruchsrechts willkürlich erfolgte. Konsequenterweise sei das Widerspruchsrecht nur dann zuzulassen, wenn für dessen Ausübung ein vernünftiger Grund, wie etwa eine drohende Verschlechterung der Arbeitsbedingungen bei dem Betriebsnachfolger, gegeben sei.[804]

Insofern diese Auffassung darauf hinausliefe, den eigentlich als willkürliches Gestaltungsrecht konzipierten Widerspruch systemwidrig von bestimmten Gründen abhängig zu machen, ist dem nicht zuzustimmen.[805] Systematisch richtig folgt aus dem vollständigen Einbezug des widersprechenden Arbeitnehmers in die Sozialauswahl aber eine korrespondierend erweiterte Rechtsmissbrauchskontrolle des Widerspruchs.[806] Widerspricht der Arbeitnehmer nicht ausschließlich deswegen, um den Wechsel des Arbeitgebers zu verhindern, sondern beispielsweise um mit dem Erwerber über den Abschluss eines Arbeitsvertrags zu günstigeren Bedingungen zu verhandeln, so kann dies im Einzelfall rechtsmissbräuchlich und der Widerspruch damit unwirksam sein.[807]

803 *Grau*, Unterrichtung und Widerspruchsrecht, S. 397 m.w.N.

804 APS/*Steffan*, § 613a BGB Rn. 232; vgl. *Grau*, Unterrichtung und Widerspruchsrecht, S. 397.

805 Ebenso EK/*Preis*, § 613a BGB Rn. 110, wonach das Widerspruchsrecht seine Wirkung auch dann entfalte, wenn dafür kein sachlicher Grund vorliege.

806 EK/*Preis*, § 613a BGB Rn. 108.

807 EK/*Preis*, § 613a BGB Rn. 110; dass auch ein Widerspruch zum Zwecke der Erlangung eines Abfindungsanspruchs gegen den Veräußerer in diesen Fällen jedenfalls gegen die Grundsätze von Treu und Glauben verstoße, wird zutreffend angemerkt von EK/*Preis*, § 613a BGB Rn. 109.

D. Rückbezug zur grundlegenden Unterrichtung

Ebenso wie es das BAG durch die Rechtsfigur der grundlegenden Informationen versucht hat, wollen Vertreter der Wesentlichkeitsschwelle das Widerspruchsrecht anhand objektiv nachvollziehbarer Kriterien einschränken. Dabei wird, anders als beim Kausalitätskriterium, nicht danach gefragt, welche Unterrichtungsfehler die Entscheidung des Arbeitnehmers über die Ausübung seines Widerspruchsrechts beeinflusst haben. Vielmehr sollen bestimmte Fehler nicht dazu führen, dass die Unterrichtung überhaupt als fehlerhaft anzusehen ist, oder aber die Widerspruchsfrist bei Fehlern unterhalb einer gewissen Schwelle zumindest nicht gehemmt wird. Anhand der Kriterien, die zur Problematik „nachvollziehbarer Motive" für die Ausübung des Widerspruchsrechts aufgestellt wurden, lässt sich auch die Wesentlichkeitsschwelle klarer erfassen. Dabei fällt auf, dass die vom BAG als grundlegend erachteten Informationen stark von der bisher in der Literatur entwickelten Schwellenskala abweichen. Während die grundlegenden Informationen lediglich das personale Element umfassen und dabei wirtschaftliche Informationen ausklammern[808], wurden in der Literatur gerade solche Motive, die sich aus der wirtschaftlich unsicheren Lage des Erwerbers ergeben, für nachvollziehbar erachtet.

Dies verdeutlicht die Problematik des starren Konstrukts grundlegender Informationen. Vor dem Hintergrund einer effektiven Sanktionierung ist es nicht ersichtlich, wieso für den Arbeitnehmer besonders relevante Informationen mit wirtschaftlichem Bezug, die sich letztlich auf die Fortsetzungsmöglichkeit des Arbeitsverhältnisses auswirken können, nicht grundlegender Teil der Unterrichtung sein sollen und damit nach der Verwirkung des Widerspruchsrechts nicht mehr effektiv sanktioniert werden könnten. Gerade diese Informationen sind für eine fakultative Anhörung relevant. Da die Unterrichtung für sich selbst steht, spricht dagegen auch nicht, dass das Widerspruchsrecht als solches kein Element des Vermögensschutzes verfolgt.[809]

Vorzugswürdig ist vor diesem Hintergrund die Berücksichtigung der Schwere des Unterrichtungsfehlers anhand der Sorgfaltspflichtverletzung des Arbeitgebers sowie dem Interesse des Arbeitnehmers an ebendieser Information. Das Interesse wiederum sollte im konkreten Einzelfall vergleichbar mit der oben beschriebenen Skala bestimmt werden. Am unteren Ende dieser Skala und damit von nur sehr geringem Interesse wären Informationen zu verorten, die

---

808 Vgl. dazu § 12 C. III. 2.

809 Vgl. § 8 B. II. 1.

objektiv keine Auswirkung auf das Arbeitsverhältnis haben und beispielsweise mit Namensverwechslungen zu vergleichen sind, da diese keine Auswirkung auf eine fakultative Anhörung haben. Am oberen Ende der Skala wären sicherlich auch die vom BAG als grundlegend erachteten Informationen angesiedelt, aber eben auch solche, die sich auf den Bestand des Arbeitsverhältnisses aufgrund der wirtschaftlichen Lage des Erwerbers beziehen. An diesen hat der Arbeitnehmer in Bezug auf die fakultative Anhörung ein gesteigertes Interesse.

Letztlich stellt sich die Frage, ob eine solche Wesentlichkeitsschwelle erst bei der Schutzwürdigkeit des arbeitgeberseitigen Vertrauens und damit im Rahmen der Verwirkung, oder bereits bei der Frage anzusetzen ist, ob der Fristanlauf des Widerspruchsrechts gehemmt wird. Aus Perspektive der *These von der europarechtlichen Determination* könnte angeführt werden, ein Verstoß gegen die Unterrichtungspflicht unterhalb einer gewissen Schwelle bedürfe nach dem Verhältnismäßigkeitsgrundsatz keiner weiteren Sanktion durch das Nichtanlaufen der Widerspruchsfrist. Sowohl die Rechtsfigur der grundlegenden Informationen des BAG als auch die Wesentlichkeitsschwelle stehen vor der Frage, ob eine Differenzierung nach der Art des Unterrichtungsfehlers überhaupt noch im Rahmen der Auslegung des § 613a V, VI BGB zulässig wäre.

§ 17 Zusammenfassung

(1) Die Einführung der grundlegenden Informationen durch das BAG lässt sich in bereits bestehende Ansätze einbetten, die das Widerspruchsrecht anhand der Art des Unterrichtungsfehlers einzudämmen versuchten.

(2) Verbreitet ist zunächst der Ansatz, die Unterrichtungsfehler danach zu unterscheiden, ob sie relevant für die Entscheidung des Arbeitnehmers über sein Widerspruchsrecht waren oder nicht. Dieses Kausalitätskriterium stellt auf die *subjektive* Vorstellung des Arbeitnehmers ab. Vertreter dieser Ansicht argumentieren überwiegend mit dem Zweck der Unterrichtung, dem Arbeitnehmer eine ausreichende Wissensgrundlage für sein Widerspruchsrecht zu geben. Nach der hier vertretenen *These von der europarechtlichen Determination* kann das allerdings nicht überzeugen, da die Unterrichtungspflicht einen solchen Zweck nicht kennt. Auch eine Herleitung über einen Vergleich mit der Anfechtung eines bereits ausgeübten Widerspruchs, die auch eines kausalen Anfechtungsgrundes bedarf, überzeugt nicht. Dabei geht es darum, den Arbeitnehmer von der Bindung an ein unter falschen Annahmen ausgeübtes Gestaltungsrecht zu lösen, was eine Kausalität zwingend nötig macht. Bei dem Beginn der Widerspruchsfrist hingegen geht es darum, Verstöße gegen die Unterrichtungspflicht zu sanktionieren.

(3) Letztlich zeigt der Vergleich mit dem Kausalitätskriterium aber, dass die grundlegenden Informationen gerade nicht auf die *subjektive* Vorstellung des Arbeitnehmers abstellen, sondern eine *objektive* Unterscheidung treffen.

(4) Dies legt einen weiteren Vergleich mit dem Ansatz einer objektiven Wesentlichkeitsschwelle nahe. Diese hält Unterrichtungsfehler unter einer gewissen Schwelle für unerheblich, entweder schon auf Ebene des Katalogs in § 613a V BGB oder erst auf Ebene der Verknüpfung zur Widerspruchsfrist nach § 613a VI 1 BGB. Problematisch am objektiven Ansatz ist stets, wo die Schwelle anzusetzen ist. Aus einem Vergleich mit der Wertung im Rahmen der Frage, wann die Entscheidung über den Widerspruch objektiv nachvollziehbar ist, ergibt sich bereits, dass in diesem Zusammenhang, anders als bei den grundlegenden Informationen, vor allem auf wirtschaftlich bedeutende Motive abgestellt wird. Dies zeigt erneut, dass die pauschale Kategorisierung, wie sie das BAG vornimmt, nicht überzeugen kann.

Sechster Abschnitt: Grenzüberschreitung durch Rechtsfortbildung oder zulässige Auslegung?

§ 18 Auslegung und Rechtsfortbildung

Im Angelsächsischen Rechtsraum genießt die parlamentarische Souveränität einen hohen Stellenwert, was zu einer Tradition enger und buchstabengetreuer Auslegung durch die Gerichte im *Common* Law geführt hat.[810] Auch der deutsche Rechtsanwender steht vor der grundsätzlichen Frage, wie weit sich richterliche Entscheidungen vom kodifizierten, also niedergeschriebenen Gesetzestext entfernen dürfen. Auf der einen Seite ist die richterliche Unabhängigkeit ein durch Art. 97 I GG verfassungsrechtlich geschütztes Gut, auf der anderen Seite zwingt die ebenfalls im Grundgesetz verankerte Gewaltenteilung nach Art. 20 II 2 GG die rechtsprechende Gewalt, die Souveränität der rechtssetzenden Gewalt zu beachten.[811] Daher gilt es stets, einen angemessenen Ausgleich zwischen diesen sich gegenüberstehenden Grundsätzen zu finden.

A. Grundlagen der Wortlautauslegung

I. Die Wortlautauslegung als Topos der Methodenlehre

1. Verfassungsrechtlicher Hintergrund

Ein kodifiziertes Rechtssystem impliziert stets, dass Gerichte in ihren Entscheidungen an das geschriebene Gesetz gebunden sein müssen.[812] Hätte die Kodifikation keine Auswirkung auf die richterlichen Entscheidungen, für die sie gelten soll, wäre sie nachgerade sinnlos.[813] Die Gesetzesbindung ist also notwendiges Korrelat der richterlichen Unabhängigkeit, da sich letztere sachlich sonst nicht rechtfertigen ließe.[814] Nur die Bindung an das kodifizierte Recht kann das demokratische Legitimationsdefizit der richterlichen Unabhängigkeit ausgleichen und ein ausreichendes Legitimationsniveau für die richterliche Tätigkeit sicherstellen.[815] Vor diesem Hintergrund bestimmen die Art. 20 III, 97 I GG, dass Richter an Recht und Gesetz gebunden sind.

---

810 Ausführlich *Henninger*, Europäisches Privatrecht und Methode, S. 208 f.

811 Den Grundsatz der doppelten Verfassungsrechtlichen Funktion erörtert Maunz/Dürig/*Hillgruber*, Art. 97 GG Rn. 27 f.

812 Zu den Grundlagen *Larenz*, Methodenlehre, S. 176 f.

813 *Hassemer*, ZRP 2007, 213 (214).

814 Maunz/Dürig/*Hillgruber*, Art. 97 Rn.25; BeckOK GG/*Morgenthaler*, Art. 97 Rn. 7.

815 BVerfG, Beschl. v. 11.10.1978 – 1 BvR 84/74 = NJW 1979, 305 (306).

2. *Buchstabengetreues Nachsprechen des Gesetzes?*

Um eine solche Bindung zu erreichen, wurde in der Vergangenheit bereits versucht, einen zugleich eindeutigen und vollständigen Gesetzestext zu schaffen.[816] Dies hätte zur Folge, dass alleine das Gesetz über Rechtsfälle entscheiden und die Legislative als Gesetzgeber damit zur einzigen Instanz der Fallentscheidung aufsteigen würde.[817]

Dem steht allerdings das Prinzip der Gewaltenteilung entgegen, wonach die Funktion der Rechtsprechung den Gerichten, also der Judikative obliegt.[818] Außerdem kann kein Gesetz im Voraus alle möglichen Fallkonstellationen und Problemfälle vorhersehen, sei es auch noch so präzise formuliert.[819] Dies führt auch zu ganz praktischen Problemen. Das abstrakt formulierte Gesetz ist stets auf einen konkreten Fall anzuwenden, auch dann, wenn gerade dieser Sachverhalt vom Gesetzgeber nicht vorbedacht war.[820] Die im Grundgesetz festgeschriebene Bindung des Richters an Recht und Gesetz kann demnach nicht eine Bindung an dessen Buchstaben mit einem Zwang zur wörtlichen Auslegung bedeuten.[821]

3. *Die Auslegung als Bezugspunkt der Methodenlehre*

Auf der anderen Seite ergibt sich aber aus der verfassungsrechtlichen Gesetzesbindung, dass der Rechtsanwender die Gesetze nicht willkürlich auslegen darf.[822] Zu suchen ist demnach eine Methode, die den Erkenntnisakt, der sich in der Person des Richters vollzieht, steuert und inhaltliche richterliche Beiträge zum Entscheidungsergebnis zumindest minimiert. Dieser Erkenntnisakt wird auch als Auslegung bezeichnet.[823] Ohne eine solche Methode bestünde stets die Gefahr einer Normsetzung durch den rechtsanwendenden Richter anstelle

---

816 Ein Ansatz, der insbesondere in der zweiten Hälfte des 20. Jh. forciert wurde, vgl. *Hassemer*, ZRP 2007, 213 (214).

817 *Hassemer*, ZRP 2007, 213 (214 f.).

818 Maunz/Dürig/*Hillgruber*, Art. 97 GG Rn. 55.

819 S-B/H/H/*Heusch*, Art. 97 GG Rn. 38; *Honsell*, ZfPW 2016, 106 (119).

820 *Honsell*, ZfPW 2016, 106 (106).

821 So schon BVerfG, Beschl. v. 23.10.1958 – 1 BvL 45/56 = NJW 1958, 2059 (2061); Maunz/Dürig/*Hillgruber*, Art. 97 GG Rn. 55.

822 Von „anerkannten Auslegungsmethoden" spricht auch das BVerfG, Beschl. v. 30.3.1993 – 1 BvR 1045/89 = NJW 1993, 2861 (2863); ebenso Maunz/Dürig/*Hillgruber*, Art. 97 Rn. 56.

823 S-B/H/H/*Heusch*, Art. 97 GG Rn. 38.

des Gesetzgebers.[824] Sobald die Judikative aber eine rechtspolitisch gestaltende oder quasi-gesetzgeberische Funktion einnimmt, überschreitet sie die Grenzen der demokratischen Rechtsstaatlichkeit sowie den Verfassungsgrundsatz der Gewaltenteilung.[825]

Die Methodenlehre wird im Allgemeinen als Ergebnis dieser Suche betrachtet, da sie die Entscheidungsfindung in möglichst rationale Bahnen lenken kann.[826] Klassischerweise wird unter Berufung auf *Savigny*[827] zwischen vier Auslegungskanones unterschieden:

(1) Grammatische Auslegung (nach dem Wortlaut)
(2) Systematische Auslegung (nach dem Gesetzeskontext)
(3) Historische Auslegung (unter Berücksichtigung der Entstehungsgeschichte)
(4) Teleologische Auslegung (nach dem Sinn und Zweck der Norm)

II. Der Wortlaut als Ausgangspunkt der Gesetzesauslegung

1. Inhalt des Wortlauts

Die grammatische, am Wortlaut festgemachte Untersuchung ist der erste Anknüpfungspunkt jeder Gesetzesauslegung.[828] Die Auslegung insgesamt kann als „Rückübersetzung" der rechtlichen Begriffe aus ihrem Kontext und ihren Aufgaben heraus betrachtet werden.[829] Der Wortlaut hat also maßgeblichen Einfluss auch auf die anderen Auslegungskanones und nimmt eine Sonderstellung ein: Er ist sowohl Methode als auch gleichzeitig Gegenstand der Auslegung.[830]

Die grammatische Auslegung bezieht sich auf die Bedeutung des Wortes im allgemeinen Sprachgebrauch und auf die Aussage im konkreten Satzgefüge.[831] Die semantische Bedeutung eines Begriffs wird dabei durch seinen gemeinsamen Gebrauch bestimmt und gibt eine Vorstellung davon, worin der fachsprachliche Wortsinn bestehen kann.[832] Die Grenzen einer grammatischen Auslegung nach

---

824 Weiterführend *Rüthers*, NJW 2005, 2759 (2759), der bereits jetzt von einem „Richterstaat" spricht.
825 S-B/H/H/*Hofmann*, Art. 20 GG Rn. 94.
826 *Bitter/Rauhut*, JuS 2009, 289 (292).
827 In Bezug auf die Zuordnung skeptisch *Reimer*, Methodenlehre, Rn. 274.
828 Als „*starting point*" der Auslegung bezeichnet sie *Honsell*, ZfPW 2016, 106 (120).
829 *Reimer*, Methodenlehre, Rn. 284.
830 MüKo BGB/*Säcker*, Einleitung zum Allgemeinen Teil des BGB Rn. 137; *Honsell*, ZfPW 2016, 106 (120).
831 *Honsell*, ZfPW 2016, 106 (120).
832 MüKo BGB/*Säcker*, Einleitung zum Allgemeinen Teil des BGB Rn. 137.

dem Wortlaut lassen sich vor allem darauf zurückführen, dass Begriffe mehrdeutig, vage und wertausfüllungsbedürftig sein können. Je abstrakter der Begriff wird, desto deutlicher wird auch die Unschärfe des allgemeinen Sprachgebrauchs sichtbar.[833] Ein Wortlaut kann also nie „eindeutig“ in dem Sinne sein, dass er einer weitergehenden Auslegung nicht mehr zugänglich wäre.[834] Deswegen wird der Wortlaut an seinen Rändern unscharf, es entsteht notwendigerweise eine Grauzone, in der nicht ganz klar ist, ob der Gesetzgeber den konkreten Sachverhalt mitbedacht hat.[835] Ein Begriff hat demnach einen *Kernbereich* sowie einen *Randbereich*.[836]

2. Vorgehensweise bei der Auslegung

Die Ungenauigkeit der Sprache sollte aber dennoch nicht darüber hinwegtäuschen, dass die Kommunikation innerhalb bestimmter Gruppen durch die Verständigung auf eine bestimmte Bedeutung von Wörtern in den meisten Fällen funktioniert. Aus dieser Erkenntnis wurde eine Vorgehensweise entwickelt, Rechtsbegriffe in drei Gruppen zu unterteilen:[837]

(1) „Positive Kandidaten“, die nach dem allgemeinen Sprachgebrauch eindeutig unter einen bestimmten Wortlaut fallen,
(2) „Negative Kandidaten“, die eindeutig nicht von einem bestimmten Wortlaut umfasst werden sowie
(3) „Neutrale Kandidaten“, bei denen Zweifel bestehen.

B. Der Wortlaut als Grenze zwischen Auslegung und Rechtsfortbildung

I. Grundlagen der Rechtsfortbildung

Nach Ansicht des BVerfG können Gerichte nicht nur von der buchstabengetreuen Wiederholung des Gesetzestextes im Rahmen der Wortlautauslegung abweichen, sondern Entscheidungen sogar über den Wortsinn hinaus treffen.[838] Die

---

833 *Bitter/Rauhut*, Jus 2009, 289 (293).
834 MüKo BGB/*Säcker*, Einleitung zum Allgemeinen Teil des BGB, Rn. 116, 137 m.w.N.
835 *Bitter/Rauhut*, JuS 2009, 289 (292); MüKo BGB/*Säcker*, Einleitung zum Allgemeinen Teil des BGB Rn. 138.
836 Vgl. dazu *Larenz*, Methodenlehre, S. 302.
837 Dazu *Reimer*, Methodenlehre, Rn. 309.
838 BVerfG, Urt. v. 3.4.1990 – 1 BvR 1186/89 = NJW 1990, 1593 (1593 f.).

richterliche Befugnis zur Rechtsfortbildung wird aus der in Art. 20 III GG verwendeten Formulierung „Gesetz und Recht“ hergeleitet. Diese Unterscheidung zeige, dass „Recht“ nicht immer mit der Gesamtheit der kodifizierten Gesetze übereinstimme.[839] Ansonsten müsste man eine grundsätzliche Lückenlosigkeit der positiven staatlichen Ordnung annehmen, welche praktisch unerreichbar sei.[840] Vor diesem Hintergrund kann jede Anwendung eines Rechtssatzes im Rahmen einer Einzelfallentscheidung als "schöpferischer Akt“[841] verstanden werden, weil der konkrete Sachverhalt in der Regel dem abstrakten Sachverhalt zwar ähnlich, aber nicht mit diesem identisch ist. Gesetzgebung und Rechtsprechung verhalten sich also wie Grundsatz und Konkretisierung, nicht wie Befehl und Ausführung.[842]

Bei der Rechtsfortbildung nimmt die Judikative letzten Endes die Kompetenz der Legislative war und erweitert selbstständig das geltende Recht.[843] Die Fortbildung des Rechts durch rechtsprechende Gewalt ist allgemein anerkannt, solange sie sich nicht *contra legem* über das bestehende Gesetz hinwegsetzt und dadurch Recht nach eigenem Gutdünken gesprochen wird.[844] Dem BAG ist die Aufgabe der Rechtsfortbildung beispielsweise in § 45 IV ArbGG ausdrücklich überantwortet.[845] Sie ist aber in höherem Maße rechtfertigungsbedürftig als die Auslegung, weil der Rechtsanwender durch ihre Ausübung mit der originär dem Normgeber zugewiesenen Kompetenz konkurriert.[846] Notwendig ist deshalb eine scharfe Abgrenzung zwischen Auslegung und Rechtsfortbildung.

---

839 MüKo BGB/*Säcker*, Einleitung zum Allgemeinen Teil des BGB Rn.153.; dagegen Maunz/Dürig/*Hillgruber*, Art. 97 GG Rn. 65.

840 BVerfG 14.2.1973, Beschl. v. 14.2.1973 – 1 BvR 112/65 = NJW 1973, 1221 (1225); vgl. auch MüKo BGB/*Säcker*, Einleitung zum Allgemeinen Teil des BGB Rn. 153.

841 So formuliert es *Kirchhof*, NJW 1986, 2275 (2277).

842 *Kirchhof*, NJW 1986, 2275 (2277).

843 *Reimer*, Methodenlehre, Rn. 548.

844 Vgl. schon den „*Soraya-Beschluss*“ des BVerfG, Beschl. v. 14.2.1973 – 1 BvR 112/65 = NJW 1973, 1221 (1222); BVerfG, Urt. v. 11.7.2012 – 1 BvR 3142/07 = NJW 2012, 3081 (Rz. 74 f.); S-B/H/H/*Heusch*, Art. 97 GG Rn. 39.

845 BVerfG, Beschl. v. 6.6.2018 – 1 BvL 7/14 und BvR 1375/14 = NZA 2018, 774 (Rz. 73).

846 *Reimer*, Methodenlehre, Rn. 548.

II. Abgrenzung anhand des möglichen Wortlauts

1. *Meinungsstand*

Klassischerweise wurde der Wortlaut in der Rechtswissenschaft gleichsam als der Anfang und das Ende der Auslegung gesehen, indem er die Grenze zur Rechtsfortbildung ziehen sollte.[847] Die Auslegung eines Gesetzestextes muss danach also stets vom Wortlaut gedeckt sein, demgegenüber setzt sich die Rechtsfortbildung bewusst über denselben hinweg. Zur Begründung werden die Art. 20 III, 97 I GG herangezogen, wonach die richterliche Rechtsfortbildung ihre Grenze in klaren gesetzlichen Regelungen finde.[848] Außerdem komme nur dem Gesetzestext die Autorität des von der legislativen Gewalt Angeordneten zu. Was nicht wenigstens einem möglichen Sprachgebrauch entspreche, werde durch den Text nicht mehr gedeckt.[849] Auch das BVerfG sieht die Grenzen der verfassungskonformen Auslegung dort, wo sie „mit dem Wortlaut und mit dem klar erkennbaren Willen des Gesetzgebers" in Widerspruch trete.[850]

Zum Teil wird diese Abgrenzung aber auch abgelehnt. Eine Beschränkung der übrigen Topoi der Methodenlehre auf den vom (vermeintlichen) Wortsinn gezogenen Rahmen halten sie für eine Überschätzung der Genauigkeit der juristischen Sprache.[851] Hauptargument für die Kritiker ist der Unterschied zwischen dem *Normtext* und der *Norm*, wobei diese über jenen hinausginge und sich nach dem Willen des Gesetzgebers richten würde.[852] Die Grenze wäre danach dort zu ziehen, wo sich die richterliche Entscheidung vom gesetzgeberischen Willen entfernt.

---

847 Als klassische Unterscheidung bezeichnet den Wortlaut das BAG, Urt. v. 7.8.2012 – 9 AZR 353/10 = NZA 2012, 1216 (Rz. 33), zweifelt die Beibehaltung dieser Grenzziehung aber gleichzeitig auch an; vgl. auch *Schenke*, DStR-Beih 2011, 54 (55).

848 S-B/H/H/*Hofmann*, Art. 20 GG Rn. 95; zur Unzulässigkeit der Rechtsfortbildung entgegen einer klaren gesetzlichen Regelung s. BVerfG, Beschl. v. 14.5.1985 – 1 BvR 233/81, 1 BvR 341/81 = NJW 1985, 2395 (2402).

849 So *Larenz*, Methodenlehre, S. 304, der auch ganz pragmatisch mit dem Fehlen anderer, sinnvoller Kriterien zur Abgrenzung argumentiert.

850 BVerfG, Beschl. v. 16.12.2014 – 1 BvR 2142/11 = NVwZ 2015, 510 (Rz. 86).

851 *Reimer*, Methodenlehre, Rn. 24.

852 *Reimer*, Methodenlehre, Rn. 553, 616.

2. *Stellungnahme*

Die zuletzt genannte Ansicht ist abzulehnen. Die Grenze zwischen Auslegung und Rechtsfortbildung ist durch eine grammatische Auslegung unter Beachtung des subjektiv-historischen gesetzgeberischen Willens festzulegen. Nur so ist eine trennscharfe Abgrenzung möglich. Anders als teilweise angenommen[853], ist eine solche auch notwendig, da die Rechtsfortbildung vor dem Hintergrund der Gesetzesbindung vor höhere Hürden gestellt werden muss.

Zur Abgrenzung ist der konkrete Rechtsbegriff zunächst in eine der Kategorien „positiver", „negativer" oder „neutraler" Kandidat einzuordnen. Soll ein Sachverhalt unter eine Norm subsumiert werden, der eindeutig nicht vom Wortlaut erfasst ist, muss der Rechtsanwender die Norm im Wege der Rechtsfortbildung erweitern (*teleologische Extension*). Soll ein Sachverhalt aus dem Regelungsumfang einer Norm ausgeschlossen werden, obwohl er eindeutig unter deren Wortlaut fällt, muss der Anwendungsbereich dieser Norm ebenfalls durch Anwendung der Rechtsfortbildung eingeschränkt werden (*teleologische Reduktion*). Bestehen Zweifel, ob der konkrete Sachverhalt noch vom Wortlaut erfasst ist, so kann der Gesetzestext nach den übrigen Kanones der Auslegung untersucht werden.

C. Der „gesetzgeberische Wille" als Grenze zulässiger Rechtsfortbildung

Hat der Rechtsanwender die Grenze des Wortlauts überschritten, so befindet er sich nach der hier vertretenen Ansicht dogmatisch im Gebiet der Rechtsfortbildung. Somit stellt die Rechtsfortbildung im Verhältnis zur Auslegung kein *aliud*, sondern vielmehr ihre „Verlängerung" unter Beachtung derselben Kriterien dar.[854] Mangels einheitlichem „Arbeitsgesetz" wird das Arbeitsrecht von einer Vielzahl arbeitsrechtlicher Quellen bestimmt.[855] Die Folge einer solchen „Zersplitterung" ist, dass fast schon zwangsläufig Lücken entstehen und einzelne Normierungen einander angepasst werden müssen. Auslegung und Rechtsfortbildung haben deshalb einen hohen Stellenwert innerhalb des Arbeitsrechts.[856]

853 *Reimer*, Methodenlehre, Rn. 553.
854 *Drechsler*, ZJS 2015, 344 (344).
855 So wurde der Entwurf eines Arbeitsvertragsgesetzes von *Henssler* und *Preis* aus dem Jahr 2010 nicht umgesetzt, vgl dazu Schaub/Koch/*Koch*, Arbeitsgesetzbuch.
856 Weiterführend *Preis*, FS Wank, S. 413 (416 f.).

Erst jüngst hat das BVerfG einen arbeitsrechtlichen Streit entschieden und zur Frage Stellung genommen, ob die bis dahin geltende Rechtsprechung des BAG zur zeitlichen Befristung des Anschlussverbots im Falle eines der sachgrundlosen Befristung vorangegangenen Arbeitsverhältnisses verfassungsrechtlich zulässig war.[857] Die Entscheidung setzte sich ausführlich mit den Grenzen richterlicher Rechtsfortbildung auseinander. Maßgeblicher Untersuchungsgegenstand der Karlsruher Richter war dabei der „gesetzgeberische Wille".

I. Das Anschlussverbot für sachgrundlose Befristungen

Aufgrund sozialpolitischer Erwägungen verlangt der Gesetzgeber, dass Arbeitsverträge im Normalfall als Dauerschuldverhältnisse ohne zeitliche Begrenzung ausgestaltet sein sollen.[858] Auf der anderen Seite wird aber auch anerkannt, dass es unter bestimmten Umständen sowohl den Bedürfnissen des Arbeitgebers als auch den Interessen des Arbeitnehmers entspricht, ein Arbeitsverhältnis nur für eine bestimmte Zeit einzugehen.[859] Aus § 620 I, III BGB i.V.m. § 14 I 1 TzBfG ergibt sich vor diesem Hintergrund, dass ein Beschäftigungsverhältnis auch nur vorübergehend, d.h. befristet eingegangen werden kann, sofern ein sachlicher Grund vorliegt. Die Regelung dient vor allem den Flexibilisierungsinteressen der Arbeitgeber, denn sie soll Unternehmen ermöglichen, auf eine unsichere, schwankende Auftragslage und wechselnde Marktbedingungen durch Neueinstellungen flexibel zu reagieren und damit ihre Wettbewerbsfähigkeit zu sichern.[860] Eine Befristung kann sogar ohne sachlichen Grund für bis zu zwei Jahre mit bis zu dreimaliger Verlängerung innerhalb dieses Zeitraums erfolgen (§ 14 II 1 TzBfG). Die sachgrundlose Befristung ist allerdings dahingehend eingeschränkt, dass sie dann unzulässig ist, wenn mit demselben Arbeitgeber „bereits zuvor" ein befristetes oder unbefristetes Arbeitsverhältnis bestanden hat (§ 14 II 2 TzBfG). Diese Einschränkung wird auch als sogenanntes *„Anschlussverbot"* bezeichnet.[861]

---

857 BVerfG, Beschl. v. 6.6.2018 – 1 BvL 7/14 und BvR 1375/14 = NZA 2018, 774.

858 Dies kommt schon in der Begründung zum „Entwurf eines Gesetzes über Teilzeitarbeit und befristete Arbeitsverträge und zur Änderung und Aufhebung arbeitsrechtlicher Bestimmungen" zum Ausdruck, vgl. BT-Drucks. 14/4374, S. 12.

859 Vgl. ebenfalls BT-Drucks. 14/4374, S. 12.

860 BT-Drucks. 14/4374, S. 13 f.; vgl. auch BVerfG, Beschl. v. 6.6.2018 – 1 BvL 7/14 und BvR 1375/14 = NZA 2018, 774.

861 Beispielsweise EK/*Müller-Glöge*, § 14 TzBfG Rn. 95.

Problematisch für den Rechtsanwender war nunmehr, was unter der Formulierung „bereits zuvor" zu verstehen sein sollte. Zum einen könnte man die Regelung so interpretieren, dass jedes frühere Arbeitsverhältnis, egal wie lange es zurückliegt, dazu führen würde, dass künftig kein sachgrundlos befristeter Arbeitsvertrag mehr abgeschlossen werden könnte. Zum anderen könnte auch davon ausgegangen werden, dass § 14 II 2 TzBfG eine zeitliche Beschränkung enthalte, die lediglich nicht ausdrücklich geregelt wurde. Ein früheres Arbeitsverhältnis hätte auf eine sachgrundlose Befristung dann keinen Einfluss mehr, wenn es besonders weit in der Vergangenheit zurückläge.

II. Entwicklung in der Rechtsprechung

1. Ursprünglich enge Wortlautauslegung

Ursprünglich vertrat das BAG die Ansicht, dass das Anschlussverbot selbst dann gelte, wenn zwischen den beiden Arbeitsverhältnissen eine lange Zeitspanne liege.[862] Anders als noch § 1 III BeschFG 1996 enthalte § 14 II 2 TzBfG nämlich keine zeitliche Begrenzung, weshalb der zeitliche Abstand zwischen dem vorherigen Arbeitsverhältnis und der sachgrundlosen Befristung unerheblich sei. Diese Argumentation des 2. Senats entsprach der Begründung der Vorinstanz. Das LAG Baden-Württemberg hatte angeführt, eine teleologische Reduktion des Begriffs „zuvor" scheitere schon am „eindeutigen Wortlaut" und der Tatsache, dass die Regelung des § 1 III BeschFG 1996 gerade nicht in modifizierter Form übernommen wurde, sondern ersatzlos weggefallen sei.[863] Anregungen im Gesetzgebungsverfahren, das Anschlussverbot zu lockern, habe der Gesetzgeber nicht übernommen. Später bestätigte der 7. Senat in einem weiteren Urteil diese Auffassung des 2. Senats, begründete seine Zustimmung aber nicht weiter.[864]

Es lassen sich nur unschwer Fälle ausmalen, in denen eine solche Rechtsfolge auf der einen Seite zwar sachgrundlose Befristungen eindämmt, auf der anderen Seite aber auch der arbeitnehmerseitigen Interessenlage massiv entgegensteht. Im Ergebnis führt ein zeitlich unbeschränktes Anschlussverbot nämlich dazu, dass grundsätzlich auch ein dreißig Jahre zurückliegender vierwöchiger Ferienjob einer sachgrundlosen Befristung entgegenstünde.[865]

---

862 BAG, Urt. v. 6.11.2003 – 2 AZR 690/02 = NZA 2005, 218 (220).

863 LAG Baden-Württemberg, Urt. v. 25.10.2002 – 5 Sa 8/02 = BeckRS 2011, 69728 (Rz. 30).

864 BAG, Beschl. v. 29.7.2009 – 7 AZN 368/09 = BeckRS 2011, 77126.

865 *Schwarze*, JA 2018, 787 (787).

2. Rechtsprechungsänderung wegen unklarer „zeitlich-inhaltlicher Dimension"

Auch die Rechtsprechung vollzog vor diesem Hintergrund einige Jahre später eine Kehrtwende. Im Jahr 2011 hatte erneut der 7. Senat des BAG einen Fall zu entscheiden, in dem eine Lehrerin gegen die Beendigung ihres Arbeitsverhältnisses wegen Befristung vor Gericht gegangen war.[866] Während ihres Studiums war die Klägerin als studentische Hilfskraft zweimal befristet beim Freistaat Sachsen beschäftigt gewesen. Nach Abschluss des Studiums stellte sie der Freistaat über sechs Jahre später sachgrundlos befristet als Lehrerin ein. Sie argumentierte daraufhin, die sachgrundlose Befristung sei wegen § 14 II 2 TzBfG unzulässig.

Das BAG entschied in Übereinstimmung mit den Vorinstanzen, dass die Befristung trotz der beiden Vorbeschäftigungen zulässig sei.[867] Zur Begründung führten die Richter an, eine Auslegung der Norm nach dem Wortlaut und der Systematik gebe kein eindeutiges Ergebnis vor, Gründe der Praktikabilität und Rechtssicherheit, vor allem aber der Normzweck sprächen dagegen für eine zeitliche Begrenzung.[868] Der Wortlaut der Vorschrift ist nach Auffassung des Senats in Hinblick auf den Bedeutungsgehalt des Tatbestandsmerkmals „bereits zuvor" nicht eindeutig. Hinsichtlich des situativen Zusammenhangs sei § 14 II 2 TzBfG zwar unzweifelhaft so zu verstehen, dass ein Arbeitsverhältnis mit demselben Arbeitgeber schon einmal bestanden haben müsse. In Hinblick auf die zeitlich-inhaltliche Dimension sei das Adverb „bereits zuvor" aber mehreren Deutungen zugänglich.[869]

a) Unklarer Wortlaut

Erstmals geht die Entscheidungsbegründung detailliert auf die grammatikalischen und sprachlichen Besonderheiten des Begriffs „zuvor" ein. So stellt der Senat fest, dass sich der Aussagegehalt von temporalen adverbialen Bestimmungen regelmäßig erst aus dem satzinternen oder -externen Bedeutungszusammenhang ergebe. Als Beispiel führt er an, dass „bereits zuvor" etwa „jemals zuvor", „irgendwann zuvor", aber auch „unmittelbar zuvor" oder „mit dem Bezugsereignis oder der Bezugssituation in einem zeitlichen Zusammenhang

---

866 BAG, Urt. v. 6.4.2011 – 7 AZR 716/09 = NZA 2011, 905.

867 Die nicht veröffentlichten Vorinstanzen waren das ArbG Chemnitz, Urt. v. 28.11.2008 – 3 Ca 2274/08 sowie das LAG Sachsen, Urt. v. 15.9.2009 – 7 Sa 13/09.

868 BAG, Urt. v. 6.4.2011 – 7 AZR 716/09 = NZA 2011, 905 (Rz. 16).

869 BAG, Urt. v. 6.4.2011 – 7 AZR 716/09 = NZA 2011, 905 (Rz. 17).

stehend" ausdrücken könne. Daraus ließe sich schließen, dass es im Gesetzestext jedenfalls nur unvollständig zum Ausdruck komme, wenn der Gesetzgeber habe ausschließen wollen, dass eine sachgrundlose Befristung nach einem bereits irgendwann zuvor bestehenden Arbeitsverhältnis jemals wieder zulässig wäre.[870]

Die Richter veranschaulichen ihre Argumentation mit einem fiktiven Beispiel und nennen eine Regelung, die es verbieten würde, dass der Arbeitgeber eine Nachtschicht anordnet, wenn der Arbeitnehmer „bereits zuvor" in einer Tagschicht gearbeitet habe. Hier sei es ersichtlich fernliegend, aus dem Wortlaut zu schließen, dass eine Nachtschicht nicht mehr angeordnet werden dürfe, wenn der Arbeitnehmer „jemals zuvor" eine Tagschicht absolviert habe. Dieses Beispiel verdeutliche, dass eine Adverbialkonstruktion und speziell der Normausdruck „bereits zuvor" kontextabhängig sei.[871]

b) Anwendung der anderen Topoi der Methodenlehre: Zeitliche Beschränkung des Anschlussverbots

Diesen kontextabhängigen Wortlaut legte das BAG sodann insbesondere anhand des Gesetzeszwecks aus. Dieser bestehe in der Verhinderung von Befristungsketten. Um das zu erreichen, brauche es aber kein zeitlich unbeschränktes Anschlussverbot, da bei einem Abstand zum vorherigen Beschäftigungsverhältnis von mindestens drei Jahren nicht mehr von einer „Kette" gesprochen werden könne. Auch sei es zweckwidrig, wenn der Arbeitnehmer nicht die Chance habe, über ein zunächst sachgrundlos befristetes Arbeitsverhältnis möglicherweise in ein unbefristetes Arbeitsverhältnis zu gelangen.[872]

Außerdem kommt der Senat zum Ergebnis, dass ein zeitlich unbegrenztes Anschlussverbot aus verfassungsrechtlicher Hinsicht überschießend sei. Zwar hält er § 14 II 2 TzBfG nicht für verfassungswidrig, allerdings dürfe die Regelung im Lichte einer verfassungsorientierten Auslegung dann nicht gelten, wenn das Ende eines früheren Arbeitsverhältnisses zwischen denselben Arbeitsvertragsparteien mehr als drei Jahre zurückliegt. Dabei zieht das BAG insbesondere die Grundrechte des Arbeitnehmers heran und betont, ein unbeschränktes Anschlussverbot verletze diesen unverhältnismäßig in seiner von Art. 12 I GG geschützten Berufsfreiheit. Auch würden die Einstellungschancen des Arbeitnehmers gemindert. Es handele sich damit gleichsam um einen übermäßigen

---

870 Dazu BAG, Urt. v. 6.4.2011 – 7 AZR 716/09 = NZA 2011, 905 (Rz. 17).

871 BAG, Urt. v. 6.4.2011 – 7 AZR 716/09 = NZA 2011, 905 (Rz. 17).

872 BAG, Urt. v. 6.4.2011 – 7 AZR 716/09 = NZA 2011, 905 (Rz. 25); dazu auch *Krause*, JA 2012, 468 (469).

Schutz, der sich letztlich umkehren und gegen die Interessen des Geschützten wenden würde.[873]

Die Frist von drei Jahren leitet das BAG in Anlehnung an die Wertung der allgemeinen Verjährungsfrist in § 195 BGB her.[874]

III. Verfassungswidrige Rechtsfortbildung

Die Rechtsprechung des BAG zur zeitlichen Befristung des Anschlussverbots war von Anfang an auf erstaunlich wenig Akzeptanz gestoßen, manche Instanzgerichte stellten sich ihr sogar explizit entgegen.[875]

Schlussendlich entschied auch das BVerfG, die Anwendung des § 14 II 2 TzBfG durch das BAG stelle eine verfassungswidrige, mit Art. 2 I i.V.m. 20 III GG unvereinbare Rechtsfortbildung dar. Eine Karenzfrist insofern, als dass das Anschlussverbot nicht greife, wenn zwischen dem Ende eines früheren Arbeitsverhältnisses und dem sachgrundlos befristeten neuen Arbeitsvertrag eine gewisse Zeitspanne liege, gebe es demnach nicht.[876]

1. *Verfassungsmäßigkeit auch eines zeitlich unbeschränkten Anschlussverbots*

Anders als das BAG ging das BVerfG nicht davon aus, ein Anschlussverbot sei nur durch die im Wege der Auslegung hergeleitete Frist verfassungskonform. Vielmehr sei die Regelung auch zeitlich unbegrenzt nicht zu beanstanden.

a) Begründung

Zwar wird durchaus anerkannt, dass das Anschlussverbot die Arbeitsvertragsfreiheit sowohl aufseiten derer einschränke, die Arbeit suchen würden, als auch aufseiten derer, die als Arbeitgeber tätig seien. Zum einen würde ein Bewerber mit Vorbeschäftigung nämlich daran gehindert, eine sachgrundlose Befristung

873 BAG, Urt. v. 6.4.2011 - 7 AZR 716/09 = NZA 2011, 905 (Rz. 27 ff.); i.E. auch *Krause*, JA 2012, 468 (469).

874 BAG, Urt. v. 6.4.2011 - 7 AZR 716/09 = NZA 2011, 905 (Rz. 39).

875 Von „semantisch bemerkenswerten Ausführungen" des BAG, denen die Kammer nicht folgen könne, sprach beispielsweise das LAG Baden-Württemberg, Urt. v. 26.9..2013 - 6 Sa 28/13 = BeckRS 2013, 72731 und befand den Wortlaut „bereits zuvor" sodann für eindeutig; zustimmend dagegen LAG Nürnberg, Urt. v. 30.1.2014 - 5 Sa 1/13 = BeckRS 2014, 123869 (Rz. 13); vgl. auch *Bayreuther*, NZA 2018, 905 (905) m.w.N.

876 BVerfG, Beschl. v. 6.6.2018 - 1 BvL 7/14 und BvR 1375/14 = NZA 2018, 774 (Rz. 51, 87); dazu auch BeckOK ArbR/*Bayreuther*, § 14 TzBfG Rn. 84.

zu vereinbaren, wodurch seine Chancen auf Einstellung faktisch gemindert würden. Zum anderen würde auch die Vertragsfreiheit des Arbeitgebers eingeschränkt.[877] Diese Einschränkung erachtete das Gericht aber für gerechtfertigt, da geeignet, erforderlich und angemessen.[878]

aa) Geeignetheit

Zunächst einmal sei es ein legitimes Ziel, befristete Arbeitsverhältnisse einzudämmen und Kettenbefristungen zu unterbinden. Insbesondere, da der Arbeitnehmer in der Regel sowohl hinsichtlich seiner Versorgung als auch seiner sozialen Geltung existenziell auf seine Erwerbsarbeit angewiesen sei, müsse die Befristung von Arbeitsverhältnissen kritisch gesehen werden. Eine befristete Beschäftigung erzeuge Unsicherheit, ob diese Existenzsicherung auch dauerhaft sichergestellt sei.[879] Den Staat treffe vor diesem Hintergrund und der strukturellen Unterlegenheit des Arbeitnehmers, die ihn daran hinderten, selbst für eine Beschränkung von Befristungen zu sorgen, eine Schutzpflicht nach Art. 12 GG.[880] Dazu komme auch, dass die Stabilität der sozialen Sicherungssysteme maßgeblich von der Finanzierung über die Erwerbsarbeit abhänge und damit von möglichst langfristigen Beschäftigungsverhältnissen profitieren würde.[881]

Das Anschlussverbot könne diese legitimen Ziele zumindest fördern und sei damit geeignet. Bleibe eine sachgrundlose Befristung wegen § 14 II 2 TzBfG für die Arbeitsvertragsparteien nämlich die Ausnahme, trage dies dazu bei, die unbefristete Dauerbeschäftigung als Regelfall der Beschäftigung zu erhalten und sachgrundlose Kettenbefristungen zu verhindern.[882]

bb) Erforderlichkeit

Auch sieht das BVerfG neben dem rigorosen Anschlussverbot kein milderes und dabei gleichwirksames Mittel, um das angestrebte Ziel zu erreichen. Hinsichtlich

---

877 Dazu auch *Schwarze*, JA 2018, 787 (788).

878 BVerfG, Beschl. v. 6.6.2018 – 1 BvL 7/14 und BvR 1375/14 = NZA 2018, 774 (Rz. 55 ff.).

879 So auch schon im *„Mangold-Urteil"* das BVerfG, Beschl. v. 6.7.2010 – 2 BvR 2661/06 = NZA 2010, 995 (Rz. 51).

880 Dazu bereits BVerfG, Urt. v. 24.4.1991 – 1 BvR 1341/90 = NJW 1991, 1667 (1667).

881 Zur Begründung des legitimen Ziels BVerfG, Beschl. v. 6.6.2018 – 1 BvL 7/14 und BvR 1375/14 = NZA 2018, 774 (Rz. 45 ff.).

882 Zur Geeignetheit BVerfG, Beschl. v. 6.6.2018 – 1 BvL 7/14 und BvR 1375/14 = NZA 2018, 774 (Rz. 49); zusammenfassend *Schwarze*, JA 2018, 787 (788).

der langfristigen sozialen Sicherung, die unbefristete Arbeitsverträge beinhalten würden, wäre ein zeitlich befristetes Anschlussverbot nicht gleich wirksam.[883]

cc) Angemessenheit

Zuletzt traf der 1. Senat auch eine Gesamtabwägung der betroffenen Rechtsgüter. Auf der einen Seite wögen die verminderten Einstellungschancen des Bewerbers sowie die Einschränkung der arbeitgeberseitigen Vertragsfreiheit schwer. Auf der anderen Seite sei aber auch die hohe Schutzwürdigkeit der vom Gesetzgeber verfolgten Ziele zu beachten. Zudem sei auf Arbeitgeberseite zu berücksichtigen, dass es diesem freistehe, auf eine befristete Beschäftigung mit Sachgrund oder eine unbefristete Beschäftigung zurückzugreifen.[884]

Daraus ergebe sich, dass das unbeschränkte Anschlussverbot im Grundsatz angemessen, aber immer dann unverhältnismäßig sei, wenn gar keine Gefahr der Kettenbefristung bestehe, welche die strukturelle Unterlegenheit des Arbeitnehmers ausnutzt. In Einzelfällen sei es dann durchaus geboten, das Anschlussverbot im Wege einer verfassungskonformen Auslegung einzuschränken.[885] Das Verbot der sachgrundlosen Befristung brauche es in diesen Fällen nicht, um das unbefristete Arbeitsverhältnis als Regelbeschäftigungsform zu erhalten.[886] Die Gefahr der Kettenbefristung bestehe insbesondere dann nicht, wenn die Vorbeschäftigung sehr lang zurückliege, ganz anders geartet oder nur von sehr kurzer Dauer war.[887] Beispielhaft werden geringfügige Nebenbeschäftigungen oder Werkstudentenstellen während der Ausbildungszeit (Schule, Studium etc.) genannt.[888]

b) Folge

Diese Argumentation hat aus Sicht des BVerfG weitreichende Folgen: Sehe man das Anschlussverbot bis auf wenige Ausnahmefälle als verfassungsmäßig an, so

883 BVerfG, Beschl. v. 6.6.2018 – 1 BvL 7/14 und BvR 1375/14 = NZA 2018, 774 (Rz. 50 ff.); detaillierter *Schwarze*, JA 2018, 787 (788).

884 BVerfG, Beschl. v. 6.6.2018 – 1 BvL 7/14 und BvR 1375/14 = NZA 2018, 774 (Rz. 56, 58); vgl. *Fuhlrott*, GWR 2018, 262.

885 EK/*Müller-Glöge*, § 14 TzBfG Rn. 98; *Schwarze*, JA 2018, 787 (788).

886 *Bauer*, ArbRAktuell 2018, 334.

887 Zur Unzumutbarkeit BVerfG, Beschl. v. 6.6.2018 – 1 BvL 7/14 und BvR 1375/14 = NZA 2018, 774 (Rz. 62 f.); *Bayreuther*, NZA 2018, 905 (908); EK/*Müller-Glöge*, § 14 TzBfG Rn. 98.

888 BeckOK ArbR/*Bayreuther*, § 14 TzBfG Rn. 84.

stelle sich die Dreijahresfrist des BAG nicht mehr als Auslegung anhand des Verfassungsrechts, sondern vielmehr als richterliche Rechtsfortbildung dar.[889] Der 1. Senat beschäftigt sich daher auch damit, ob sich die Herangehensweise des BAG auch nach dem strengen Maßstab, der bei Rechtsfortbildungen anzulegen ist, noch im Rahmen des Zulässigen bewegt.[890]

2. Starre zeitliche Begrenzung des Anschlussverbots als verfassungswidrige Rechtsfortbildung

Nach Ansicht des BVerfG überschreitet die Rechtsprechung des BAG die Grenzen der zulässigen Auslegung und Rechtsfortbildung. Die Anwendung und Auslegung der Gesetze durch die Gerichte stehe mit dem Rechtsstaatsprinzip nach Art. 20 III GG in Einklang, wenn sie sich in den Grenzen vertretbarer Auslegung und zulässiger richterlicher Rechtsfortbildung bewege.[891]

Dabei ist zunächst zu beachten, dass damit nicht etwa gemeint ist, eine dreijährige Karenzzeit wäre als solche verfassungswidrig. Vielmehr wäre eine solche, wenn gesetzlich geregelt, wohl zulässig, da auch dann der Vorrang unbefristeter Beschäftigungsverhältnisse nicht gefährdet sei. Die Verfassungswidrigkeit der BAG-Rechtsprechung liegt nach Auffassung des BVerfG also allein in der methodischen Missachtung dessen, was Richter zulässigerweise über die normale Auslegung hinaus selbstständig entwickeln dürfen.[892] Umso relevanter und über die Einzelentscheidung hinausreichend sind deshalb die vom BVerfG konkretisierten Anforderungen an eine zulässige Rechtsfortbildung.

a) Kein eindeutiger Wortlaut

Die Ausführungen des BAG zur semantischen Bedeutung der Formulierung „bereits zuvor" waren auch in der arbeitsrechtlichen Literatur von Beginn an auf Kritik gestoßen und wurden beispielsweise als „Wortlautakrobatik" bezeichnet.[893] Kommentare zur Entscheidung des BVerfG zeigten sich daher zum Teil überrascht, dass das Gericht dem BAG zumindest in dieser Hinsicht recht gab

---

889 Damit geht eine Abkehr von der hier präferierten Abgrenzung zwischen Auslegung und Rechtsfortbildung über den Wortlaut einher, vgl. § 18 C. III. 3. b. bb.

890 BVerfG, Beschl. v. 6.6.2018 – 1 BvL 7/14 und BvR 1375/14 = NZA 2018, 774 (Rz. 71 ff.).

891 BVerfG, Beschl. v. 6.6.2018 – 1 BvL 7/14 und BvR 1375/14 = NZA 2018, 774 (Rz. 72).

892 *Bayreuther*, NZA 2018, 905 (906 f.).

893 So *Höpfner*, NZA 2011, 893 (896); zustimmend dagegen EK/*Müller-Glöge*, § 14 TzBfG Rn. 98.

und ebenfalls von einem nicht eindeutigen Wortlaut ausging.[894] Die Formulierung „bereits zuvor" könne nach allgemeinem Sprachgebrauch sowohl im Sinne von „unmittelbar zuvor" als auch im Sinne von „irgendwann oder jemals zuvor" verstanden werden.[895]

b) *Entstehungsgeschichte und „gesetzgeberischer Wille"*

In Übereinstimmung mit den hier vertretenen Regeln der Methodenlehre verlagerte das BVerfG seine Argumentation in Folge des unklaren Wortlauts auf die weiteren Auslegungskanones.[896] Hauptsächlicher Gegenstand der Untersuchungen war dabei der *„gesetzgeberische Wille"*. Das BVerfG führt dazu an, die Gerichte dürften sich nicht dem vom Gesetzgeber festgelegten Sinn und Zweck des Gesetzes entziehen, sondern müssten die gesetzgeberische Grundentscheidung respektieren. Eine Interpretation, die sich über den klar erkennbaren Willen des Gesetzgebers hinwegsetze, greife unzulässig in die Kompetenzen des demokratisch legitimierten Gesetzgebers ein.[897] Die Beachtung des klar erkennbaren Willens des Gesetzgebers sei Ausdruck demokratischer Verfassungsstaatlichkeit. Das Gesetz beziehe seine Geltungskraft aus der demokratischen Legitimation des Gesetzgebers, dessen artikulierter Wille den Inhalt des Gesetzes daher mitbestimme.[898]

Diesen Willen erschließt sich das Gericht insbesondere aus einer historischen Auslegung der Norm. In Betracht zu ziehen seien hier die Begründung eines Gesetzentwurfes, der unverändert verabschiedet wurde, die darauf bezogenen Stellungnahmen von Bundesrat und Bundesregierung sowie die Stellungnahmen, Beschlussempfehlungen und Berichte der Ausschüsse.[899] Die Vorgeschichte zeige demnach deutlich, dass der Gesetzgeber ein absolutes Vorbeschäftigungsverbot gewollt habe.[900]

---

894 So *Bayreuther*, NZA 2018, 905 (907).

895 Zur Wortlautauslegung BVerfG, Beschl. v. 6.6.2018 – 1 BvL 7/14 und BvR 1375/14 = NZA 2018, 774 (Rz. 78).

896 Es handelte sich mithin um einen „neutralen Kandidaten", vgl. dazu § 18 A. II. 2.

897 Vgl. auch BVerfG, Beschl. v. 15.10.1996 – 1 BvL 44/92 = NJW 1997, 722 (725); Beschl. v. 14.6.2007 – 2 BvR 1447/05, 2 BvR 136/05 = NJW 2007, 2977 (Rz. 91).

898 Zu diesem Abschnitt BVerfG, Beschl. v. 6.6.2018 – 1 BvL 7/14 und BvR 1375/14 = NZA 2018, 774 (Rz. 75 f.).

899 BVerfG, Beschl. v. 6.6.2018 – 1 BvL 7/14 und BvR 1375/14 = NZA 2018, 774 (Rz. 74).

900 BVerfG, Beschl. v. 6.6.2018 – 1 BvL 7/14 und BvR 1375/14 = NZA 2018, 774 (Rz. 86).

aa) Bewusste Absetzung von der Vorgängernorm

Begründet wird dies zum einen damit, dass in der Ausformulierung des § 14 II 2 TzBfG eine bewusste Absetzung von der weniger strengen Vorgängerregelung zu sehen sei.[901]

bb) Indizwirkung der Gesetzesmaterialien

Insbesondere aber werden die Gesetzesmaterialien herangezogen, da diesen eine nicht unerhebliche Indizwirkung zukomme.[902]

Aus dem Gesetzentwurf der Bundesregierung zum Entwurf des Teilzeit- und Befristungsgesetzes vom 24. Oktober 2000 ergebe sich, dass eine sachgrundlose Befristung zwischen denselben Arbeitsvertragsparteien grundsätzlich nur einmal und nur bei erstmaliger Einstellung zulässig sein solle. Der Gesetzgeber habe sich damit zugleich gegen eine zeitliche Begrenzung des Verbots entschieden.[903]

Auch den weiteren Verlauf des Gesetzgebungsverfahrens bezieht das BVerfG mit ein. So wurde bei der Sachverständigenanhörung vor dem Ausschuss für Arbeit und Sozialordnung des Bundestages darauf hingewiesen, dass sich das Ziel, Kettenbefristungen zu verhindern, auch mit einer zweijährigen Karenzregelung erreichen lasse. Danach könnten dieselben Arbeitsvertragsparteien erneut eine sachgrundlose Befristung vereinbaren.[904] Doch hätte dies im Gesetz keinen Niederschlag gefunden.

In den Ausschussdokumenten sei darüber hinaus eine im Gesetz nicht aufgenommene Position dokumentiert, die eine Beschränkung sachgrundlos befristeter Arbeitsverträge auf Neueinstellungen ablehnte.[905] Desgleichen finde sich ein Antrag des Freistaats Bayern, wonach ein enger sachlicher Zusammenhang zu fordern sei, wenn zwischen den Beschäftigungsverhältnissen eine viermonatige Beschäftigungspause liege, und dann eine erneute sachgrundlose Befristung auch zwischen den gleichen Arbeitsvertragsparteien zuzulassen sei.[906] Doch

901 Zu diesem Abschnitt BVerfG, Beschl. v. 6.6.2018 – 1 BvL 7/14 und BvR 1375/14 = NZA 2018, 774 (Rz. 82 ff.); vgl. auch BVerfG, Beschl. v. 6.6.2018 – 1 BvL 7/14 und BvR 1375/14 = NZA 2018, 774 (Rz. 84).

902 So auch BVerfG, Urt. v. 19. 3. 2013 – 2 BvR 2628/10, 2 BvR 2883/10, 2 BvR 2155/11 = NJW 2013, 1058 (Rz. 66).

903 BT-Dr. 14/4374, S. 14; detailliert *Fuhlrott*, GWR 2018, 262.

904 BT-Dr. 14/4625, S. 18.

905 BT-Dr. 14/4625, S. 19.

906 Antrag vom 19.10.2010 in Anlehnung an § 1 III BeschFG 1996, vgl. BR-Dr. 591/5/00.

auch dieser Antrag sei erfolglos geblieben, ebenso wie gleichlautende Empfehlungen des Wirtschaftsausschusses des Bundesrates.[907]

c) *Schlussfolgerung: Regelungsmodell des BAG verfassungswidrig*

Aus alledem ließe sich ein klar erkennbarere Wille des Gesetzgebers schließen, den das BAG durch ein eigenes Regelungsmodell ersetzt habe.[908] Das gesetzliche Konzept der nur einmaligen sachgrundlosen Befristung werde durch das Konzept einer wiederholt möglichen sachgrundlosen Befristung nach Einhaltung einer Karenzzeit ersetzt. Damit habe das BAG eine Abwägungsentscheidung konträr zum Gesetzgeber getroffen. Während das Gericht das Interesse von Arbeitssuchenden mit Vorbeschäftigung höher gewichtet habe als das Interesse an sozialer Sicherung durch Erwerbsarbeit, hätte sich der Gesetzgeber genau gegenläufig entschieden. Somit verwirkliche das Konzept des BAG den vom Gesetzgeber gewollten Ausschluss von Kettenbefristungen nicht. Der Vorschlag einer Karenzregelung im Rahmen des Gesetzgebungsverfahrens habe gerade keine Mehrheit bekommen.[909] Darüber dürfte sich auch die fachgerichtliche Auslegung nicht hinwegsetzen.[910]

3. *Bewertung*

a) *Meinungsstand*

aa) *Ordnungspolitische Perspektive*

Differenzierende Meinungen merken an, die Verfassungswidrigkeit der Rechtsfortbildung sei wegen des klaren gesetzgeberischen Willens zu einer strengen Begrenzung der sachgrundlosen Befristung voraussehbar gewesen. Dabei wird aber durchaus auch auf die unterschiedlichen Leitbilder verwiesen: Demnach habe das BAG eine individuelle Interessenanalyse vorgenommen, nach der das Interesse des Arbeitnehmers an einer zumindest befristeten Einstellung die unwahrscheinliche theoretische Möglichkeit einer unbefristeten Einstellung als

907 BR-Drs. 783/1/00.

908 BVerfG, Beschl. v. 6.6.2018 – 1 BvL 7/14 und BvR 1375/14 = NZA 2018, 774 (Rz. 76); *Schwarze*, JA 2018, 787 (789).

909 Im Rahmen einer öffentlichen Anhörung von Sachverständigen schlug beispielsweise *Preis* vor, eine zweijährige Karenzzeit einzuführen, da so der etwas unbestimmte Befristungstatbestand entschärft, Befristungsketten aber trotzdem noch verhindert werden könnten, vgl. BT-Dr.14/4625, S. 18.

910 Dazu BVerfG, Beschl. v. 6.6.2018 – 1 BvL 7/14 und BvR 1375/14 = NZA 2018, 774 (Rz. 87).

Folge der Unzulässigkeit der sachgrundlosen Befristung überwiegen würde. Das BVerfG hingegen stelle den ordnungspolitischen Zweck des Verbotes heraus, die Gesamtmenge an Befristungen auf dem Arbeitsmarkt zu begrenzen.[911] Andere Stimmen befürworten zwar, dass das BAG aufgrund unsauberer Auslegung und fehlender Achtung des gesetzgeberischen Willens „in seine Schranken gewiesen wurde“, geben aber auch dem über lange Zeit untätigen Gesetzgeber eine Mitschuld.[912]

bb) Zu starker Fokus auf die historische Auslegung

Der Fokus auf den historischen Willen des Gesetzgebers wurde im Nachgang insbesondere deswegen kritisch kommentiert, weil sich das BVerfG in der Vergangenheit selbst auf den Standpunkt gestellt hatte, es komme nicht darauf an, was der Gesetzgeber zu regeln meinte, sondern was er geregelt hat. Damit genüge eine Auslegung bereits dann den verfassungsrechtlichen Vorgaben, wenn sie mit Wortlaut und Zweck der Norm aus einer objektiv-teleologischen Perspektive vereinbar sei.[913]

Unabhängig vom Fokus sei aber der historische Wille des Gesetzgebers überhaupt nicht so eindeutig wie vom BVerfG behauptet. Aus den Gesetzesmaterialien ließe sich vielmehr mit ebenso guten Argumenten herauslesen, dass es dem Gesetzgeber nur um die Abwehr von Befristungsketten ging und nicht um eine Beschränkung von sachgrundlosen Befristungen auf lediglich Ersteinstellungen.[914]

cc) Widerspruch durch eigene teleologische Reduktion

Für widersprüchlich erachtet wird daneben auch, dass das BVerfG zwar auf der einen Seite die BAG-Rechtsprechung mit dem Argument ablehnt, der Gesetzgeber habe das Vorbeschäftigungsverbot abschließend gestaltet und dieses sei aus diesem Grund keiner Reduktion zugänglich. Auf der anderen Seite gibt es den Fachgerichten aber auf, das Anschlussverbot aus Gründen der Angemessenheit in bestimmten Fällen teleologisch zu reduzieren, etwa, wenn es sich bei der Vorbeschäftigung um eine Stelle als studentischer Mitarbeiter handelte, oder sie zeitlich besonders weit zurücklag. Dies sei insbesondere deshalb inkonsequent,

---

911 *Schwarze*, JA 2018, 787 (789).

912 *Fuhlott*, GWR 2018, 262.

913 So BVerfG, Beschl. v. 16.8.2001 – 1 BvL 6/01 = NVwZ-RR 2002, 117 (118); zur Kritik *Bayreuther*, NZA 2018, 905 (907).

914 Detailliert *Bayreuther*, NZA 2018, 905 (907).

weil der Gesetzgeber einen Vorschlag des Bundesrats, frühere Beschäftigungsverhältnisse bestimmter Arten, beispielsweise als studentische Hilfskraft, vom Vorbeschäftigungsverbot auszunehmen, explizit abgelehnt hat.[915] In der Ablehnungsbegründung heißt es, sonst würden für ebendiese vom Anschlussverbot ausgenommenen Beschäftigungsverhältnisse Kettenbefristungen ermöglicht. Dies solle vermieden werden.[916]

dd) Abkehr von einer „pragmatischen Lösung“

Kommentare aus einer eher praktischen Perspektive nahmen die Entscheidung des BVerfG überwiegend mit Bedauern auf, da so der „pragmatischen Lösung“ des BAG eine Abfuhr erteilt worden wäre.[917] Der Urteilsbegründung wurde entgegengestellt, dass auch bei einer mehr als drei Jahre zurückliegenden Vorbeschäftigung gerade keine Gefahr von Kettenbefristungen bestehe. Dies habe auch der Gesetzgeber so gesehen und die Rechtsprechung des BAG über Jahre hinweg durch sein Schweigen zu dem Thema akzeptiert.[918]

b) Stellungnahme

aa) Unterschiedliche Sichtweisen auf den Wortlaut

Das BVerfG betonte in seiner Argumentation, wie aufgezeigt, vor allem den *historischen Willen des Gesetzgebers.* Wie bereits dargestellt, werden Begriffe aber gerade im Randbereich ihrer möglichen semantischen Bedeutung unscharf.[919] Daher stellt sich die Frage, wie bestimmt werden soll, welche Fälle der Gesetzgeber mitbedacht hat. Der Wortlaut eines Gesetzes kann entweder aus der Perspektive des historischen Gesetzgebers oder aber aus der des aktuellen Gesetzesanwenders betrachtet werden.[920]

(1) Subjektive Perspektive

Eine gesetzestreue Interpretation des Wortlauts muss nach der einen Ansicht *subjektiv-teleologisch* präjudiziert sein, indem sie vor allem berücksichtigt, was der Gesetzgeber unter einem Begriff verstanden wissen wollte.[921] Dafür spreche

---

915 *Bayreuther*, NZA 2018, 905 (908).

916 BT-Dr. 14/6853, S. 41, 43.

917 Für alle *Bauer*, ArbRAktuell 2018, 334.

918 *Bauer*, ArbRAktuell 2018, 334.

919 Vgl. § 18 A. II. 1.

920 *Reimer*, Methodenlehre, Rn. 247; *Larenz*, Methodenlehre, S. 296.

921 Maunz/Dürig/*Hillgruber*, Art. 97 Rn. 57.

besonders das Demokratieprinzip sowie der Gewaltenteilungsgrundsatz, die es dem Interpreten verbieten, die feststellbare Regelungsabsicht des Normsetzers einfach zu übergehen.[922]

(2) Objektive Perspektive

Dem setzen die Vertreter einer „objektivierten" Auslegung einen vom historischen Normzweck losgelösten und unabhängigen Willen des Gesetzes entgegen.[923] Kritisiert wird dieser vermeintlich objektive Ansatz, weil er als Einfallstor für unkontrollierten richterlichen Subjektivismus benutzt werden und auch eine gänzliche Emanzipation vom Gesetz rechtfertigen könnte.[924] Im Ergebnis könne die *„objektivierte Theorie"* daher zu subjektiven Ergebnissen führen, während der subjektiv-historische Ansatz objektivere Ergebnisse hervorbringe.[925]

(3) Vermittelnde Ansicht

Bereits *Savigny* sah die grammatische Auslegung als auf das Wort bezogen, welches „den Übergang aus dem Denken des Gesetzgebers in unser Denken vermittelt"[926]. Es würde deshalb die grammatische Auslegung konterkarieren, würde man die Überlegungen des historischen Gesetzgebers außer Acht lassen.[927] Auf der anderen Seite greift es aber auch zu kurz, die historische Situation, in welcher der Gesetzgeber seinen Willen gefasst hat, gänzlich zu ignorieren. Der Rechtsanwender sollte sich für Veränderungen nicht blind stellen, nur weil der historische Gesetzgeber sie nicht vorausgesehen hat.[928] Nach einer vermittelnden Ansicht dürfe daher auch nicht übersehen werden, in welcher ökonomisch-technischen bzw. sozio-kulturellen Situation der reale Wille des Gesetzgebers entstanden ist.

Diese sogenannte *kritische Theorie der Interpretation* überzeugt. Die Wortlautauslegung hat sich aus den genannten Gründen zwar am realen Willen des historischen Gesetzgebers zu orientieren, seine fall- und zeitgemäße Bedeutung

---

922 *Reimer*, Methodenlehre, Rn. 255.

923 Die Auslegung nach dem „objektivierten Willen des Gesetzgebers" vertritt schon das BVerfG, Urt. v. 21.5.1952 – 2 BvH 2/52 = NJW 1952, 737.

924 Maunz/Dürig/*Hillgruber*, Art. 97 Rn. 59.

925 Als zu pauschal bezeichnet diese Kritik *Preis*, FS Wank, S. 413 (416).

926 So zitiert von *Reimer*, Methodenlehre, Rn. 274.

927 Dafür spricht auch, dass das BVerfG den gesetzgeberischen Willen aus den Gesetzesmaterialen gezogen haben will, BVerfG, Beschl. v. 16.12.2014 – 1 BvR 2142/10 = NVwZ 2015, 510 (Rz. 96).

928 *Bitter/Rauhut*, JuS 2009, 289 (292).

muss aber als notwendiges Korrektiv ebenfalls reflektiert werden.[929] Dieses Spannungsfeld erfasst die „kritische Theorie der Interpretation" am besten.

(4) Bedeutung für den historischen Willen des Gesetzgebers

Das BVerfG hat den Wortlaut in seiner Entscheidung sehr einseitig auf Grundlage der Ausführungen des historischen Gesetzgebers ausgelegt. Zwar ist diese Perspektive auch nach der kritischen Theorie der Interpretation umso gewichtiger, je jünger das Gesetz ist, da sich die zeitgemäße Bedeutung eines Normtextes erst mit der Zeit überhaupt verschieben kann. Die Bedeutung von Kettenbefristungen hätte allerdings anhand der in den immerhin 18 vergangenen Jahren seit den Gesetzesmaterialien, auf welche sich das BVerfG bezieht, noch mehr berücksichtigt werden sollen. Das BVerfG geht davon aus, der Gesetzgeber habe mit dem Anschlussverbot das Einstellungsverhalten der Arbeitgeber zu steuern gewünscht und daher die Einschränkung der Vertragsfreiheit in Kauf genommen.[930] Die Interpretation des historischen gesetzgeberischen Willens erfolgte damit vor allem vor dem Hintergrund einer ordnungspolitischen Zielsetzung. Daraus ergibt sich aber auch, dass die Erfahrungen, inwieweit Kettenbefristungen auch durch die Anwendung der Karenzzeit des BAG verhindert werden konnten, berücksichtigt hätten werden sollen.

Hätte diese Analyse ergeben, dass das Einstellungsverhalten der Arbeitgeber durch ein unbefristetes Anschlussverbot nicht beeinflusst wurde, da diese beispielsweise einfach auf erstmalig befristete Arbeitsverhältnisse mit anderen Bewerbern ohne Vorbeschäftigung gesetzt hätten, so hätte auch der Wortlaut vor dem Hintergrund dieser Erfahrungswerte interpretiert werden sollen. Aus Perspektive der *kritischen Theorie der Interpretation* hätte der Wortlaut sodann also durchaus so weit ausgelegt werden können, dass eine Karenzzeit die Interessen der Parteien am besten in Ausgleich bringen und damit auch dem gesetzgeberischen Willen entsprechen könnte.

bb) Wortlautgrenze

Ganz offensichtlich hat das BVerfG in seiner Entscheidung den Wortlaut nicht als Grenze zwischen Auslegung und einer weiteren Rechtfertigung bedürfenden

929 MüKo BGB/*Säcker*, Einleitung zum Allgemeinen Teil des BGB Rn.127 f.; in diese Richtung auch BVerfG, Urt. v. 19.3.2013 – 2 BvR 2628/10 = NJW 2013, 1058 (Rz. 66).

930 Vom Ziel, den Arbeitgeber zu „veranlassen", den Arbeitnehmer entweder unbefristet oder aber einen anderen Arbeitnehmer befristet einzustellen, spricht auf die Gesetzesbegründung, BT-Dr. 14/3474, S. 14.

Rechtsfortbildung gesehen. Hätte es das nämlich getan, wäre es erst gar nicht zur Rechtsfortbildung gekommen, weil es ja ebenfalls von der Uneindeutigkeit der Formulierung „bereits zuvor" ausging. Dann hätte vielmehr ermittelt werden müssen, ob das BAG den Gesetzestext in zulässiger Weise ausgelegt hat. Daraus kann nur geschlossen werden, dass nach Auffassung des BVerfG die Unterscheidung zwischen Auslegung und Rechtsfortbildung nicht durch den Wortlaut erfolgt.[931]

cc) Neueste Entwicklungen im Nachgang zur BVerfG-Entscheidung

In Übereinstimmung der Entscheidung des BVerfG verwarf das BAG im Jahr 2019 seine bisherige Beschränkung des Anschlussverbots auf drei Jahre wieder.[932] Den vom BVerfG eingeräumten Spielraum, der Berufsfreiheit nach Art. 12 I GG in solchen Fällen den Vorrang zu geben, in denen eine Einschränkung wegen der fehlenden Gefahr einer Kettenbefristung unzumutbar wäre, sah der 8. Senat als nicht einschlägig an. Voraussetzung sei insbesondere, dass die Vorbeschäftigung „sehr lange" zurückliege. Bei einer typisierten Berufsdauer von 40 Jahren wären im konkret entschiedenen Fall bis zu vier Befristungen möglich gewesen, was keine Ausnahme mehr vom gesetzlichen Regelfall darstellen würde.[933] In seiner jüngsten Entscheidung ging das BAG nunmehr davon aus, dass jedenfalls bei einer Zeitspanne von 22 Jahren von einer Unzumutbarkeit des Anschlussverbots auszugehen sei, da hier typischerweise bereits „mehr als ein halbes Berufsleben" vergangen sei.[934]

Durch diese Entwicklung dürften sich die Kritiker bestätigt sehen, die dem BVerfG fehlende Konsequenz vorgeworfen hatten, da es einerseits von einer abschließenden Regelung des Gesetzgebers ausging, andererseits aber auch eine teleologische Reduktion in „unzumutbaren Fällen" ermöglichte. Dieses „Hintertürchen" hat das BAG offenbar genutzt und versucht das Anschlussverbot nunmehr auf dem Umweg der Unzumutbarkeit zeitlich zu begrenzen. Daraus wird deutlich, dass weder BVerfG noch BAG ein unbegrenztes Anschlussverbot für

---

931 Da das BVerfG den historischen Willen des Gesetzgebers aber als allgemeine Grenze sowohl für die Auslegung als auch die Rechtsfortbildung begreift, macht dies keinen Unterschied, da die Rechtsfortbildung eine Erweiterung der Auslegung nach vergleichbaren Regeln darstellt, vgl. § 18 B. I.

932 BAG, Urt. v. 23.1.2019 – 7 AZR 733/16 = NZA 2019, 700 (Rz. 18).

933 BAG, Urt. v. 23.1.2019 – 7 AZR 733/16 = NZA 2019, 700 (Rz. 26); vgl. auch *Bauer*, ArbRAktuell 2019, 65.

934 BAG, Urt. v. 21.8.2019 – 7 AZR 452/17 = NZA 2020, 40 (Rz. 24 f.).

geeignet halten, um die Einschränkung von Kettenbefristungen in Ausgleich mit der Berufsfreiheit zu bringen. Dies zeigt die Bedeutung der *kritischen Theorie der Interpretation*. Diese hätte den historischen Willen des Gesetzgebers von Anfang an mit der Erfahrung der Rechtsanwendung abgleichen können, ob Kettenbefristungen auch durch ein zeitlich begrenztes Anschlussverbot ausreichend eingeschränkt werden können.

§ 19 Bewertung der Unterscheidung nach der Art des Unterrichtungsfehlers

Die Tatsache, dass die Rechtsfigur der grundlegenden Informationen nicht unmittelbar aus dem Gesetz folgt, besagt für sich genommen nichts über ihre Richtigkeit.[935] Vor dem Hintergrund der Entscheidung des BVerfG zur Karenzzeit bei sachgrundlos befristeten Arbeitsverträgen muss aber auch die Unterscheidung nach der Art der Unterrichtungsfehler und insbesondere die Rechtsfigur der grundlegenden Informationen aus einer neuen Perspektive betrachtet werden.[936] Zu ermitteln ist der „gesetzgeberische Wille" aus historischer Perspektive.

A. Grundlage: Unklarer Wortlaut in § 613a VI 1 BGB

Gem. § 613a VI 1 BGB kann der Arbeitnehmer dem Übergang des Arbeitsverhältnisses *„innerhalb eines Monats nach Zugang der Unterrichtung nach Absatz 5 schriftlich widersprechen"*. Grammatikalisch verbindet dieser Satz die Frist des Widerspruchsrechts (*„innerhalb eines Monats"*) mit der Unterrichtungspflicht des Arbeitgebers (*„Zugang der Unterrichtung"*). Die Verbindung wird durch die Präposition „nach" (*„nach Absatz 5"*) erreicht. Anders als die ebenfalls gebrauchte temporale Bedeutung der Präposition (*„nach Zugang…"*) wird sie hier synonym für „entsprechend" oder „gemäß" verwendet und bezeichnet dabei das „Muster" oder „Vorbild" für etwas.[937] Gemeint ist also eine Unterrichtung nach dem Muster des § 613a V BGB. Ein „Muster" beschreibt in dem im Gesetz verwendeten Kontext die „Schablone", das „Leit-, Ideal-, oder Vorbild" bzw. den „Prototyp". Beschrieben wird demnach „etwas in seiner Art Vollkommenes", das ein „nachahmenswertes Vorbild" darstellt.[938]

---

935 Vgl. *Moll/Katerndahl*, RdA 2017, 324.

936 Diese Parallele ziehen auch *Greiner/Pionteck*, RdA 2020, 169 (171), welche die Intensität der richterrechtlichen Gestaltung bei Anwendung eines starren Zeitmoments von sieben Jahren der Einführung einer Drei-Jahres-Begrenzung des befristungsrechtlichen Vorbeschäftigungsverbots als „in nichts nachstehend" sehen.

937 *https://www.duden.de/rechtschreibung/nach_zu_hin_entsprechend* (Abrufdatum: 11.1.2020).

938 *https://www.duden.de/rechtschreibung/Muster* (Abrufdatum: 11.1.2020).

Allein aus dem Gesetzeswortlaut ergibt sich daher keineswegs, dass die Widerspruchsfrist nur dann beginnen könne, wenn sämtliche Anforderungen des Abs. 5 erfüllt sind. Die Verknüpfung zwischen dem Widerspruchsrecht und dem Unterrichtungsschreiben durch die Präposition „nach" beschreibt nur, dass sich die Unterrichtung an Abs. 5 orientieren muss. Auch der Umstand, dass die Vorgaben in Abs. 5 nur sehr allgemein umschrieben werden, spricht gegen eine starre Bedeutung der Bezugnahme in Abs. 6.[939] Es handelt sich somit um einen „neutralen Kandidaten", der nach den weiteren Topoi der Methodenlehre auszulegen ist.[940]

B. Ermittlung des historischen Willens des Gesetzgebers zu § 613a V, VI BGB

Zur Ermittlung des nach der Entscheidung des BVerfG zur unzulässigen Rechtsfortbildung bei sachgrundloser Befristung besonders zu berücksichtigenden historischen Willens des Gesetzgebers können die Gesetzesmaterialien als Indiz herangezogen werden.[941]

I. „Nach Abs. 5" oder „mit Abs. 5 übereinstimmend"?

1. Grammatische Bedeutung

Vor dem Hintergrund der weiter oben vorgenommenen Auslegung der Präposition *„nach"* erscheint es insbesondere interessant, dass in den Gesetzesmaterialien ein anderes Wort verwendet wurde, nämlich *„übereinstimmend"*. Nach dem Duden bedeutet dieses unter anderem „dasselbe", „identisch" oder „symmetrisch".[942] Hier ist die Interpretation also eindeutiger: Wäre § 613a VI 1 BGB mit der Formulierung *„innerhalb eines Monats nach Zugang der mit Abs. 5 übereinstimmenden Unterrichtung"* erlassen worden, müsste man davon ausgehen, dass nach dem Wortlaut nur eine Unterrichtung, die in allen Punkten exakt den Anforderungen des § 613a V BGB entspricht, die Widerspruchsfrist auszulösen vermag.

939 *Lindemann/Wolter-Roßteutscher*, BB 2007, 938 (941).

940 Vgl. § 18 A. II. 2.

941 Vgl. § 18 C. III. 2. b.

942 *https://www.duden.de/rechtschreibung/uebereinstimmend* (Abrufdatum: 11.1.2020).

2. *Negative Perspektive als Element der Wortlautauslegung*

Der Gesetzgeber formulierte die Norm aber gerade nicht so, sondern verwendete das Wort „*nach*". Es stellt sich daher die Frage, ob der Rechtsanwender daraus Schlüsse ziehen kann. In der juristischen Methodenlehre wird es teilweise als fruchtbare Vorgehensweise der grammatischen Auslegung angesehen, eine negative Perspektive auf den Wortlaut einzunehmen und sich die Frage zu stellen, wie der Gesetzgeber eine Norm nicht formuliert hat. So soll eine Gegenprobe erreicht werden und der Wortlaut mit denkbaren Alternativfassungen abgeglichen werden, die sowohl vom mutmaßlichen Sinn her möglich als auch redaktionell praktikabel erscheinen. Der untersuchte Begriff werde plastischer, indem er „seiner Selbstverständlichkeit beraubt" und daraufhin präziser rekonstruiert werde.[943]

Vor diesem Hintergrund könnte man darauf schließen, dass der Gesetzgeber bewusst nur die lockerere Verbindung zwischen Unterrichtungspflicht und Widerspruchsrecht in dem Sinne wollte, dass ein Unterrichtungsschreiben bereits dann die Widerspruchsfrist auslöst, wenn es „dem Vorbild des Abs. 5" entspricht („*nach*") und nicht erst, wenn es „identisch mit den Voraussetzungen des Abs. 5" ist („*übereinstimmend*"). Allerdings ist zu beachten, dass die Formulierung in den Gesetzesmaterialien nicht etwa einen alternativen Gesetzestext darstellte, sondern vielmehr der Erläuterung diente. Somit kann davon ausgegangen werden, dass sich der Gesetzgeber nicht bewusst gegen die Bedeutung von „übereinstimmend" stellen wollte, sondern die kürzere und einfachere Formulierung „nach" im Gegenteil vor diesem Hintergrund verstanden wissen wollte.

3. *Bedeutung für den historischen Willen des Gesetzgebers*

Im Ergebnis ist also davon auszugehen, dass der Gesetzgeber die Verknüpfung zwischen Unterrichtungspflicht und Widerspruchsfrist so eng verstanden wissen wollte, dass nur eine in jeder Hinsicht den Vorgaben des Abs. 5 entsprechende Unterrichtung geeignet ist, die Widerspruchsfrist auszulösen.[944] Es würde daher dem historischen Willen des Gesetzgebers widersprechen, würde man den für den Fristbeginn geforderten Anforderungskanon von vornherein in einen wesentlichen und einen unwesentlichen Teil spalten. Dafür spricht insbesondere auch, dass ein Änderungsantrag der FDP im Rahmen des Gesetzgebungsverfahrens

---

943 So *Reimer*, Methodenlehre, Rn. 290.

944 Ebenso *Hoffmann*, Unterrichtungspflicht und Widerspruchsrecht, S. 299 f.

abgelehnt wurde, welcher einen Fristbeginn bereits nach erfolgter Unterrichtung über den Zeitpunkt des Betriebsübergangs annehmen wollte.[945] Nicht nur die positiven Erklärungen in den Drucksachen geben nämlich Aufschluss über den historischen Willen des Gesetzgebers, sondern auch die Untersuchung von abgelehnten Änderungsanträgen.[946]

Daraus folgt allerdings nicht, dass der historische Wille des Gesetzgebers für jeden Unterrichtungsfehler ein „ewiges" Widerspruchsrecht vorschreiben würde. Zwar läuft die Frist bei jedem noch so kleinen Unterrichtungsfehler nicht an, aus dem Sanktionszweck lässt sich jedoch schließen, dass das Widerspruchsrecht auf andere Weise erlöschen muss, um sowohl dem *Effektivitäts-* also auch dem *Verhältnismäßigkeitsgrundsatz* angemessen Rechnung zu tragen.

Dafür spricht insbesondere die hier favorisierte *kritische Theorie der Interpretation*. Diese erlaubt es, den historischen Willen des Gesetzgebers aus heutiger Perspektive zu bewerten und gegebenenfalls zu korrigieren.[947] Nur sehr wenige Unterrichtungsschreiben sind bislang als ordnungsgemäß qualifiziert worden, die meisten waren mehr oder weniger fehlerhaft.[948] Da der Gesetzgeber, wie soeben gezeigt, jedweden Unterrichtungsfehler mit dem Nichtbeginn der Widerspruchsfrist sanktionieren wollte, andererseits aber auch die gebotene Rechtssicherheit für die beteiligten Unternehmen im Blick hatte[949], rechtfertigt diese Erfahrung in der Rechtspraxis eine zeitliche Begrenzung der Sanktionierung anhand des Unterrichtungsfehlers über das Instrument der Verwirkung.

II. Hinnahme der Widersprüche wegen überschießender Umsetzung

Ebenfalls kann aus der Analyse der Gesetzesmaterialien geschlossen werden, dass der Gesetzgeber die Spannungen und Widersprüche, die sich aus der exakten Übernahme des Anforderungskatalogs der EU-Richtlinie auf der einen und der gleichzeitigen Änderung des Unterrichtungsadressaten auf der anderen Seite ergaben[950], bewusst in Kauf genommen hat. Dafür spricht zum einen, dass die Gesetzesmaterialien hinsichtlich des Unterrichtungsinhalts auf die Richtlinie verweisen und hinsichtlich des richtigen Adressaten selbige explizit verwerfen.

---

945 BT-Dr. 14/8496, S. 2, abgelehnt mit BT-Dr. 14/8128, S. 5.
946 Vgl. schon § 18 C. III. 2. b.
947 Vgl. § 18 C. III. 3. b. aa.
948 Vgl. § 9 B. II. 3. b.
949 BT-Dr. 14/7760, S. 20.
950 Vgl. dazu ausführlich § 9 B.

Verknüpft man diese Erkenntnis mit dem Umstand, dass der abgelehnte Änderungsantrag der FDP deutlich kritisierte, die Verknüpfung einer umfangreichen Unterrichtung mit den Folgen des Widerspruchs sei nicht sachgerecht[951], so muss eine historische Gesamtschau davon ausgehen, dass der Gesetzgeber sich der Konsequenzen der neuen Regelungen in § 613a BGB bewusst war.

Dies unterstützt das bereits aus dem Wortlaut der Gesetzesmaterialien entnommene Ergebnis, dass eine Unterrichtung die Widerspruchsfrist nur dann anlaufen lassen kann, wenn sie dem Abs. 5 exakt entspricht. Das ergibt sich daraus, dass auch die zum Teil angeführten praktischen Bedenken gegen eine umfassende Unterrichtung vom Gesetzgeber offenbar gesehen und in Kauf genommen wurden.

III. Ablehnung einer absoluten Ausschlussfrist

Auch in Bezug auf die Haltung des Gesetzgebers zur absoluten Ausschlussfrist geben abgelehnte Änderungsanträge Aufschluss. Zum einen hatte die CDU erfolglos beantragt, die Richtlinie „1:1" umzusetzen und außerdem eine sechsmonatige absolute Ausschlussfrist für das Widerspruchsrecht einzuführen.[952] Zum anderen sah auch der bereits erwähnte und ebenfalls abgelehnte Antrag der FDP vor, eine sechsmonatige absolute Ausschlussfrist einzuführen, da die Verknüpfung zwischen einer umfassenden Unterrichtung und den Rechtsfolgen des Widerspruchs nach Auffassung der Antragsteller nicht sachgerecht sei.[953]

Aus diesen beiden Ablehnungen lässt sich schließen, dass es dem historischen Willen des Gesetzgebers entgegenstünde, eine absolute Ausschlussfrist anzunehmen, nach welcher das Widerspruchsrecht erlöschen würde.[954]

C. Anwendung auf die grundlegenden Informationen

Legt man die Maßstäbe des BVerfG an, so würde die Rechtsprechung des BAG zu den grundlegenden Informationen also dann die Grenzen der zulässigen Auslegung bzw. Rechtsfortbildung sprengen, wenn sie mit dem historischen Willen des Gesetzgebers nicht vereinbar wäre.[955]

---

951 BT-Dr. 14/8496, S. 1.

952 BT-Dr. 14/8128, S. 5.

953 BT-Dr. 14/8496, S. 2; BT-Dr. 14/8128, S. 5.

954 I.E. auch *Greiner/Pionteck*, RdA 2020, 169 (171).

955 Über die Rechtsfrage der richterlichen Kompetenz wurde verfassungsgerichtlich bislang allerdings nicht entschieden, da eine diesbezüglich eingelegte Verfassungsbeschwerde

Die Unterscheidung zwischen grundlegenden und nicht grundlegenden Informationen auf Ebene der Verwirkung wirkt nicht direkt auf das Anlaufen der Widerspruchsfrist ein. Dem historischen Willen des Gesetzgebers, dass jeder Verstoß gegen die Unterrichtungspflicht gleichermaßen mit dem Nichtanlaufen der Widerspruchsfrist sanktioniert werden soll, wird weiterhin Rechnung getragen. Problematisch erscheint hier vielmehr die starre Frist von sieben Jahren. Unabhängig von der abzulehnenden Berechnung des BAG[956] könnte eine festgelegte und starre Frist für die Verwirklichung des Zeitmoments letztlich auf eine absolute Ausschlussfrist des Widerspruchsrechts hinauslaufen. Eine solche wäre nach dem historischen Willen des Gesetzgebers aber abzulehnen. Der 8. Senat konstatiert dazu, die zustimmungswürdige Ablehnung einer absoluten zeitlichen Höchstgrenze bedeute nicht, dass das Widerspruchsrecht schrankenlos gewährleistet wäre und stünde der Annahme einer regelmäßigen Verwirkung nach siebenjähriger widerspruchsloser Weiterarbeit trotz Kenntnis der grundlegenden Informationen nicht entgegen.[957]

Dennoch ist festzustellen, dass der Prüfung, ob eine unzulässige Rechtsausübung wegen widersprüchlichen Verhaltens vorliegt, durch das Rechtsinstitut der grundlegenden Informationen i.V.m. einem starren Zeitmoment der Einzelfallcharakter genommen wird. Wenn kritische Stimmen in der Literatur daher anmerken, dass die pauschale Festlegung des Zeitmoments nicht erkennbar durch den Vorbehalt einer Gesamtwürdigung im Einzelfall im Rahmen der Verwirkung relativiert werden könne, so ist dies überzeugend.[958] Die Vorgehensweise des BAG bewegt sich in Bezug auf bestimmte Fehler hart an der Grenze einer absoluten Ausschlussfrist.[959] Nach sieben Jahren widerspruchsloser Weiterarbeit könnte der Arbeitgeber unabhängig von allen Unterrichtungsfehlern außerhalb der Kategorie grundlegender Informationen sicher sein, dass kein Widerspruch mehr erfolgen kann. Dies liefe letztlich auf eine absolute Ausschlussfrist hinaus.[960] Die strikte Diktion des 8. Senats ist daher im Ergebnis als Gesetzeskorrektur in Form einer Rechtsfortbildung anzusehen, welche dem

vom BVerfG mit Beschl. v. 20.12.2018 (1 BvR 1088/18) nicht zur Entscheidung angenommen wurde, vgl. *Greiner/Pionteck*, RdA 2020, 169 (171).

956 Vgl. § 13 B. II. 2.

957 BAG, Urt. v. 24.8.2017 – 8 AZR 265/16 = NZA 2018, 168 (Rz. 33).

958 MüKo BGB/*Schubert*, § 242 BGB Rn. 431.

959 *Greiner/Pionteck*, RdA 2020, 169 (171), wonach es sich „funktional" um einen zeitlichen Ausschlusstatbestand handele.

960 I.E. MüKo BGB/*Schubert*, § 242 BGB Rn. 431.

historischen Willen des Gesetzgebers entgegensteht und damit abzulehnen ist.[961] Etwas anderes ergibt sich, wenn der konkrete Unterrichtungsfehler im Rahmen der Schutzwürdigkeit des durch die widerspruchslose Weiterarbeit geschaffenen Vertrauens berücksichtigt wird. Selbst bei einem starren Zeitmoment wäre die Beurteilung der Verwirkung dann vom Einzelfall abhängig und käme damit auch keiner absoluten Ausschlussfrist gleich.[962]

Insbesondere vor dem Hintergrund der Sanktionsfunktion der nichtanlaufenden Widerspruchsfrist ist es deshalb vorzugswürdig, statt festgelegten Kategorien grundlegender und nicht grundlegender Informationen auf die konkreten Unterrichtungsfehler abzustellen und diese nach ihrer Schwere zu beurteilen. So kann verhindert werden, dass die Annahme der Verwirkung im Einzelfall unzulässig wird, weil sie gegen das Gebot einer effektiven Sanktion verstoßen würde. Außerdem ist ein solcher Ansatz hinreichend weit von einer absoluten Ausschlussfrist entfernt.

961 EK/*Preis*, § 613a BGB Rn. 102; MüKo BGB/*Schubert*, § 242 BGB Rn. 431; *Greiner/Pionteck*, RdA 2020, 169 (171); allg. zu Unzulässigkeit eines starren Zeitmoments unter Hinweis auf die abgelehnten Änderungsanträge *Gaul/Niklas*, DB 2009, 452 (455).

962 Dass sich ein starres Zeitmoment unabhängig von der Problematik einer absoluten Ausschlussfrist allerdings nicht mit dem Charakter des Grundsatzes von Treu und Glauben vertragen würde und insbesondere die Wechselwirkung mit dem Umstandsmoment dem entgegenstünde, merken zutreffen an: *Greiner/Pionteck*, RdA 2020, 169 (171).

§ 20 Zusammenfassung

(1) Die Entscheidung des BVerfG über die Rechtsprechung des BAG zur zeitlichen Dauer des Anschlussverbots bei sachgrundlos befristeten Arbeitsverträgen zeigt, dass der historische Wille des Gesetzgebers zunehmend an Bedeutung gewinnt. Nach der hier vertretenen Ansicht ist dieser im Rahmen einer kritischen Interpretation aber insofern zu korrigieren, als dass heutige Erkenntnisse in die Bewertung der gesetzgeberischen Zielsetzung mit einfließen müssen. So hätte stärker berücksichtigt werden sollen, ob es tatsächlich eines zeitlich unbeschränkten Anschlussverbots bedarf, um der Gefahr von Kettenbefristungen zu begegnen.

(2) Übertragen auf die grundlegenden Informationen lässt sich daraus die Bedeutung einer Prüfung der Gesetzesmaterialen schließen. Zunächst ist festzustellen, dass der Wortlaut, mit dem der Gesetzgeber den Beginn der Widerspruchsfrist mit der ordnungsgemäßen Unterrichtung verknüpft, nicht eindeutig und damit auslegungsbedürftig ist. Aus den Gesetzesmaterialien ergibt sich aber, dass nach dem historischen Willen des Gesetzgebers jeder Unterrichtungsfehler zum Nichtanlaufen der Widerspruchsfrist führen soll. Der sich dadurch verschärfende Bruch zwischen den Empfängerhorizonten im Vergleich zur Betriebsübergangsrichtlinie bei gleichzeitiger Übernahme des Unterrichtungsinhalts wurde dabei offensichtlich bewusst in Kauf genommen. Außerdem zeigt sich aus abgelehnten Änderungsanträgen von Parlamentariern der CDU sowie der FDP, dass jegliche absolute Ausschlussfrist für das Widerspruchsrecht gegen den gesetzgeberischen Willen verstoßen würde.

(3) Die Annahme grundlegender Informationen greift nicht direkt in die Verknüpfung von Unterrichtung und Widerspruchsfrist ein und ist somit, ebenso wie die hier favorisierte Unterscheidung nach der Schwere des Unterrichtungsfehlers, zumindest in dieser Hinsicht nicht zu beanstanden. Allerdings stellt sich die pauschale Kategorisierung in grundlegende und nicht grundlegende Informationen i.V.m. dem starren Zeitmoment von sieben Jahren im Ergebnis als absolute Ausschlussfrist dar. Die Vorgehensweise des BAG dürfte daher die zulässigen Grenzen von Auslegung und Rechtsfortbildung sprengen. Dagegen würde der Einzelfallcharakter der Verwirkung bewahrt, wenn man die Schwere des konkreten Unterrichtungsfehlers im Rahmen der Schutzwürdigkeit des Vertrauens berücksichtigen würde.

Siebenter Abschnitt: Fazit und Ausblick

§ 21 Zusammenfassung der gewonnenen Erkenntnisse

Die im Rahmen der Untersuchungen gewonnen Erkenntnisse lassen sich in sieben Thesen zusammenfassen:

(1) Das Widerspruchsrecht des Arbeitnehmers ist aus seinem verfassungsmäßig geschützten Recht auf freie Wahl des Arbeitsplatzes nach Art. 12 I GG herzuleiten. Die Möglichkeit zur außerordentlichen Kündigung reicht nicht aus, da so das schützenswerte Interesse des Arbeitnehmers an der Weiterbeschäftigungschance beim Veräußerer unberücksichtigt bleiben würde. Zur Ausübung des Widerspruchs bedarf der Arbeitnehmer eines Mindestmaßes an Informationen, wobei es lediglich auf seine tatsächliche Kenntnis ankommt. Aktive Informationspflichten des Arbeitgebers bestehen nicht.

(2) Die vor der Kodifizierung richterrechtlich angenommene Unterrichtungsobliegenheit wurde nach der Einführung des § 613a V BGB durch eine echte Rechtspflicht abgelöst. Dies diente der Umsetzung der europarechtlichen Betriebsübergangsrichtlinie. Um das Recht der betrieblichen Mitbestimmung nicht ändern zu müssen und dadurch drohende Wertungswidersprüche zu vermeiden, verlangt die deutsche Umsetzungsnorm für jeden Fall des Betriebsübergangs eine individuelle Unterrichtung der betroffenen Arbeitnehmer.

(3) Aus dem europarechtlichen Hintergrund folgt, dass die Unterrichtung nicht als ein das Widerspruchsrecht flankierender Hilfsanspruch gewertet werden kann. Umgekehrt dient die Verknüpfung des Anlaufens der Widerspruchsfrist mit der ordnungsgemäßen Unterrichtung dazu, die von der Betriebsübergangsrichtlinie geforderten Unterrichtungspflichten durchzusetzen. Indem die Frist für die Ausübung des Widerspruchsrechts im Falle von Unterrichtungsfehlern nicht anläuft, soll eine effektive und verhältnismäßige Sanktionierung von Verstößen gegen die Vorgaben des § 613a V BGB gewährleistet werden. Zweck der Unterrichtung ist es vor dem Hintergrund nicht, eine ausreichende Wissensgrundlage für die Ausübung des Widerspruchsrechts zu gewährleisten. Aus einer quasi-richtlinienkonformen Auslegung ergibt sich vielmehr, dass die Unterrichtung entsprechend zum Art. 7 VI RL 2001/23/EG eine fakultative Anhörung durch den einzelnen Arbeitnehmer als „Ersatz-Betriebsrat" ermöglichen soll (*These von der europarechtlichen Determination*).

(4) Für den Sonderfall der Kettenübergänge hat das BAG im Jahr 2015 einen neuen Erlöschungstatbestand geschaffen, um das Widerspruchsrecht des Arbeitnehmers einzuschränken. Unter bestimmten Voraussetzungen kann dieses unabhängig vom allgemeinen Verwirkungstatbestand erlöschen. Maßgeblich ist, dass der Arbeitnehmer in Bezug auf den vorherigen und den nachfolgenden Übergang die sogenannten *grundlegenden Informationen* erhalten hat. Damit hat das BAG eine neue Rechtsfigur geschaffen, die erstmals verschiedene Arten von Unterrichtungsfehlern voneinander unterscheidet. Letztlich hätte die besondere Problematik der Kettenübergänge aber unter Heranziehung der grundlegenden Informationen auch durch die Verwirkung gelöst werden können, weswegen der spezielle Erlöschungstatbestand nur als Durchgangsstadium hin zu einer Beachtung der Schwere des Unterrichtungsfehlers zu betrachten ist.

(5) Konsequenterweise hat der 8. Senat in einer späteren Entscheidung aus dem Jahr 2018 die grundlegenden Informationen auch auf die Verwirkung angewandt. Während die Rechtsprechung es zuvor stets pauschal ausgeschlossen hatte, das erforderliche Umstandsmoment durch die bloße Weiterarbeit des Arbeitnehmers anzunehmen, hält es dies bei Vorliegen weiterer besonderer Umstände nun im Ergebnis für möglich. Habe der Arbeitnehmer zumindest die grundlegenden Informationen erhalten, sei die Ausübung des Widerspruchsrechts regelmäßig nach sieben Jahren widerspruchsloser Weiterarbeit beim Erwerber verwirkt.

(6) Während die Berechnung des erforderlichen Zeitmoments willkürlich wirkt, ist die grundsätzliche Herangehensweise, die Schwere des Unterrichtungsfehlers im Rahmen der Verwirkung zu berücksichtigen, begrüßenswert. Zum einen wäre es aber vorzugswürdig, jegliche vertrauensbildenden Umstände und damit insbesondere die widerspruchslose Weiterarbeit trotz des arbeitgeberseitigen Glaubens, die Widerspruchsfrist durch die Unterrichtung ausgelöst zu haben, im Rahmen des Umstandsmoments zu berücksichtigen, da in die Verwirkung sonst eine systemwidrige Erheblichkeitsschwelle eingefügt wird. Dies wäre durch ein entsprechend langes Zeitmoment zu flankieren. Aus Perspektive der *These von der europarechtlichen Determination* ist die pauschale Kategorisierung von Unterrichtungsfehlern außerdem abzulehnen. Nach dem Ansatz des BAG könnte auch ein absichtlich ins Unterrichtungsschreiben eingebauter Fehler nach Ablauf der sieben Jahre nicht mehr durch den Widerspruch sanktioniert werden, solange der Arbeitnehmer zumindest die grundlegenden Informationen erhalten hat. Dies wäre mit dem Effektivitätsgebot unvereinbar. Vorzugswürdig wäre es gewesen, die Schwere eines konkreten Unterrichtungsfehlers anhand des

Grades der Sorgfaltspflichtverletzung und des Interesses des Arbeitnehmers an der entsprechenden Information vor dem Hintergrund der fakultativen Anhörung zu messen. Dies wäre im Rahmen der Schutzwürdigkeit des aufgebauten Vertrauens zu berücksichtigen und ins Verhältnis zum Gewicht der vertrauensbildenden Umstände zu setzen.

(7) Nach der ablehnenden Entscheidung des BVerfG in Bezug auf die Rechtsprechung des BAG zum zeitlich begrenzten Anschlussverbot bei sachgrundlos befristeten Verträgen muss auch die Unterscheidung nach der Art des Unterrichtungsfehlers anhand des historischen Willens des Gesetzgebers bewertet werden. Die Untersuchung der Gesetzesmaterialien ergibt, dass eine absolute Ausschlussfrist für das Widerspruchsrecht sowie jegliche Einschränkung der Verknüpfung zwischen Widerspruchsfrist und den Anforderungen nach § 613a V BGB die Grenzen zulässiger Auslegung sprengen würde. Durch eine kritische Interpretation des historischen Willens des Gesetzgebers anhand des heutigen Kenntnisstandes wird aber deutlich, dass das ebenfalls angestrebte Gebot der Rechtssicherheit wegen der bislang geringen Zahl an zulässigen Unterrichtungsschreiben nur durch eine Beschränkung der Sanktionierung durch das Rechtsinstitut der Verwirkung erreicht werden kann. Die pauschale Kategorisierung der Unterrichtungspflicht in grundlegende und nicht grundlegende Informationen i.V.m. einer starren Frist für das Zeitmoment nimmt der Verwirkung aber ihren Einzelfallcharakter und läuft letztlich auf eine absolute Ausschlussfrist des Widerspruchsrechts für die als nicht grundlegend qualifizierten Unterrichtungsinhalte hinaus. Um dies und Verletzungen des Effektivitätsgebots im Einzelfall zu vermeiden, sollte das BAG seine pauschale Kategorisierung aufgeben und die Schwere der Unterrichtungsfehler im konkreten Fall im Rahmen der Schutzwürdigkeit des durch die widerspruchslose Weiterarbeit aufgebauten Vertrauens beurteilen.

§ 22 Ausblick: Entwicklung eines Standardschreibens – Lösung durch Verordnung?

Die richterliche Rechtsanwendung kann mitunter auch einen rechtspolitischen Zweck verfolgen und gesetzgeberischen Entwicklungen den Boden bereiten. Der Gesetzgeber kann die aus seiner Sicht sinnvollen Elemente übernehmen, kodifizieren und gegebenenfalls konkretisieren bzw. ergänzen.[963] So könnte auch die Entwicklung des Rechtsinstituts grundlegender Informationen Anlass geben, das Zusammenspiel zwischen Unterrichtungspflicht und Widerspruchsrecht bei Betriebsübergängen im Rahmen des § 613a BGB von Seiten der Legislative zu verbessern.[964] Ein Beispiel für einen gangbaren Weg in diese Richtung bietet das Widerspruchsrecht von Verbrauchern.

A. Standardschreiben im Rahmen des Widerrufsrechts des Verbrauchers

Schließen Verbraucher bestimmte Verträge ab (z.B. über das Internet), so gewährt Ihnen der Gesetzgeber das Recht, den Vertragsschluss innerhalb einer bestimmten Frist zu widerrufen (vgl. beispielsweise § 355 i.V.m. § 356 BGB). Dadurch soll der grundsätzlich angenommenen Unterlegenheit des Verbrauchers gegenüber dem Unternehmer hinsichtlich Informationen und Geschäftstüchtigkeit Rechnung getragen werden.[965]

I. Ablehnung einer Wesentlichkeitsschwelle

Die Widerrufsfrist beginnt erst dann zu laufen, wenn der Verbraucher ordnungsgemäß über sein Widerrufsrecht belehrt worden ist. Die Unterscheidung zwischen wesentlichen und unwesentlichen Mängeln im Rahmen der Belehrung über das Verbraucherwiderrufsrecht wird von der Rechtsprechung abgelehnt.[966]

---

963 *Drechsler*, ZJS 2015, 344 (348).

964 Dass nicht die Rechtsprechung, sondern der Gesetzgeber gefragt sei, sich der wichtigen rechtspolitischen Aufgabe einer zeitlichen Begrenzung des Widerspruchsrechts anzunehmen, postulieren *Greiner/Pionteck*, RdA 2020, 169 (171).

965 Vgl. MüKo BGB/*Fritsche*, § 355 BGB Rn. 5.

966 BGH, Urt. v. 12.7.2016 – XI ZR 564/15 = NJW 2016, 3512 (Rz. 40).

Demnach sei der Verbraucher entweder ordnungsgemäß informiert oder nicht. Teilweise wird das Widerrufsrecht als in seiner Grundkonzeption „unbefristetes Ewigkeitsrecht“[967] bezeichnet. Die Befristung erfahre es erst durch die Belehrung. Ein Verbrauchervertrag, der durch eine nicht erfolgte oder fehlerhafte Belehrung weiterhin widerrufbar bleibt, wird auch als „schwebend wirksam“ bezeichnet.[968]

II. Rechtssicherheit für Unternehmer

Da auch eine ordnungsgemäße Belehrung über das Widerrufsrecht die Unternehmen in der Praxis vor Probleme stellt, hatte der Gesetzgeber in § 14 I 1 BGB-InfoV aF (gültig bis 10. Juni 2010) eine Musterformulierung zur Verfügung gestellt, die bei vollständiger Verwendung eine Schutzwirkung für den Verwender entfaltete. Demnach galt für Belehrungen unter Heranziehung der Musterformulierung eine Gesetzlichkeitsfiktion.[969] Die Kompetenz für eine solche Verordnung wurde dem Justizministerium durch Art. 245 EGBGB aF (gültig bis 12. Juni 2014) gegeben.

> *„Der Ausschuss ist sich bewusst, dass es Unternehmern angesichts der zunehmenden Informationspflichten zunehmend schwerer fällt, dieser ‚Informationslast' (...) fehlerfrei nachzukommen. Die korrekte (...) Widerrufsbelehrung (...) ist indessen für den Unternehmer wie auch für den Verbraucher von entscheidender Bedeutung. Es hat sich in der Vergangenheit gezeigt, dass immer wieder Rechtsstreitigkeiten darüber entstehen, ob ein Unternehmer den Verbraucher ordnungsgemäß (...) belehrt hat. Dem Ausschuss erscheint es daher aus Gründen der Vereinfachung für die Geschäftspraxis der Unternehmer, aber auch der Rechtssicherheit und Entlastung der Rechtspflege zweckmäßig, im Verordnungswege den gesetzlich erforderlichen Inhalt und die Gestaltung der Belehrung einheitlich festzulegen. Dem dient die hier neu einzustellende Verordnungsermächtigung.“*[970]

So begründete der Rechtsausschuss die Notwendigkeit einer Musterbelehrung im Rahmen von Verbraucherverträgen mit Schutzwirkung für den verwendenden Unternehmer. Die Argumente erscheinen fast eins zu eins auf die Unterrichtungspflicht nach § 613a V BGB übertragbar. Auch Arbeitgeber haben angesichts der seit der gesetzlichen Kodifizierung immer weiter angewachsenen Informationspflichten mehr und mehr Schwierigkeiten, ihrer Unterrichtungspflicht nachzukommen.[971] Dies führte in der Vergangenheit immer wieder zu

967 *Müggenborg/Horbach*, NJW 2015, 2145 (2148).
968 *Müggenborg/Horbach*, NJW 2015, 2145 (2148) m.w.N.
969 BGH, Urt. v. 15.8.2012 – VIII ZR 378/11 = NJW 2012 3298 (Rz. 8).
970 BT-Dr 14/7052, S. 208.
971 Vgl. § 9 B. II. 3. b.

Rechtsstreitigkeiten, in der Unterrichtungsschreiben auf ihre Gesetzeskonformität hin überprüft wurden. Auch hier ist die korrekte Unterrichtung sowohl für Arbeitgeber wie auch für die vom Betriebsübergang betroffenen Arbeitnehmer von entscheidender Bedeutung.[972]

B. Zielführende Lösung auch für die Unterrichtungspflicht nach § 613a V BGB?

Vor diesem Hintergrund lohnt sich ein genauerer Blick auf die Frage, ob eine Musterformulierung durch eine Verordnung die bisher unbestreitbaren Schwierigkeiten bei der Umsetzung der Unterrichtungspflicht lösen könnte. Problematisch ist vor allem, dass eine standardisierte Information der Arbeitnehmer die Besonderheiten des Arbeitsverhältnisses umfassen muss, eine bloße Wiedergabe des Gesetzestextes ist daher unzureichend.[973] Auf der anderen Seite ist eine individualisierte Information, bezogen auf jedes einzelne Arbeitsverhältnis auch nicht notwendig. Vielmehr ist die Verwendung eines Standardschreibens zulässig.[974] Dieses Standardschreiben kann mehrere Alternativen darstellen, solange sich die einzelnen Arbeitnehmer durch eigene Subsumtion unter eine dieser Alternativen fassen und so die für sie relevanten Rechtsfolgen erkennen können.[975]

Die Standardisierung muss sich daher an einem Mittelweg orientieren, wobei Maßgabe für den Umfang der Unterrichtung nach der hier vertretenen *These von der europarechtlichen Determination* stets das Hilfskriterium der Wesentlichkeit für eine fakultative Anhörung bleibt.[976] Werden verschiedene Arbeitnehmer vom Übergang ihres Arbeitsverhältnisses unterschiedlich betroffen, so kann die Unterrichtung dennoch in einem einheitlichen Standardschreiben erfolgen.[977] Im Ergebnis ist eine abstrakte Darstellung dann als ausreichend zu beurteilen, wenn sie betroffenen Arbeitnehmern die Möglichkeit gibt, die für sie relevanten Rechtsfolgen selbst herzuleiten und sich bei Bedarf weiter zu erkundigen.[978]

---

972 Vgl. schon § 1.

973 BAG, Urt. v. 13.7.2006 – 8 AZR 305/05 = NZA 2006, 1268 (Rz. 21); H/W/K/*Willemsen/Müller-Bonanni*, § 613a BGB Rn. 320; Staudinger/*Annuß*, § 613a BGB Rn. 267.

974 EK/*Preis*, § 613a BGB Rn. 86.

975 *Annuß*, FS Arbeitsgemeinschaft Arbeitsrecht, S. 563 (575).

976 Für die *These von der ausreichenden Wissensgrundlage* vgl. u.a. EK/Preis, § 613a BGB Rn. 84; Staudinger/*Annuß*, § 613a BGB Rn. 266.

977 EK/Preis, § 613a BGB Rn. 86; Staudinger/*Annuß*, § 613a BGB Rn. 267.

978 H/W/K/*Willemsen/Müller-Bonanni*, § 613a BGB Rn. 320; *Hohenstatt/Grau*, NZA 2007, 13 (14).

Würde sich der Gesetzgeber entscheiden, im Wege der Verordnung Standardschreiben für bestimmte Arbeitnehmergruppen zu entwerfen, würde dies nicht gegen die oben aufgestellten Grundsätze verstoßen.[979] Eine solche Verordnung müsste sich am Zweck der Unterrichtung orientieren, eine Informationsgrundlage für eine fakultative Anhörung zu bieten. Wie die verschiedenen Standardschreiben für einzelne Arbeitnehmergruppen dabei genau auszugestalten sind und welche exakten Auswirkungen sie auf die Sanktionierung durch den Beginn der Widerspruchsfrist haben sollen, bleibt allerdings weiteren wissenschaftlichen Untersuchungen vorbehalten.

979 Die Gruppen könnten beispielsweise hinsichtlich der kollektivvertraglichen Situation gebildet werden, vgl. EK/*Preis*, § 613a BGB Rn. 86.

Literaturverzeichnis

Annuß, Georg, „Informationspflicht und Widerspruchsrecht beim Betriebsübergang“, in: Arbeitsgemeinschaft Arbeitsrecht – Festschrift zum 25-jährigen Bestehen, S. 563–593, 1. Aufl. 2006 (zit.: Annuß, FS Arbeitsgemeinschaft Arbeitsrecht)

Arnold, Christian, „BAG: Einschränkung des Widerspruchsrechts bei Ketten-Betriebsübergängen“, zugl. Bespr. zu BAG 19.11.2015 – 8 AZR 773/14, FD-ArbR 2016, 378205

Arnold, Christian, „BVerfG: Ausschluss des Widerspruchsrechts von Arbeitnehmern bei gesetzlichem Arbeitgeberwechsel kann verfassungswidrig sein“, zugl. Bespr. zu: BVerfG, Beschl. v. 25.1.2011 – 1 BvR 1741/09, FD-ArbR 2011, 315117

Ascheid, Reiner/Preis, Ulrich/Schmidt, Ingrid, Kündigungsrecht – Großkommentar zum gesamten Recht der Beendigung von Arbeitsverhältnissen, 5. Aufl. 2017 (zit.: APS/*Bearbeiter*)

Baeck, Ulrich/Winzer, Thomas/Hies, Dominic, „Neuere Entwicklungen im Arbeitsrecht – Neue Einschränkung des Widerspruchsrechts bei Kettenbetriebsübergängen“, NZG 2016, 857

Bamberger, Heinz Georg/Roth, Herbert/Hau, Wolfgang/Poseck, Roman, Beck´scher Online Kommentar BGB, 52. Edition 2019 (zit.: BeckOK BGB/*Bearbeiter*)

Bauer, Jobst-Hubertus, „Vorbeschäftigung bei sachgrundloser Befristung“, ArbR-Aktuell 2019, 65

Bauer, Jobst-Hubertus, „Das Verbot mehrfacher sachgrundloser Befristungen (§ 14 II 2 TzBfG) ist grundsätzlich verfassungsgemäß“, zugl. Bespr. zu: BVerfG, Beschl. v. 6.6.2018 – 1 BvL 7/14, 1 BvR 1375/14, ArbRAktuell 2018, 334

Bauer, Jobst-Hubertus/Ernst, Sebastian, „Verwirkung des Widerspruchsrechts nach Betriebsübergang – Rechtssicherheit zu welchem Preis?“, NZA 2018, 1243

Bauer, Jobst-Hubertus/v. Steinau-Steinrück, Robert, „Neuregelung des Betriebsübergangs: Erhebliche Risiken und vielmehr Bürokratie!“, ZIP 2002, 457

Bayreuther, Frank, „Das BVerfG und die sachgrundlose Befristung – Neues aus dem Arbeitsverfassungsrecht“, NZA 2018, 905

Becker, Michael, „Gestaltungsrecht und Gestaltungsgrund“, Archiv für die civilistische Praxis (AcP) 1988, 24

Birk, Rolf, Anm. zu BAG 17.11.1977 – 5 AZR 618/76, AP BGB § 613a Nr. 10

Bitter, Georg/Rauhut, Tilman, „Grundzüge zivilrechtlicher Methodik – Schlüssel zu einer gelungenen Fallbearbeitung“, JuS 2009, 289

Calliess, Christian/Ruffert, Matthias, EUV/AEUV – Das Verfassungsrecht d Europäischen Union mit Europäischer Grundrechtecharte – Kommentar, 5. Aufl. 2016 (zit.: Calliess/Ruffert/*Bearbeiter*)

Calmes-Brunet, Sylvia, „Rechtssicherheit und Vertrauensschutz im Verfassungsrecht – Ein Vergleich zwischen deutschem und französischem Recht“, JuS 2014, 602

Commandeur, Gert, „Individualrechtliche Probleme des Widerspruchs des Arbeitnehmers beim Betriebsübergang“, NJW 1996, 2537

Danwerth, Christopher, „Analogie und teleologische Reduktion – zum Verhältnis zweier scheinbar ungleicher Schwestern“, ZfPW 2017, 230

Däubler, Wolfgang, „Neues zur betriebsbedingten Kündigung“, NZA 2004, 177

Drechsler, Stefan, „Grundlagen und Grenzen der richterlichen Rechtsfortbildung“, ZJS 2015, 344

Dzida, Boris, „Die Verwirkung des Widerspruchsrechts als Korrektiv zur uferlosen Unterrichtungspflicht beim Betriebsübergang?“, NZA 2009, 641

Eichler, Manuel, Das Widerspruchsrecht des Arbeitnehmers beim Betriebsübergang nach § 613a BGB – Bestehen – Rechtsnatur – Ausübung – Rechtsfolgen, 1. Aufl. 2002, zugl.: Diss. iur. Fern Universität – Gesamthochschule in Hagen (zit.: *Eichler*, Widerspruchsrecht)

Epping, Volker/Christian, Hillgruber, Beck´scher Online Kommentar Grundgesetz, 41. Edition 2019 (zit.: BeckOK GG/*Bearbeiter*)

Erfurter Kommentar zum Arbeitsrecht (Hrsg.:Müller-Glöge, Rudi/Preis, Ulrich/Schmidt, Ingrid), 20. Aufl. 2020 (zit.: EK/*Bearbeiter*)

Feldhusen, Claire, „Der Verwirkungseinwand beim Widerruf von Verbraucherdarlehensverträgen: Tatbestand einer unzulässigen Rechtsausübung oder teleologische Reduktion?“, BKR 2018, 284

Fleindl, Hubert, „Die Eigenbedarfskündigung: Tatbestand und Rechtsmissbrauch – Gefestigte Rechtsprechung oder offene Baustellen?“, NZM 2016, 289

Franzen, Martin, „Informationspflichten und Widerspruchsrecht beim Betriebsübergang nach § 613a Abs. 5 und 6 BGB“, RdA 2002, 258

Franzen, Martin/Gallner, Inken/Oetker, Hartmut, Kommentar zum europäischen Arbeitsrecht, Beck´sche Kurz-Kommentare, 2. Aufl. 2018 (zit.: Franzen/Gallner/Oetker/*Bearbeiter*)

Fuhlrott, Michael, „Rechtsprechung des BAG zur Zuvor-Beschäftigung bei dreijähriger Unterbrechung im Rahmen sachgrundloser Befristung ist verfassungswidrig", zugl. Besprechung zu: BVerfG, Beschl. v. 6.6.2018 – 1 BvL 7/14, 1 BvR 1375/14, GWR 2018, 262

Gaul, Björn, „Sozialauswahl nach Widerspruch gegen Betriebsübergang", NZA 2005, 730

Gaul, Björn/Niklas, Thomas, „Wie gewonnen , so zerronnen: Unterrichtung, Widerspruch und Verwirkung bei § 613a BGB", DB 2009, 452

Gaul, Björn/Otto, Björn, „Unterrichtungsanspruch und Widerspruchsrecht bei Betriebsübergang und Umwandlung", DB 2002, 634

Grabitz, Eberhard/Hilf, Meinhard/Nettesheim, Martin, Das Recht der Europäischen Union, Band 1: EUV/AEUV, 67. EL Juni 2019 (zit.: Grabitz/Hilf/Nettesheim/*Bearbeiter*)

Grau, Timon, Unterrichtung und Widerspruchsrecht der Arbeitnehmer beim Betriebsübergang gem. § 613a Abs. 5 und 6 BGB, 1. Aufl. 2005, zugl.: Diss. iur. Universität zu Köln (zit.: *Grau*, Unterrichtung und Widerspruchsrecht)

Grau, Timon, „Rechtsfolgen von Verstößen gegen die Unterrichtungspflicht bei Betriebsübergang gemäß § 613a Abs. 5 BGB", RdA 2005, 367

Grau, Timon/Schaut, Andreas, „Neuere Entwicklungen bei den Anforderungen an § 613a BGB-Unterrichtungsschreiben", NZA 2018, 216

Greiner, Stefan/Hennecken, Maria, „Widerspruch des Arbeitnehmers bei mehreren Betriebsübergängen nur gegen letzten Übergang des Arbeitsverhältnisses", zugl. Bespr. Zu: BAG, Urt. v. 24.4.2014 – 8 AZR 369/13, EWiR 2014, 663

Greiner, Stefan/Pionteck, Alexander, „Bestandsaufnahme Betriebsübergangsrecht – Teil 2: Unterrichtungspflicht, Widerspruchsrecht, Kollektivvereinbarungen", RdA 2020, 169

Grobys, Marcel, „Unterrichtung und Widerspruchsrecht bei Betriebsübergang", NJW-Spezial 2007, 321

Grundmann, Stefan, Systembildung und Systemlücken in Kerngebieten des Europäischen Privatrechts, 1. Aufl. 2000 (zit.: Grundmann/*Bearbeiter*, Systembildung und Systemlücken)

Haas, Hermann/Salamon, Erwin/Hoppe, Christian, "Beseitigung des Widerspruchs gegen den Betriebsübergang: Auswirkungen der Verletzung von Informationspflichten des Arbeitgebers", NZA 2011, 128

Hanau, Hans, Der Grundsatz der Verhältnismäßigkeit als Schranke privater Gestaltungsmacht – Zu Herleitung und Struktur eine Angemessenheitskontrolle von Verfassungs wegen, 1. Aufl. 2004 (zit.: *Hanau*, Der Grundsatz der Verhältnismäßigkeit)

Hartmann, Felix, „Der Schutzzweck der Betriebsübergangsrichtlinie in historisch-rechtsvergleichender Perspektive", EuZA 2012, 35

Hassemer, Winfried, „Gesetzesbindung und Methodenlehre“, ZRP 2007, 213

Henninger, Thomas, Europäisches Privatrecht und Methode – Entwurf einer rechtsvergleichend gewonnenen juristischen Methodenlehre, 1. Aufl. 2009 (zit.: *Henninger*, Europäisches Privatrecht und Methode)

Henssler, Martin, „Aktuelle Rechtsprobleme des Betriebsübergangs“, NZA 1994, 913

Henssler, Martin/Willemsen Heinz Josef/Kalb, Heinz-Jürgen, Arbeitsrecht Kommentar, 8. Aufl. 2018 (zit.: H/W/K/*Bearbeiter*)

Hoffmann, Stefan, Unterrichtungspflicht und Widerspruchsrecht bei Betriebsübergang gemäß § 613a Abs. 5 und 6 BGB – Grenzen, weitere aktuelle Rechtsprobleme und Strategien zur Risikominimierung, 1. Aufl. 2014, zugl. Diss. iur. Universität Bayreuth (zit.: *Hoffmann*, Unterrichtungspflicht und Widerspruchsrecht)

Hofmann, Joël Philipp, Rechtsmissbrauch und Verwirkung bei Widerspruch gegen den Übergang des Arbeitsverhältnisses nach § 613a BGB, 1. Aufl. 2012, zugl.: Diss. iur. Universität Gießen (zit.: *Hofmann*, Rechtsmissbrauch und Verwirkung)

Hohenstatt, Klaus-Stefan/Grau, Timon, „Arbeitnehmerunterrichtung beim Betriebsübergang“, NZA 2007, 13

Honsell Heinrich, „Die rhetorischen Wurzeln der juristischen Auslegung“, ZfPW 2016, 106

Höpfner, Clemens, „Gesetzesbindung und verfassungskonforme Auslegung im Arbeits- und Verfassungsrecht“, RdA 2018, 321

Höpfner, Clemens, „Die Reform der sachgrundlosen Befristung durch das BAG – Arbeitsmarktpolitische Vernunft contra Gesetzestreue“, NZA 2011, 893

Hung, Ying-Jung, Das Widerspruchsrecht des Arbeitnehmers beim Betriebsübergang, 1. Aufl. 2017, zugl. Diss. iur. Universität Passau (zit.: *Hung*, Widerspruchsrecht)

Immenga, Ulrich/Mestmäcker, Ernst Joachim, Wettbewerbsrecht, Band 2: GWB Kommentar zum deutschen Kartellrecht, 5. Aufl. 2014 (zit.: Immenga/Mestmäcker/*Bearbeiter*, Wettbewerbsrecht)

Jauernig (Hrsg.: Stürner, Rolf), Bürgerliches Gesetzbuch, 17. Aufl. 2018 (zit.: Jauernig/*Bearbeiter*)

Junker, Abbo, „Der identitätswahrende Übergang einer wirtschaftlichen Einheit als Voraussetzung des Betriebsübergangs“, EuZA 2019, 45

Kettler, Gero, „Vertrauenstatbestände im Arbeitsrecht“, NZA 2001, 928

Kirchhof, Paul, „Richterliche Rechtsfindung, gebunden an ‚Gesetz und Recht‘“, NJW 1986, 2275

Kirchner, Hildebert, Abkürzungsverzeichnis der Rechtssprache, 9. Aufl. 2018 (zit.: *Kirchner*, Abkürzungsverzeichnis)

Kittner, Oliver, „Die Verwirkung des Widerspruchsrechts beim Betriebsübergang", NJW 2012, 1180

Klocke, Daniel, „Die Vermutung aufklärungsrichtigen Verhaltens bei fehlerhafter Information nach § 613a Abs. 5 BGB", RdA 2017, 311

Kühn, Thomas, „Widerspruchsrecht des Mieters gegen Mietvertragsübergang? ‚Anleihen' beim Betriebsübergang zum Schutz des Arbeitnehmers", NZM 2009, 4

Krause, Rüdiger, „Sachgrundlose Befristung – Vorbeschäftigungsverbot – Rechtsprechungsänderung", zugl. Bespr. zu: BAG, Urt. v. 6.4.2011 – 7 AZR 716/09, JA 2012, 468

Larenz, Karl, Methodenlehre der Rechtswissenschaft, 2. Aufl. 1969, (zit.: *Larenz*, Methodenlehre)

Lipinski, Wolfgang, „Sozialauswahl bei Betriebsteilübergang zugunsten eines widersprechenden Arbeitnehmers?", DB 2002, 1214

Lindemann, Achim/Wolter-Roßteutscher, Nargisa, „Die Informationsverpflichtung nach § 613a Abs. 5 BGB – Rechtsgutachten oder plausible Entscheidungshilfe für den Arbeitnehmer?", BB 2007, 938

Löw, Hans-Peter, „Betriebsübergang – Verwirkung des Widerspruchsrechts", BB 2018, 506

Löwisch, Manfred/Göpfert, Burkard/Siegrist, Carolin, „Verwirkung des Widerspruchsrechts beim Betriebsübergang", DB 2007, 2538

Lunk, Stefan, „Schadensersatz wegen Verstoßes gegen die Unterrichtungspflicht bei einem Betriebsübergang gemäß § 613a Abs. 5 BGB", RdA 2009, 48

Lunk, Stefan, „Widerspruch gegen Betriebsübergang und Sozialauswahl", NZA 1995, 711

Lunk, Stefan/Möller, Berenice, „Folgeprobleme nach Widerspruch gegen einen Betriebsübergang", NZA 2004, 9

Mangold, Hermann v./Klein, Friedrich/Starck, Christian, Grundgesetz Kommentar, Band 1: Präambel Art. 1–19, 7. Aufl. 2018 (zit.: Mangold/Klein/Starck/*Bearbeiter*)

Maunz, Theodor/Dürig, Günter (Hrsg.: Herzog, Roman/Scholz, Rupert/Herdegen, Matthias/Klein, Hans H.), Grundgesetz Kommentar, Band 1: Art. 1-5, 88. EL August 2019; Band 2: Art. 6-16a, 88. EL August 2019; Band 6: Art. 87a-106b, 88. EL August 2019 (zit.: Maunz/Dürig/*Bearbeiter*)

Meyer, Cord, „Neue Fragen einer Kündigung bei Widerspruch gegen ‚Betriebsübergang'", NZA 2005, 9

Moll, Wilhelm, Anm. zu BAG, Urt. v. 22.4.1993 – 2 AZR 50/92, zugl. Bespr. zu: BAG, Urt. v. 24.11.1993 – 4 AZR 407/92, AP BGB § 613a Nr. 103

Moll, Wilhelm/Katerndahl, Christoph, „Unterrichtung und Widerspruchsrecht der Arbeitnehmer bei mehreren Betriebsübergängen“, zugl. Bespr. zu: BAG, Urt. v. 19.11.2015 – 8 AZR 773/14, RdA 2017, 324

Müggenborg, Hans-Jürgen/Horbach, Rainer, „Die Verwirkung des Widerspruchsrechts beim Immobiliendarlehen“, NJW 2015, 2145

Münchener Handbuch zum Arbeitsrecht (Hrsg.: Kiel, Heinrich/Lunk, Stefan/Oetker, Hartmut), Band 1: Individualarbeitsrecht I, 4. Aufl. 2018; Band 2: Individualarbeitsrecht II, 4. Aufl. 2018 (zit.: MHdB ArbR/*Bearbeiter*)

Münchener Kommentar zum Bürgerlichen Gesetzbuch (Hrsg.: Säcker, Franz jürgen/Rixecker, Roland/Oetker, Hartmut/Limperg, Bettina), Band 1: Allgemeiner Teil §§ 1-240, 8. Aufl. 2018; Band 2: Schuldrecht – Allgemeiner Teil I §§ 241-310, 8. Aufl. 2019; Band 3: Schuldrecht – Allgemeiner Teil II §§ 311-432, 8. Aufl. 2019; Band 5: Schuldrecht – Besonderer Teil II §§ 535-630, KSchG (u.a.) 8. Aufl. 2020 (zit.: MüKo BGB/*Bearbeiter*)

Nebeling, Martin/Kille, Sarah-Denise, „Verwirkung des Widerspruchsrechts bei fehlerhafter Unterrichtung über den Betriebsübergang“, NZA-RR 2013, 1

Neef, Klaus, „Betriebsübergang und Betriebsänderung – Eine Analyse der Rechtsprechung“, NZA 1994, 97

Palandt, Otto, Bürgerliches Gesetzbuch mit Nebengesetzen, 77. Aufl. 2018 (zit.: Palandt/*Bearbeiter*)

Paschke, Marian/Oetker, Hartmut, „Zur Dogmatik des Sukzessionsschutzes im Wohnraummietrecht – Dargestellt am Beispiel der gesetzlichen Mietpreisbindung gemeinnütziger Wohnungsunternehmen“, NJW 1986, 3174

Pielow, Johann-Christian, Beck´scher Online Kommentar GewO, 46. Edition 2019 (zit.: BeckOK GewO/*Bearbeiter*)

Pomberg, Thomas, “Betriebsteilübergang : § 613a BGB als Hemmnis für Neueinstellungen in dem verbleibenden Restbetrieb“, DB 2003, 2177

Preis, Ulrich, Prinzipien des Kündigungsrechts bei Arbeitsverhältnissen, 1. Aufl. 1987, zugl. Diss. iur. Universität zu Köln (zit.: Preis, Prinzipien des Kündigungsrechts)

Preis, Ulrich, „Unvollkommenes Gesetz und methodengerechte Rechtsfindung im Arbeitsrechts“, in: Festschrift für Prof. Rolf Wank zum 70. Geburtstag, S. 413-430, 1. Aufl. 2014 (zit.: *Preis*, FS Wank)

Preis, Ulrich/Sagan, Adam, Europäisches Arbeitsrecht, 2. Aufl. 2019 (zit.: Preis/Sagan/*Bearbeiter*, Europäisches Arbeitsrecht)

Reimer, Franz, Juristische Methodenlehre, 1. Aufl. 2016 (zit.: *Reimer*, Methodenlehre)

Reinhard, Barbara, „Die Pflicht zur Unterrichtung über wirtschaftliche Folgen eines Betriebsübergangs – ein weites Feld“, NZA 2009, 63

Richter, Marcus/Grünewald, Daniel, „Neues zu Unterrichtungspflichten und Widerspruchsrecht beim Betriebsübergang“, zugl. Bespr. zu: BAG, Urt. v. 15.12.2016 – 8 AZR 612/15, RdA 2017, 388

Rieble, Volker, „Betriebsführungsvertrag und Betriebsübergang“, NZA 2018, 1302

Rieble, Volker, „§ 613a Abs. 5 BGB: Informationspflicht und Verstoß“, in: Arbeitsgemeinschaft Arbeitsrecht – Festschrift zum 25-jährigen Bestehen, S. 687-719, 1. Aufl. 2006 (zit.: *Rieble*, FS Arbeitsgemeinschaft Arbeitsrecht)

Rieble, Volker, „Widerspruch nach § 613a VI BGB – die (ungeregelte) Rechtsfolge“, NZA 2004, 1

Rieble, Volker/Wiebauer, Bernd, „Widerspruch (§ 613a VI BGB) nach Aufhebungsvertrag“, NZA 2009, 401

Riesenhuber, Karl, „Informationspflichten beim Betriebsübergang: Fehler bei der Umsetzung der Richtlinie und Anlass für eine grundsätzliche Neuordnung“, RdA 2004, 340

Roetteken, Torsten v., „Anforderungen des Gemeinschaftsrechts an Gesetzgebung und Rechtsprechung – Am Beispiel der Gleichbehandlungs-, der Arbeitsschutz- und der Betriebsübergangsrichtlinie“, NZA 2001, 414

Rolfs, Christian/Giesen, Richard/Kreikebohm, Ralf/Udsching, Peter, Beck´scher Online-Kommentar Arbeitsrecht, 54. Edition 2019 (zit.: BeckOK ArbR/*Bearbeiter*)

Rousseau, Jean-Jacques, Träumereien eines einsamen Spaziergängers (Reclam übersetzt von Ulrich Bossier), 1. Aufl. 2003

Rupp, Hans-Jürgen, „Das Problem widersprüchlicher Unterrichtungen bei § 613a V BGB“, NZA 2007, 301

Rüthers, Bernd, „Geleugneter Richterstaat und vernebelte Richtermacht“, NJW 2005, 2759

Sagan, Adam, „Unterrichtung und Widerspruch beim Betriebsübergang aus deutscher und europäischer Sicht“, ZIP 2011, 1641

Sayatz, Andre/Wolff, Alexander, „Neuregelungen beim Betriebsübergang nach § 613a BGB – Unterrichtungspflicht und Widerspruchsrecht“, DStR 2002, 2039

Schach, Klaus/Schultz, Michael/Schüller, Peter, Beck´scher Online-Kommentar Mietrecht, 13. Edition 2018 (zit.: BeckOK MietR/*Bearbeiter*)

Schaub, Günter/Koch, Ulrich, Arbeitsrecht von A–Z, 22. Aufl. 2018 (zit.: Schaub/Koch/*Bearbeiter*)

Schenke, Ralf, „Auslegung und Rechtsfortbildung – Überlegungen zu Grundfragen der rechtsmethodischen Systembildung am Beispiel der ‚Auslegung gegen den Wortlaut'", DStR-Beih 2011, 54

Schlachter, Monika, „Die Rechtsstellung des widersprechenden Arbeitnehmers bei Betriebsübergang", NZA 1995, 705

Schmidt-Bleibtreu, Bruno/Hofmann, Hans/Henneke, Hans-Günter, GG Kommentar zum Grundgesetz, 14. Aufl. 2017, (zit.: S-B/H/H/*Bearbeiter*)

Schwarze, Roland, „Verfassungsmäßigkeit des Vorbeschäftigungsverbots", JA 2018, 787

Seiter, Hugo, Anm. zu BAG 2.10.1974 – 5 AZR 504/73, AP BGB § 613a Nr. 1

Semler, Johannes/Stengel, Arndt, Umwandlungsgesetz, 4. Aufl. 2017 (zit.: Semler/Stengel/*Bearbeiter*)

Staudinger, Julius v., Kommentar zum Bürgerlichen Gesetzbuch mit Einführungsgesetz und Nebengesetzen, Buch 2: Recht der Schuldverhältnisse, Einleitung zum Schuldrecht §§ 241-243 (Treu und Glauben), 2015; Buch 2 Recht der Schuldverhältnisse §§ 535-556g (Mietrecht 1 – Allgemeine Vorschriften; Wohnraummiete), 2018; Buch 2 Recht der Schuldverhältnisse §§ 562-580a (Mietrecht 3 – Beendigung des Mietverhältnisses), 2014; Buch 2: Recht der Schuldverhältnisse, §§ 613a- 619a (Dienstvertragsrecht 2), 2016 (zit.: Staudinger/*Bearbeiter*)

Steffan, Ralf, „Das ‚nachträgliche' Widerspruchsrecht beim Betriebsübergang – eine unendliche Geschichte?", NZA 2016, 608

Streinz, Rudolf, EUV/AEUV, 3. Aufl. 2018 (zit.: Streinz/*Bearbeiter*)

Streyl, Elmar, „Alles vergeblich? Zur Rettung von Formverstößen durch qualifizierte Schriftformklauseln", NZM 2009, 261

Strother, Judith/Ulijn, Jan/Fazal, Zohra, Information Overload: An International Challenge for Professional Engineers and Technical Communicators, 1. Aufl. 2012

Weller, Marc-Phillippe/Thomale, Chris/Benz, Nina, "Englische Gesellschaften und Unternehmensinsolvenzen in der Post-Brexit-EU", NJW 2016, 2378

Westphalen, Friedrich v./Thüsing, Gregor, Vertragsrecht und AGB-Klauselwerke, 43. Ergänzung 2019 (zit.: v. Westphalen/Thüsing/*Bearbeiter*)

Willemsen, Heinz Josef, „Aktuelles zum Betriebsübergang – § 613a BGB im Spannungsfeld von deutschem und europäischem Recht", NJW 2007, 2065

Willemsen, Heinz Josef/Hohenstatt, Klaus-Stefan/Schweibert, Ulrike/Seibt, Christoph, Umstrukturierung und Übertragung von

Unternehmen – Arbeitsrechtliches Handbuch, 5. Aufl. 2016 (zit.: W/H/S/S/*Bearbeiter*, Umstrukturierung und Übertragung von Unternehmen)

Willemsen, Heinz Josef/Lembke, Marc, „Die Neuregelung von Unterrichtung und Widerspruchsrecht der Arbeitnehmer beim Betriebsübergang", NJW 2002, 1159

Worzalla, Michael, „Neue Spielregeln bei Betriebsübergang – Die Änderungen des § 613a BGB", NZA 2002, 353

Zwirlein, Susanne/Großerichter, Helge/Gätsch, Andreas, „Exit before Brexit – Handlungsoptionen für Gesellschaften englischen Rechts in Deutschland unter besonderer Berücksichtigung der LLP", NZG 2017, 1041

FSC
www.fsc.org
MIX
Papier | Fördert gute Waldnutzung
FSC® C083411

Kolibri 360 GmbH
Ferdinand-Jühlke-Straße 7
99095 Erfurt, Deutschland
produktsicherheit@kolibri360.de

Druck:
CPI Druckdienstleistungen GmbH
im Auftrag der
Kolibri 360 GmbH
Ferdinand-Jühlke-Str. 7
99095 Erfurt